EVA STURM

Ermittlerin auf Langeoog

Ostfrieslandkrimis

Die ersten drei Fälle in einem Buch

Impressum
Eva Sturm ermittelt - Ihre ersten 3 Fälle
Ostfrieslandkrimis von Moa Graven
Alle Rechte am Werk liegen bei der Autorin
Erschienen im Criminal-kick-Verlag Leer (Ostfriesland)
ISBN 978-3-946868-18-7 im Mai 2017
Umschlaggestaltung: Moa Graven

Verliebt ... Verlobt ... Verdächtig Band 01

Eva Sturm wird von ihrer bisherigen Dienststelle in Braunschweig als Ermittlerin zur kleinen Polizeistation auf Langeoog versetzt. Nur mit halbem Herzen freut sie sich, denn teilweise fühlt sie sich als Endvierzigerin einfach nur abgeschoben. Die Tage plätschern dahin, sie gewöhnt sich ein und freundet sich schließlich mit Jürgen an, der die Touristikinfo leitet. Für Polizeiarbeit gibt es indes nur selten Anlass.

Bis Eva eines schönen Tages am Strand einen goldenen Ring mit einer Inschrift findet. Sie versucht mit Jürgens Hilfe, den Besitzer zu ermitteln, der offensichtlich mit einer Maren verheiratet ist. Doch die Suche geht ins Leere. Bis Eva eines Tages überfallen und der Ring gestohlen wird. Steckt vielleicht doch mehr dahinter? Sogar Mord? Eva Sturm ermittelt in ihrem ersten Fall auf Langeoog, der sie bis zu einem Goldschmied nach Köln führt. Und Jürgen ist immer an ihrer Seite.

Inselblues

Gelangweilt saß sie in der Sonne und grub ihre Hände in den weißen Sand. Nun war es bald ein halbes Jahr her, dass sie als Ermittlerin auf die Insel Langeoog gewechselt war. Die Verwaltung hatte sich entschieden, die Polizeistation wieder dauerhaft zu besetzen, und so war sie hier gelandet. So ganz freiwillig war es ja nicht gewesen von ihrer Seite aus. Doch ihr Chef in Braunschweig hatte ihr die Sache schmackhaft gemacht, indem er ihr erklärte, dass die raue Seeluft gut gegen Asthma sei. Ja, und die Vorteile vom Laufen im weichen Sand für ihre maroden Knie ließ er auch nicht unerwähnt. Er hatte es schon immer genossen, ihr eins zwischen die Hörner zu geben. Einfach, weil sie eine Frau mit einem gesunden Selbstbewusstsein war.

Doch zugegebenermaßen jammerte sie hier auf hohem Niveau. Wenn sie an die Heerscharen von Touristen dachte, die jedes Jahr auf die Insel strömten, dann musste es doch einen Grund dafür geben. Und sie lebte jetzt hier und bekam auch noch Geld dafür. Den ganzen Tag Sonne tanken, im Liegestuhl sitzen und im Winter die Abende mit einem guten Buch vor dem Kaminfeuer verbringen. Doch, alles in allem hatte sie es Inselpolizistin gut getroffen. In Gedanken zeigte sie ihrem ehemaligen Chef eine lange Nase.

Die Sonne brannte heute ganz besonders. Vom Meer her wehte eine frische Brise, es roch salzig. So konnte man es wahrlich aushalten. Es war jetzt Mitte März und die ersten Touristen waren bereits angereist. So würde es weitergehen bis zum Saisonende, hatte ihr der Vermieter erklärt. Und vielleicht bekäme sie dann ja auch endlich mal was zu tun, hatte er mit einem Lächeln hinzugefügt.

Eva Sturm war jetzt siebenundvierzig, und wenn es nach ihr ginge, dann könnte das gemütliche Leben genauso weitergehen. Sie schloss die Augen und reckte ihr Gesicht der Sonne entgegen. Sie spürte förmlich, wie sich ihre Pigmente von der Sonne bräunen ließen. Dank ihres dunklen Teints und den braunen Haaren hatte sie noch nie einen Sonnenbrand bekommen. Wenn sie jetzt noch ein wenig abnahm, konnte sie vielleicht sogar bald ein Sonnenbad in Badekleidung nehmen. Ihre Hände fuhren wieder in den Sand und schaufelten, streuten und stießen wieder zu. Es fühlte sich so körnig und sinnlich an. Plötzlich hielt sie in der Bewegung inne. Wo hatte sie da hineingegriffen? Es fühlte sich hart an. Dann bekam es Kontur. Es war rund. Sie griff ordentlich zu und packte den Gegenstand mit einer Handvoll Sand und hielt ihn sich vor die Nase. Sie ließ den Sand durch ihre Finger rinnen und zum Vorschein kam ein goldener Ring. Er sah nach einem Ehering aus. Neugierig hielt Eva Sturm den Ring ganz dicht vor ihre Augen, um im Innenrand nach einer Gravur zu suchen. Aha, 585 Gold mit Prägestempel. Und dann waren da auch noch Buchstaben. Doch sie konnte sie nicht entziffern. Blöde Kurzsichtigkeit. Und so langsam brauchte sie auch noch eine Lesebrille. Das Alter rückte an. Körperlich fühlte sie sich manchmal wie ein Wrack. Immer wieder kniff sie die Augen zusammen, rieb daran. Verdammt, es musste doch wohl möglich sein, die Inschrift zu entziffern! Aha, der erste Buchstabe war eindeutig ein M ... dann ein A ... ein R ... ein E und ein N. Maren. Dieser Ring gehörte einer Maren. Bestimmt war Maren todtraurig, dass sie dieses Schmuckstück verloren hatte. Aber das war ja Quatsch. Maren trug ja nicht ihren eigenen Ring. Also musste es einen Stefan oder Sebastian oder sonst wen geben, der jetzt unberingt durchs Leben ging. Doch von einer Verlustanzeige war ihr nichts bekannt. Aber wer zeigte so etwas schon auf einer Polizeidienststelle an. Das passierte nicht einmal auf einer kleinen Insel. Aber in der Touristinfo im Fundbüro, da könnte etwas vorliegen.

Eva Sturm quälte sich aus dem Sand, schüttelte sich und lief los.

»Moin Jürgen«, rief sie, als sie die Tür zur Touristinformation aufstieß. Es war wie immer nicht viel los um diese Zeit.

»Moin Eva«, entgegnete Jürgen. »Brauchst du einen Inselplan.« Er lachte sie offen an. Er hatte vom ersten Tag an ein Auge auf sie geworfen.

»Ne, lass mal, so langsam kenn ich mich hier aus. Aber ich habe etwas am Strand gefunden und wollte mal fragen, ob sich jemand hier gemeldet hat.«

»Gefunden? Was denn?« Neugierig sah Jürgen zu ihr herüber.

»Hier, einen goldenen Ring. Vermutlich ein Ehering, es gibt eine Gravur. Hast du da was vorliegen?«

Jürgen kratzte sich kurz am Kopf. »Nö, ich glaub nicht. Aber ich könnte einen Aushang machen, dass ein Ring gefunden wurde. Was steht denn drin?«

»Maren steht da«, antwortete Eva. »Und bevor du nach einem Datum fragst, das kann ich beim besten Willen nicht entziffern.«

»Gib doch mal her, vielleicht schaff ich es, ich bin ja noch ein paar Jährchen jünger.«

»Sehr charmant«, sagte Eva, zog eine Schnute und reichte ihm das Schmuckstück.

Jürgen hielt den Ring in die Luft, drehte sich mit dem Rücken zum Fenster, so dass das Licht günstig fiel. »Maren, ja, das seh ich auch ... aber das Datum. Mensch.« Er drehte den Ring, sich selbst um ein paar Grade, bis er triumphierend ausrief. »Ich hab's. Es ist der fünfte Mai zweitausendvierzehn.«

»Na guck, das ist doch schon mal was«, meinte Eva zerknirscht. »Gib ihn mir mal wieder her. Ich werde weiter forschen. Und die Verlobung oder Heirat ist ja auch noch gar nicht so lange her. Vielleicht erinnert sich zum Beispiel ein Hotelbesitzer an eine glückliche Maren, die im letzten halben Jahr hier Urlaub gemacht hat.« Sie reckte sich nach Jürgens Hand, um ihm den Ring abzunehmen.

»Was krieg ich dafür?«, fragte Jürgen mit einem schelmischen Grinsen. Da er mindestens einen Kopf größer als Eva war, war es kein Kunststück, sie wie ein kleines Kind am langen Arm zappeln zu lassen.

»Wie wär's mit einem Tritt vors Schienbein?« Eva holte demonstrativ aus.

»Oh, nein. Hier nimm, ich ergebe mich ja schon. Sag mal, hast du heute Abend schon was vor?«

»Ich habe immer was vor«, sagte Eva, und steckte sich den rückeroberten Ring an den rechten Mittelfinger. »Und jetzt werde ich erst mal ein paar Hotels abklappern. Ist ja sonst nichts los heute.«

»Mach das, und denk an unsere Verabredung.«

Eva drehte sich am Ausgang noch einmal um und warf Jürgen eine Kusshand zu. Sie flirtete gern mit ihm. Und besonders schätzte sie, dass er nie über eine gewisse Grenze schritt. Irgendwie hatte er wohl von Anfang an geahnt, dass sie eine schwierige Person war. Sie schloss die Tür hinter sich.

Später am Nachmittag saß Eva alleine in ihrer Wohnung. Die Befragung einiger Hotelmitarbeiter hatte nichts gebracht. Niemand vermisste einen Ring. Komisch dachte sie. Also, wenn ich so einen Ring verlieren würde, dann würde ich Himmel und Hölle in Bewegung setzen. Und noch mehr vielleicht, um so einen Ring überhaupt einmal angesteckt zu bekommen. Bisher hatte noch niemand Anstalten dazu gemacht. Das wurmte sie gewaltig. Sie zog den Ring vom Mittelfinger und betrachtete ihn lange. Da er so groß war, schätzte sie den Träger auf mindestens einsneunzig. Und Maren? War sie klein und zierlich? Blond oder dunkel? Hatte sie sich in der Sonne geaalt, während der große Unbekannte neben ihr am Strand lag? Und was war dann geschehen? Zwei Verliebte, die sich auf einer Decke küssten und streichelten. Das könnte so gewesen sein. Und dann hatte er Maren vielleicht eingeölt, damit sie keinen Sonnenbrand bekam. Tja, und dann war ihm der Ring vom Finger gerutscht. Aber das musste er doch gemerkt haben. Spätestens, als sie wieder im Hotel waren. Beim gemeinsamen Essen. Eva hatte zwar keine Erfahrung damit, aber sie war sich sicher, dass frisch Verliebte ständig darauf achteten, dass der Ring auch am richtigen Platz saß. Sie ging in die Küche und schenkte sich einen Rosé ein. Es war noch früh am Abend und sie hatte keine Lust auf das Fernsehprogramm. Ob sie einfach mal bei Jürgen anrufen sollte? Schon aus pragmatischen Gründen, weil sie sich dann nicht mehr alleine darüber den Kopf zerbrechen musste, was mit Maren geschehen war. War denn etwas geschehen?, ging es ihr durch den Kopf. Es könnte zumindest sein. Sie steckte sich den Ring wieder an und griff zu ihrem Telefon.

Bereits eine halbe Stunde später stieß Eva mit Jürgen in einem netten gediegenen Lokal mit einem Rotwein an.

»Dass ich das noch erleben darf«, scherzte Jürgen und lächelte sie an.

»Nun übertreib mal nicht«, erwiderte Eva. »Und außerdem ist es eigentlich auch dienstlich. Jedenfalls halbwegs.« Doch sicher war es ihm nicht verborgen geblieben, dass sie sich ein wenig herausgeputzt hatte. Statt des üblichen dunkelblauen Pullovers trug sie jetzt eine weiße Bluse und hatte zudem sogar Wimperntusche und Kajal aufgetragen. Das machte sie sonst eigentlich nie. Und hier auf der Insel, wo sie praktisch den ganzen Tag im Sand herumstapfte, während ihr der Nordseewind um die Ohren pfiff, hatte sie manchmal nicht einmal mehr Lust, sich ordentlichen zu kämmen und band ihre schulterlangen dunklen Haare einfach lose mit einem Gummiband zusammen. Doch auch da hatte sie heute Hand angelegt. Ihr weiches Haar fiel ihr auf die Schultern und glänzte im Kerzenschein.

»Dienstlich?«, fragte Jürgen und schob sich ein Stück seines Seelachsfilets in den Mund.

»Ach, mir geht der Ring einfach nicht aus dem Kopf«, seufzte Eva.

»Ja, das nimmt schon komische Züge an«, meinte Jürgen und zeigte auf ihre rechte Hand, wo der Ring noch immer am Mittelfinger schimmerte.

»Ich kann dann einfach besser denken«, sagte Eva und sah versonnen auf das Schmuckstück. »Es kann natürlich alles eine ganz einfache Erklärung haben, das gebe ich zu. Ein verliebtes Pärchen hat hier Flitterwochen verbracht und dann beim Sonnen am Strand ging der Ring verloren.«

»Klar. Aber bei dir muss alles komplizierter sein, stimmt's?«

»Muss nicht«, verteidigte sich Eva. »Aber es könnte doch auch ein Verbrechen dahinter stecken. Nun stell dir doch einmal vor, da hat ein Kampf stattgefunden, bei dem der Ring im Sand landete.«

»Und woran denkst du dabei? Eine wilde Schlägerei zwischen zwei klobigen Kerlen, die sich extra dafür frei genommen haben und nach Langeoog gekommen sind?« Jürgen grinste sie an.

»Du nimmst mich nicht ernst«, maulte Eva.

»Doch, viel zu sehr eigentlich manchmal«, sagte Jürgen und sah ihr tief in die Augen. »Wäre aber schön, wenn du dich ab und zu mal lockermachen könntest. Es ist so ein schöner Abend und ich komme mir hier gerade vor, als ob ich nur Mittel zum Zweck wäre.«

»Bist du auch«, gab Eva zurück und hielt ihm ihr Rotweinglas entgegen.

»Miststück«, sagte er mit einem Lächeln und stieß mit ihr an.

»So gefällst du mir schon besser«, sagte Eva. »Und vielleicht fing ja genau so der Streit zwischen Maren und ihrem männlichen Begleiter an. Später am Strand eskalierte dann alles und …«

»Und was?«, vollendete Jürgen. »Du kannst dir hier noch so lange den Kopf zerbrechen, davon wird das Rätsel um diesen Ring nicht gelöst werden.«

»Und was schlägst du vor?«

»Mach das, was du am besten kannst.«

Neugierig sah sie ihn an.

»Ermitteln, was denn sonst. Angefangen hast du ja schon, als du bei mir in der Touristinfo warst. Und die Hotels haben auch nichts gebracht. Also musst du den Bogen größer spannen.«

»Du glaubst also auch, dass mehr dahinter steckt?« Endlich fühlte sie sich in ihren Überlegungen nicht mehr der

Lächerlichkeit preisgegeben. Jürgen stieg auf ihren Verdacht, dass mehr dahinter stecken könnte, ein.

»Ich glaube erst mal, dass es dir sowieso keine Ruhe lassen wird. Also machen wir das Beste daraus. Im Moment gibt es für dich hier auf der Insel sowieso nichts zu tun, außer mit mir essen zu gehen.«

»Genau, und das ist verdammt schlecht für meine Figur.«

Jürgen sah sie eindringlich an. »Darauf falle ich jetzt nicht herein. Denn egal was ich zu deiner körperlichen Verfassung sage, es wird dir nicht gefallen.«

»Wo also soll ich anfangen?«, fragte Eva, ohne auf seine Bemerkung einzugehen.

»Na, das liegt doch auf der Hand. Wenn es hier keine Spur auf der Insel gibt, dann kannst du zum Beispiel bei den Standesämtern nachfragen. Das Datum der Vermählung hast du ja. Und sogar den Vornamen der Braut.«

Genervt stieß Eva ihre Gabel in den Blumenkohl. Wieso war sie eigentlich nicht auf diese geniale Idee gekommen.

»He, ich habe dir doch nur das Wort aus dem Mund genommen«, feixte Jürgen, der ihre leichte Verärgerung bemerkt hatte.

»Weiß du eigentlich, wie viele Standesämter es in Deutschland gibt?«, fragte Eva und atmete tief durch. »Ich kann doch unmöglich bei jedem Einzelnen eine Anfrage starten.«

»Eine Mammutaufgabe, aber anders wird es wohl nicht gehen«, meinte Jürgen. »Es sei denn, du schränkst den infrage kommenden Radius ein wenig ein.«

»Verstehe. Wir gucken also erst einmal, welche Bundesländer hier auf der ostfriesischen Insel am meisten vertreten sind und dann frage ich dort an.«

»Zum Beispiel«, stimmte Jürgen zu. »Und aus meiner langjährigen Erfahrung in der Touristinfo kann ich dir versichern, dass Nordrhein-Westfalen eine Dependance auf Langeoog hat.«

»Dann werde ich mich morgen gleich mal an die Arbeit machen«, sagte Eva zufrieden. Sie streifte den Ring vom Finger und reichte ihm Jürgen, der sie irritiert ansah. »Steck ihn einfach mal an«, forderte Eva ihn auf, »damit ich mir ein Bild von dem Mann machen kann, der ihn getragen hat.«

Jürgen nahm den Ring und steckte ihn sich auf den rechten Ringfinger. »Er passt wie angegossen«, sagte er und hielt ihr seine Hand entgegen.

»Also ist der bisherige Besitzer in etwa einsneunzig groß«, stellte Eva fest.

»Oder er ist ein kleiner untersetzter Mann mit dicken fleischigen Fingern«, meinte Jürgen.

»Das glaube ich nicht«, erwiderte Eva. »Mit so einem hätte Maren sich niemals eingelassen.«

Trautes Heim

Er trug das Tablett mit dem liebevoll arrangierten Frühstück in den ersten Stock. Sie hatte noch geschlafen, als er aufgewacht war. Und so hatte er die Gelegenheit genutzt und war auf Zehenspitzen nach unten geschlichen, um sie zu überraschen.

»Guten Morgen Liebling«, sagte er und drückte ihr einen Kuss auf die Wange. »Ich hoffe, die Überraschung ist mir gelungen.«

Er stellte das Tablett auf die Bettdecke und reichte ihr eine frische Erdbeere.

»Es ist so ein schöner Morgen, mein Schatz. Wir sollten ihn genießen. Und später können wir vielleicht noch einen kleinen Ausflug machen.«

Er genoss die Stunden mit ihr. Noch nie hatte ihm eine Frau so viel bedeutet wie Maren. Und dabei war es nur ein glücklicher Zufall gewesen, dass sie sich in einer Großstadt getroffen hatten. Sie tauschten Adressen und Telefonnummern und bereits drei Monate später zog sie bei ihm ein.

»Ja Liebling, gerne können wir heute Abend zu deinem Lieblingsitaliener gehen«, sagte er versonnen. Es gab keinen Wunsch, den er ihr jemals abgeschlagen hatte, seitdem er sie kannte.

Nach dem Frühstück räumte er das schmutzige Geschirr in den Spüler. Dann räumte er noch das Wohnzimmer auf, indem er die Kissen aufschüttelte und die Stühle und Sessel an ihrem Platz zurechtrückte. Zufrieden ließ er seinen Blick wandern. Die vielen schönen Fotos. Mit Maren war ein Traum für ihn wahr geworden. Alle anderen Frauen, denen er bis dahin begegnet war, hatten mit einem Schlag nicht mehr existiert. Es war seine erste glückliche Beziehung, auch wenn er bereits dreiundvierzig war. Die Richtige hatte er bis zu dem Tag nicht getroffen gehabt. An jeder hatte er mit der Zeit etwas auszusetzen gehabt. Sei es, dass sie nicht richtig zuhörte, nicht ordentlich genug war oder auf einen gepflegten Umgangston achtete. Die perfekte Frau hatte er erst mit Maren getroffen. Und dafür war er unendlich dankbar.

Standesämter

Am nächsten Morgen wachte Eva verkatert auf. Für einen Moment hielt sie es für einen bösen Traum, dass sie bis tief in die Nacht hinein mit Jürgen in dem Lokal gesessen, debattiert und Wein getrunken haben sollte. Doch es schien wahr, denn neben ihr lag ein ausgestreckter Arm. Und es war nicht ihrer.

Vorsichtig drehte sie sich aus dem Bett. Und im nächsten Moment musste sie herzlich lachen. Das war nicht Jürgen, der da neben ihr lag. Es war ihr alter Teddybär, dem sie irgendwann einmal ein altes kariertes Hemd von sich angezogen hatte. Was für ein Glück dachte sie zufrieden und lief ins Bad.

Nach einem gemütlichen Frühstück, bei der sie die Tageszeitung studiert hatte, machte sie sich auf den Weg zur Inselpolizei. Sie hatte es sich angewöhnt, jeden Vormittag dort an die vier bis fünf Stunden zu verbringen, damit die Leute wussten, wann man sie dort antreffen konnte, wenn man ein Anliegen hatte. Doch es gab von Seiten der Insulaner nur wenig Gesprächsbedarf. Es passierte nicht viel, wozu man die Hüter des Gesetzes brauchte. Das Inselleben regelte sich von selbst. Und Eva fragte sich manchmal, warum man eigentlich auf die Idee gekommen war, hier wieder eine Polizeistation einzurichten. Vielleicht war der einzige Grund der, dass man den Touristen ein sicheres Gefühl vermitteln wollte, wenn sie hier Urlaub machten.

Und da Eva also die meiste Zeit in der kleinen Polizeistation mit Blick aufs Meer alleine verbrachte, hatte sie angefangen, Geschichten zu schreiben. Bisher hatte sie niemandem davon erzählt, dass sie ihren Laptop weniger zu Fahndungszwecken nutzte. Und wahrscheinlich würde man sie nur auslachen. Eine Polizistin, die sich im Dienst Geschichten mit Feen und Elfen ausdachte, traute man bestimmt keine ernsthafte Ermittlungsarbeit mehr zu. Nicht einmal Jürgen wusste von ihrem neuen Hobby.

Doch an diesem Morgen ging ihre Phantasie ganz andere Wege. Maren. Wer war Maren? Die Idee mit den Standesämtern war sicher ein erster Anhaltspunkt. Also tippte Eva den Suchbegriff »Standesamt Nordrhein-Westfalen« in die Suchmaschine. Mit den rund zwanzig größeren Städten und den dazugehörigen Gemeinden kam sie auf ein paar Hundert Adressen. Sollte sie die wirklich alle anrufen? Den Gedanken, einen weiteren Kollegen damit zu beauftragen, verwarf sie schnell wieder. Wie sollte sie diesen großen Aufwand erklären, der doch nur einem ihrer Hirngespinste geschuldet war. Vielleicht gab es ja gar keinen Grund für eine Ermittlung. Nein, ganz offensichtlich gab es keinen. Es gab kein Opfer, geschweige denn einen Täter. Es gab lediglich einen goldenen Ring. Und der reichte nicht als Rechtfertigung zur Verschwendung von Steuergeldern aus. Also blieb ihr wohl nichts anderes übrig, als noch einmal mit Jürgen zu sprechen, dachte sie belustigt. Sie klappte ihren Laptop zu und sah zufrieden aus dem Fenster.

»Ach, du schon wieder? Langsam wirst du mir unheimlich«, sagte Jürgen, als Eva die Tür zur Touristikinfo öffnete.

»Dir auch einen guten Morgen«, sagte Eva lachend. »Kopfschmerzen oder Kater?«

Jürgen schüttelte den Kopf. »Nein, mir geht es ausgezeichnet. Aber ich glaube kaum, dass du deswegen hier bist.«

»Teils teils. Aber du hast recht, ich bin noch aus einem anderen Grund als deinem Befinden hier. Ich brauche deine Hilfe.«

»Schon wieder? Wo gehen wir denn diesmal essen?«

Eva schüttelte den Kopf und setzte sich an den Besuchertisch. »Ich kann doch nicht jedes Mal mit dir essen gehen, das würde mein Budget sprengen. Aber du könntest etwas für mich erledigen.«

»Du machst es aber spannend«, meinte Jürgen und setzte sich zu ihr. »Soll ich uns gleich einen Kaffee machen?«

»Ja, das auch. Aber zuerst erkläre ich dir mal, worum es geht. Ich habe heute Morgen mal nach Standesämtern in NRW gegoogelt. Es gibt da ein paar Hundert Adressen, die ich unmöglich alle anschreiben oder anrufen kann.«

Skeptisch sah Jürgen sie an. »Klingt tatsächlich nach einem Fulltimejob.«

»Eben. Dafür fehlt mir die Zeit. Und ich kann auch niemanden daran setzen, das ist dir wohl auch klar.«

Fragend sah Jürgen sie an. »Du meinst doch wohl nicht etwa ...«

»Doch, eigentlich schon. Und schließlich war es ja auch deine Idee. Und außerdem hätte das auch noch einen weiteren Vorteil.«

»Ach ja?«

»Wenn du dort anrufst, also so als Mitarbeiter der Touristinfo, dann ist die Anfrage völlig unverfänglich. Du bist eben nur ein sehr engagierter Mitarbeiter, der einem Pärchen seinen Ring zurückgeben will. Das riecht dann überhaupt nicht nach Polizei. Verstehst du?« Eva zwinkerte ihm zu.

»Kein schlechter Gedanke«, musste Jürgen zugeben. »Das sieht dann so aus, als ob ich ein Fundstück dem rechtmäßigen Besitzer zurückgeben möchte. Und zwar aus reiner Nächstenliebe.«

»Ich sehe, wir verstehen uns«, sagte Eva.

»Wie immer«, stimmte Jürgen zu. »Aber ein Abendessen kostet es dich trotzdem.«

»Wir werden sehen«, sagte Eva. »Und jetzt hätte ich gerne den versprochenen Kaffee.«

»Das grenzt an menschlicher Ausbeutung«, sagte Jürgen und ging in den hinteren Bereich an den Kaffeeautomaten. Auf der einen Seite war er froh, jetzt mehr Zeit mit Eva verbringen zu können. Aber andererseits fragte er sich, ob das wirklich alles legitim war, was sie beide da jetzt vorhatten. Er führte die Touristinfo jetzt bereits seit über zehn Jahren und hatte keine Lust, seinen Job zu riskieren. Aber war es wirklich so schlimm, wenn er die Standesämter kontaktierte? Denn es stimmte ja, dass Eva einen Ring gefunden hatte. Und wenn alles wirklich ganz harmlos war, dann war es auch richtig, nach dem Besitzer zu suchen und das Fundstück zurückzugeben. Am Ende würde sich alles aufklären und durch seinen Einsatz machte er dann auch noch Werbung für die kleine Insel.

»Na gut, ich bin dabei«, sagte er mit ernster Mine, als er Eva ihren Kaffeebecher überreichte.

»Sehr schön. Dann gibt es bei Erfolg auch ein Gängemenü. Ich habe dir übrigens die Liste mit den Kontaktdaten vorhin schon per Mail geschickt. Das macht die Sache leichter.«

»Du warst dir da wohl ziemlich sicher, dass ich mitmachen würde«, stellte Jürgen fest.

»Wir ziehen das gemeinsam durch«, sagte Eva verschwörerisch. »Und wenn am Ende doch ein Verbrechen dahinter steckt, halte ich dich raus.«

»Das ist ja auch wohl das mindeste. Aber man wird doch meinen Namen haben, wenn ich die Standesämter kontaktiere.«

Eva verdrehte die Augen. »Glaubst du etwa, das habe ich nicht in meine Überlegungen mit einbezogen? Du wirst dich natürlich unter falschem Namen melden. Und du bist auf nicht auf Langeoog. Kapiert?«

Jürgen verstand nur noch Bahnhof. Sollte er jetzt auch noch zig Beamte anlügen? Das ging nun wirklich zu weit. Freundschaft hin oder her.

»Ich lüge doch nicht, wenn ich da anrufe.«

»Es bleibt dir aber nichts anderes übrig, wenn du nicht mit reingezogen werden willst.«

»Und du bist sicher, dass du bei der Polizei auf der richtigen Seite arbeitest?« Jürgen passte es nicht, dass er inkognito ermitteln sollte. Es passte nicht zu seinem Naturell. Er war eine durch und durch ehrliche Haut. Wenn das rauskäme, hätte er bei den Insulanern für alle Zeit verschissen.

»Was ist? Machst du jetzt etwa nicht mehr mit?«, fragte Eva unsicher. Vielleicht war sie doch ein wenig zu forsch und siegesgewiss vorgegangen. Männer wollten gebauchpinselt werden. Wieder einmal war sie überzeugt, dass sich mit Frauen leichter Intrigen spinnen ließen. Aber in der kurzen Zeit, die sie hier auf der Insel war, hatte sie bisher zu niemand anderem so ein großes Vertrauensverhältnis aufgebaut wie zu Jürgen. Sie musste nehmen, was sie sich ihr bot.

»Doch doch«, sagte Jürgen. »Mitgehangen ... mitgefangen. Aber ich werde nicht lügen.«

»Okay, wir sollten da keine große Sache draus machen. Vielen Dank für den Kaffee, ich muss jetzt auch weiter.«

»Ach ja? Was hast du denn noch vor?«

»Ich muss nachdenken«, sagte sie lachend. »Wir sehen uns heute Abend beim Italiener. Dann will ich erste Ergebnisse haben.«

So verliebt

Die ersten Wochen ging Maren wie auf Wolken. Noch nie war es ihr so leicht gefallen, einem völlig fremden Menschen bedingungslos zu vertrauen. Sie telefonierten jeden Tag miteinander. Er schien ihr der aufmerksamste Mann, den sie jemals getroffen hatte. Nie vergaß er, sich bei ihr zu melden, wenn er es versprochen hatte. Und er vergaß auch nichts, was sie ihm erzählte. Jedes kleine Detail von ihr schien er wie ein Schwamm aufzusaugen. Es schmeichelte ihr, dass er nach ein paar Wochen alle ihre Freunde, Familienangehörigen und sogar Nachbarn mit Namen kannte, obwohl er sie noch nie getroffen hatte. Denn bei allem Interesse an ihrer Person zeigte er erstaunlich wenig Lust, die Menschen, die ihr wichtig waren, persönlich kennen zu lernen. Das könne man immer noch machen, hatte er wie beiläufig geantwortet. Man solle sich doch erst einmal aufeinander konzentrieren. Am Anfang war Maren ein wenig enttäuscht gewesen. Wäre es für sie doch ein großes Bedürfnis gewesen, mit so einem außergewöhnlichen Partner vor ihrer Familie zu glänzen. Doch so blieb es dabei, dass sie ihren Eltern nur am Telefon vorschwärmte von einem Mann, der ihr Herz im Sturm erobert hatte. Auch ihre Mutter war enttäuscht, dass sie den Mann, der ihre Tochter nach kürzester Zeit sogar aufforderte, doch bei ihm einzuziehen, noch nicht kennen gelernt hatte. Ihr Vater, der noch nie gerne aus dem Haus gegangen war, wenn es nicht unbedingt sein musste, war froh, seine Tochter in guten Händen zu wissen. Marens Freunde fanden sich irgendwann damit ab, dass sie nicht mehr in der Gegend wohnte und sich auch kaum noch meldete.

Sie hatte nur noch Augen für ihn. Und sie war für trübe Gedanken dann viel zu sehr damit beschäftigt, für sie beide ein gemeinsames Nest zu bauen. Er ließ ihr freie Hand und bot ihr sogar an, die komplette Einrichtung ganz nach ihren Wünschen umzugestalten. Doch das traute Maren sich natürlich nicht. Und es gab auch gar nicht so vieles, was ihr nicht an seiner Wohnung gefiel. Einzig das große Bild seiner Mutter, ein übergroßes Ölgemälde, das über dem Sofa im Wohnzimmer hing, bereitete ihr Unbehagen. Doch sie wusste nicht, wie sie ihm das erklären sollte, ohne seine Gefühle zu verletzen. Als sie sich das erste Mal auf der Couch liebten, während seine Mutter auf sie herabsah, sah Maren ihre Chance gekommen. Das Bild verschwand am nächsten Tag wie von Zauberhand im Keller. Es wurde nie wieder darüber gesprochen.

Eva und Jürgen im Ermittlungstaumel

Erwartungsvoll sah Eva Jürgen an, als sie sich am Abend bei ihrem Italiener trafen.

»Nun erzähl schon«, forderte sie, »wie ist es gelaufen?«

Jürgen zuckte mit den Schultern. »Ich hab es nicht geschafft, heute alle anzurufen. Und bisher leider Fehlanzeige. Es gibt keine Maren, die am fünften Mai letzten Jahres geheiratet hat.«

»Bisher meinst du wohl. Wir sollten die Flinte nicht allzu schnell ins Korn werfen.« Ein wenig Enttäuschung schwang in ihrer Stimme mit.

»Ich versuche es morgen weiter«, sagte Jürgen schnell. Doch auch ihn hatte der Enthusiasmus alsbald verlassen, als auch nach über dreißig Anrufen, bei denen er immer die gleiche Litanei heruntergebetet hatte, nichts herausgekommen war. »Auf jeden Fall wissen wir jetzt, dass die Leute gerne im Mai heiraten, denn die Verwaltungsbeamten stöhnten der Reihe nach auf, als ich mich erkundigte.«

»Ja, Wonnemonat Mai«, raunte Eva. »Und doch ist dieser für jemanden zum Verhängnis geworden.«

Sie bestellten sich jeder eine Pizza und hingen ihren Gedanken nach, während sie den Menschen hinterhersahen, die zum Strand liefen. Der Abend war noch früh und sie saßen in der noch wärmenden Sonne draußen auf der Terrasse.

Eva fragte sich, ob sie Maren vielleicht sogar schon einmal auf dieser Insel begegnet war. Es gab solche Zufälle, die erst im Nachhinein Bedeutung erlangten.

»Ist dir denn nicht vielleicht ein frisch verliebtes Paar aufgefallen?«, fragte sie plötzlich.

»Mir fallen andauernd verliebte Paare auf«, raunte Jürgen, der es selber bisher nicht geschafft hatte, die Frau fürs Leben zu finden.

»Na ja, ich meine schon ein bestimmtes Paar.«

»Maren, ich weiß. Aber sei mal ehrlich, woran hätte ich sie denn erkennen sollen?«

»Keine Ahnung. Aber bei den vielen Menschen, die hier täglich auf die Insel kommen gibt es doch immer welche, die besonders sind. Die sich anders benehmen oder auch nur aussehen. Nun denk doch mal nach.«

»Eva, also wirklich. Mach mal einen Punkt. Das könnte ich doch genauso gut dich fragen.«

»Schon. Aber ich bin noch nicht so lange auf der Insel. Ich habe mal gehört, dass sich Urlauber anders benehmen und dass die Insulaner dafür einen Blick entwickeln.«

»Mag sein. Aber auch wir können nicht erkennen, ob jemand in den nächsten Stunden einem Verbrechen zum Opfer fällt. Da muss ich passen.« Entschuldigend schickte er einen Blick gen Himmel.

Eva hatte noch keine Lust, klein beizugeben. Viel zu sehr war sie in den Gedanken verliebt, hier ihren ersten großen Fall auf der Insel zu lösen. Sie wollte es allen zeigen. Besonders denen, die gemeint hatten, einer alternden Polizistin eins auszuwischen zu können, indem sie sie praktisch hinter den Mond versetzten.

»Ich werde dich morgen unterstützen«, sagte sie in versöhnlichem Ton. »Wir werden uns die Städte aufteilen, okay?«

»Hm … meinetwegen. Aber stell dir das nur nicht so unterhaltsam vor, da stundenlang dieselben Fragen zu stellen.«

»Wenn ich Unterhaltung will, dann geh ich mit dir essen. So, und jetzt will ich keine Trauermine mehr sehen.« Sie stießen mit ihrem Chianti an.

Eva musste zugeben, dass sie die gemeinsamen Stunden mit Jürgen genoss. Sie fragte sich, warum sie sich so lange gesträubt hatte, mit ihm auszugehen. Er jedenfalls hatte vom ersten Tag an jede Gelegenheit genutzt, sie zu einer Pizza oder einem Kaffee einzuladen. Aus dem Augenwinkel heraus beobachtete sie, wie er aß. Sein Gesicht hatte herbe Züge, was ihm einen ernsten Ausdruck verlieh. Und doch konnte er so zauberhaft lächeln. Das war ihr gestern erst wieder aufgefallen. Er war eine Mischung aus Terence Hill mit seinen blauen Augen und dem braunen Teint und … ja, der andere fiel ihr gerade nicht ein, aber er spielte oft in schwedischen Filmen einen Bösewicht.

»Wieso bist du eigentlich Single«, fragte sie plötzlich und war selber überrascht.

»Bereitet dir etwa das die ganze Zeit Kopfzerbrechen?«, fragte er erstaunt.

»Nein … nun ja, ich habe mir gerade den Mann vorgestellt, der hier mit Maren auf der Insel war. Es könnte ja jemand von deiner Statur sein, deshalb ...«, redete Eva sich heraus und spürte, wie ihr Röte ins Gesicht stieg.

»Du denkst also, ich bräuchte eine Frau?«

»He, das habe ich nicht gesagt.«

»Nun, wenn es dich beruhigt, ich bin nicht gerne Single. Aber die Richtige zu finden ist nicht so leicht. Und schon gar nicht, wenn man auf der Insel lebt.«

»Warst du denn schon einmal verheiratet?«

Jürgen schüttelte den Kopf. »Nicht mal verlobt«, sagte er. »Und du?«

Eva sah gedankenverloren Richtung Strand. »Für mich ist es besser, wenn ich alleine lebe«, sagte sie schließlich. »Ich bin zu kompliziert, das hast du ja selber auch schon festgestellt.«

»Die Zeiten, wo Frauen schlicht und anpassungsfähig sein müssen, ist doch wohl vorbei«, meinte Jürgen. »Ich jedenfalls brauche eine Frau, mit der ich mich messen kann. Ich brauche die Herausforderung.«

»Die Liebe ist doch kein Ringkampf«, warf Eva ein. »Eigentlich sollte es doch harmonisch zugehen.«

»Wenn es zu harmonisch ist, dann stimmt da meistens was nicht«, meinte Jürgen. »Das habe ich bei meinen Eltern gesehen. Nie gab es Streit, immer schien alles in Ordnung. Bis wir dann eines Tages erfuhren, dass mein Vater meine Mutter all die Jahre geschlagen hat.«

Erschrocken sah Eva ihn an. »Oh, das tut mir leid. Wie ist es denn ausgegangen ... ich meine, hat eure Mutter euren Vater verlassen?«

»Nein. Sie ist gestorben. Es war der Krebs.«

Eva griff nach Jürgens Hand. »Mensch ... wie alt warst du da?«

»Da war ich bereits zwanzig«, sagte Jürgen und sein Gesicht verhärtete sich. »Auf dem Sterbebett hat sie mir anvertraut, was mein Vater für ein Schwein war.«

»Oh wie schrecklich«, sagte Eva.

»Ja, das kann man wohl sagen. Seitdem habe ich nie wieder ein Wort mit meinem Vater gesprochen. Und vielleicht ging es seitdem auch mit mir bergab. Vielleicht bin ich beziehungsunfähig. Mag sein, dass ich schon als Kind immer gespürt habe, dass da unterschwellig etwas ist ... dass die Ehe meiner Eltern nicht so glücklich war, wie es immer den Anschein hatte. Auf jeden Fall ... ach, lassen wir das Thema.« Er entzog ihr seine Hand, die sie noch immer gehalten hatte.

Sie fragte sich, ob dieser Abend ihrer zukünftigen Zusammenarbeit eher zuträglich oder schädlich sein würde.

Er wiederum hatte das Gefühl, zu viel von sich preisgegeben zu haben. Doch auf der anderen Seite war er froh. Endlich gab es jemanden, dem er wieder vertraute.

Am nächsten Morgen machte Eva sich ganz früh auf den Weg zur Polizeistation. Sie hatte Jürgen versprochen, ihm bei der Suche nach dem richtigen Standesamt zu helfen. Dafür hatte sie sich einen anderen Namen und eine ominöse Geschichte ausgedacht. Sie sei mit ihrer Schwester für ein paar Tage auf eine Insel gefahren und habe einen Ring gefunden. Sicher gäbe es jemanden, der diesen schon vermisste. Deshalb wolle sie ihn dem rechtmäßigen Besitzer gerne zurückgeben. Sie wunderte sich, wie leicht ihr dieses Lügenmärchen über die Lippen ging. Nein, es war noch mehr. Es machte ihr sogar Spaß. Sie stellte fest, dass man mit anderer Stimme sprach, wenn man so unverfroren log.

Doch als die Sonne hoch am Horizont stand, war sie immer noch kein Stückchen weiter mit ihren Ermittlungen. Sie entschloss sich, zu Jürgen zu gehen. Doch auch da gab es keine positiven Neuigkeiten.

»Ich glaube, das bringt so nichts«, stellte Jürgen enttäuscht fest. »Wir sollten uns eine andere Strategie überlegen.«

Es gefiel Eva, dieses uns. Gab es ihr doch das Gefühl des unausgesprochenen Einverständnisses seinerseits, sich ihr zugehörig zu fühlen. »Du hast recht«, stimmte sie deshalb spontan zu, um diese warme Stimmung nicht zu zerstören. »Es hilft wohl nichts, ich muss im Rahmen meiner Möglichkeiten als Ermittlerin an die Sache ran.«

Erfreut nickte Jürgen. »Endlich siehst du es ein«, sagte er erleichtert. »Und mit deinem Polizeiapparat kommst du doch auch viel schneller an alle nötigen Daten heran.«

»Auch das«, nickte Eva. »Aber trotzdem solltest du deine Ohren und Augen weiter offenhalten.«

»Na klar«, stimmte Jürgen zu. Denn auch ihm war dieses Zusammenspiel mit ihr nicht unangenehm.

»Ich komm nachher nochmal vorbei, wenn ich alles in die Wege geleitet habe«, sagte Eva und verabschiedete sich von ihm.

Liebesnest

Die Tage und Wochen vergingen wie im Flug. Maren fühlte sich wie der glücklichste Mensch unter der Sonne. Er trug sie auf Händen. Er erfüllte ihr jeden Wunsch und las ihre geheimen Wünsche von ihren Augen ab. Konnte es noch etwas Schöneres auf Erden geben?

Nach ihrem Umzug in sein Haus hatte sie schnell eine neue Anstellung in einem kleinen Architektenbüro gefunden. Obwohl er immer meinte, sie bräuchte sich damit nicht zu beeilen. Es gäbe im Haus genug, womit sie sich die Zeit vertreiben könne. Sie glaubte ihm, dass er es gut mit ihr meinte. Denn wenn er zuhause war, erledigte er viele Dinge des alltäglichen Lebens. Am Anfang fiel es ihr nicht auf, doch eines Tages sah sie, dass ein Stapel frisch gewaschener Handtücher, die sie ins Bad gelegt hatte, neu sortiert worden war. Als sie ihn später darauf ansprach, hatte sie einen Schatten um seine Augen huschen sehen. Es sei nur der Farben wegen, hatte er gemeint und sofort wieder gelacht. Sie solle sich das nicht zu Herzen nehmen. Es sei nicht bös gemeint gewesen. Aber rote und schwarze Handtücher passten eben nicht zu grünen. Und so hätte er sie noch einmal neu aufgenommen. Sie merkte es sich. Schließlich wollte sie ihm gefallen. Und letztlich sprach es für seinen Geschmack, wenn er sich um solche Dinge, die für sie nie relevant gewesen waren bisher, überhaupt Gedanken machte. Bei ihr in der Wohnung hatten alle Handtücher in sämtlichen Farben wild durcheinander in einem großen Haufen gelegen. Sie nannte es gerne ihr kreatives Chaos. Jetzt hatte sie wohl endlich jemanden gefunden, der bei ihr für Ordnung sorgte.

Eines Abends, er war sehr spät von der Arbeit nach Hause gekommen, überraschte er sie mit einem großen Strauß roter Rosen. Sie ärgerte sich sofort, dass sie sich nicht umgezogen hatte, bevor er kam. Sie hatte an diesem Tag frei gehabt und den ganzen Tag im Jogginganzug auf dem Sofa verbracht und gelesen. Und dann stand er plötzlich da. Im schicken Anzug und diesem Traum von Blumen. Am liebsten wäre sie im Erdboden versunken oder schnell nach oben gerannt, um sich umzuziehen. Denn sie hatte seinen Blick gesehen, der zunächst sie und dann den Rest der Wohnung in Sekundenschnelle taxiert hatte. Er musste sie für eine unglaubliche Schlampe halten. Denn genauso fühlte sie sich in diesem Moment. Sie hatte versucht zu erklären. Dass sie die Zeit vergessen habe über einem guten Buch. Doch er wehrte ab. Natürlich solle sie es sich gemütlich machen, wenn sie mal frei habe, hatte er gesagt. Dabei lächelte sein Mund, während seine Augen wütend blitzten. Es war das erste Mal, dass Maren Angst bekam. Aber nur für einen kurzen Augenblick. Denn schon im nächsten Moment hatte er die Blumen auf den Tisch gelegt und sie fest in seine Arme genommen. Ich liebe dich, hatte er immer wieder geflüstert und dabei seine Hände unter ihr Sweatshirt geschoben. Noch auf dem Küchentisch hatte er sie im Anzug genommen.

Eva startet durch

»Ja hallo, hier ist Eva von der Insel«, lachte sie in den Hörer, als sie die Kollegen in Wittmund anrief. Nein, es gebe kein Opfer und auch kein Verbrechen, hatte sie schnell erklärt. Und doch sei da etwas mit einem Ring, das ihr keine Ruhe lasse. Ob denn nicht jemand von den Kollegen mal bei den Standesämtern in Nordrhein-Westfalen forschen könne. Sie erwähnte natürlich, dass sie selber bereits die Hälfte der Standesämter abtelefoniert hatte, um nicht mit den Lügen aufzufliegen. Doch jetzt, nun ja, sie müsse sich um einige andere Dinge kümmern, die deshalb liegengeblieben seien. Nachdem der Kollege am anderen Ende zugesagt hatte, gab sie ihm die Städte durch, die noch offen waren.

Dann machte sie sich auf den Weg zum Hundestrand, wo sie den Ring gefunden hatte. Er war voller Menschen, so dass sie sich kaum noch orientieren konnte, wo sie den Ring eigentlich entdeckt hatte. Sie setzte sich nach einem kurzen Rundgang auf eine Düne und sah aufs Meer. Dort malte sie sich aus, dass sie eine Geschichte um den Ring webte, die sich dann in Buchform reißend in der Inselbuchhandlung verkaufte. Sie hätte für den Rest ihres Lebens ausgesorgt und so hatte der Ring ihr Glück gebracht.

»Ist hier noch frei?«, riss sie eine männliche Stimme aus ihren Tagträumen. Sie hielt sich die Hand als Sonnenschutz über die Augen und sah auf. Sie kannte den Mann nicht, der sich jetzt einfach neben sie setzte. Geht's noch, dachte sie? »Kennen wir uns?«, fragte sie dann.

»Noch nicht«, sagte der Fremde und reichte ihr die Hand. »Mein Name ist Axel Weiland.«

Eva dachte gar nicht daran, ihm ihre Hand zu geben. »Und was verschafft mir das Vergnügen?«

»Sie haben recht«, sagte der Mann. »Es ist ein wenig dreist von mir, Sie hier einfach in Ihrer Ruhe zu stören, das gebe ich gerne zu. Aber es gibt einen Grund dafür.«

Eva wurde das Verhalten des Mannes immer unangenehmer. Er war groß, hatte dunkles Haar und nun ja, er sah verdammt gut aus. Aber rechtfertigte das automatisch ein rüpelhaftes Verhalten? Sie sagte nichts und starrte ihn weiter unverwandt an.

»Sie sind doch die Inselpolizistin hier, oder?«

Eva nickte.

»Ich habe etwas verloren, deshalb war ich vorhin bei der Polizeistation. Da sagte man mir, dass sie nur stundenweise dort anzutreffen wären. Angerufen habe ich auch, aber es nahm niemand ab.«

Automatisch griff Eva in ihre Hosentasche. Tatsächlich, sie hatte ihr Handy vergessen. Somit war die Polizei auf Langeoog zurzeit für niemanden erreichbar. Himmel, wenn sich das herumsprach. Fast musste sie dem Mann schon dankbar sein, dass er sie jetzt über ihr Versäumnis aufklärte.

»Was haben Sie denn verloren?«, fragte sie in versöhnlichem Tonfall.

»Meine Brieftasche«, sagte er. »Und somit praktisch mein ganzes Bargeld, meine Papiere und was man sonst noch alles darin verstaut.«

»Und Sie meinen, dass das eine Sache für die Polizei ist?«, fragte Eva. »Dann will ich mal gleich meine Spürhunde losschicken.«

Der Mann lachte auf. »Sie gefallen mir«, sagte er spontan. »Also, es könnte doch sein, dass jemand die Brieftasche findet und bei Ihnen abgibt. Und dann wäre ich Ihnen sehr dankbar, wenn Sie mich informieren könnten.«

»Kein Problem«, entgegnete Eva. »Haben Sie eine Karte mit Telefonnummer, wo ich Sie erreichen kann.«

»Leider nicht«, sagte er, »auch die waren in der verschwundenen Brieftasche. Aber ich wohne im *Logierhus*. Und meinen Namen haben Sie ja.«

Eva nickte. »Und könnte es auch sein, dass man Ihnen die Brieftasche gestohlen hat?«, fragte sie.

Axel Weiland überlegte kurz. »Das glaube ich eigentlich nicht. Im Normalfall achte ich sehr darauf.«

»Nun, das letzte Mal wohl nicht ...«, stellte Eva fest.

»Tja, ich verstehe das ehrlich gesagt auch nicht«, erwiderte er.

»Was machen Sie denn hier auf der Insel? Familienurlaub?« Eva wusste selber nicht, warum, aber sie wollte, wissen, ob er verheiratet war.

»Nein, ich habe keine Familie«, sagte der Mann. »Ich bin hier, weil ich mal ein Weltnaturerbe aus nächster Nähe betrachten wollte.«

Werde ich hier gerade veräppelt, fragte sich Eva. Stirnrunzelnd sah sie ihn an.

»Ich meine es ernst«, sagte er lachend. »Ich bin nämlich Biologe, wissen Sie. Und ich habe schon viel über die Nordsee gelesen, aber bisher war ich noch nie bis hier oben rauf gekommen.«

»Wo kommen Sie denn her?«

»Gebürtig bin ich Schweizer«, erklärte er. »Aber meine Eltern sind mit mir schon ins Ausland gezogen, da war ich erst zwei Jahre alt.«

»Da ist Ihnen aber ein äußerst unangenehmer Dialekt erspart geblieben«, stellte Eva spontan fest.

»Sie haben recht«, stimmte er ihr lachend zu. »Im Prinzip hatte ich nie Zeit, mir überhaupt eine Sprache zu eigen zu machen, da wir ständig auf Reisen waren. So wurde ich von privaten Lehrern unterrichtet, die einwandfreies Hochdeutsch sprachen ohne jegliche Färbung.«

Das Gespräch erstarb. Eva fiel nichts mehr ein, was sie darauf erwidern konnte. Sie kannte sich mit Diplomatenfamilien nicht sonderlich gut aus. Sie kam aus einfacheren Verhältnissen, wo man mitunter auch mal Gosse sprach.

»Ja, dann will ich Sie auch nicht weiter stören«, sagte Axel Weiland schließlich und erhob sich zum Gehen.

»Wenn ich etwas höre, melde ich mich bei Ihnen«, sagte Eva und sah ihm nach, als er in Richtung Inselmitte verschwand. Komisch dachte sie, die Menschen verlieren andauernd irgendetwas und immer öfter scheine ich damit in Berührung zu kommen. Verlorene Dinge, Ringe und Brieftaschen. Was will mir das Schicksal sagen?

Als es ihr schließlich zu warm wurde, erhob sie sich, und lief Richtung Polizeistation. Dort wurde sie bereits von Jürgen erwartet.

»Mensch Eva, wo steckst du denn?« Er rannte auf sie zu.

»Was ist los?«, fragte sie.

»Du bist nicht erreichbar, das ist los. Kein Mensch wusste, wo du warst. Und ans Telefon bist du auch nicht gegangen.«

»Ja, ich hab mein Handy im Büro vergessen, sorry. Ich war am Strand. Aber nun sag doch endlich, warum du mir deswegen jetzt so eine Szene machst.«

»Na, weil man Maren gefunden hat.«

»Was!«, rief Eva aus. »Und das sagst du erst jetzt?« Wütend funkelte sie ihn an.

»Ich wollte es dir ja schon eher sagen, aber …«

»Schon gut. Komm, lass uns reingehen. Und dann erzählst du mir alles.«

Bis zum späten Nachmittag saß Eva mit Jürgen in der Polizeidienststelle. Ein Kollege in Wittmund hatte tatsächlich eine Maren aufgetan, die an dem besagten Tag im Mai geheiratet hatte. Sie wohnte in Emden und nach einigen Telefonaten zeigte sich, dass weder sie noch ihr Ehemann seinen Ring verloren hatte.

»Das war wohl nichts«, stellte Eva resigniert fest. »Es gibt sicher noch eine ganze Menge Frauen mit dem Namen.«

»Und dann hat sie auch noch an dem gleichen Tag geheiratet«, stimmte Jürgen mit matter Stimme zu.

»Genau. Und wir wissen ja nicht einmal, ob unsere Maren auch wirklich verheiratet war. Es könnte ja genauso gut ein Verlobungsring sein. Und das ist ja nicht in Standesämtern registriert. Ob wir uns da vielleicht in etwas verrennen?«

Skeptisch sah Jürgen sie an. »Wie sollen wir denn sonst noch nach ihr suchen? Also, mir fällt da keine andere Lösung ein.«

»Und wenn wir einfach eine Anzeige in der Zeitung aufgeben?«

»Hm ... ich weiß nicht. Vielleicht wirbeln wir damit mehr Staub auf, als uns lieb sein kann.«

»Wie meinst du das? Wir tun doch eigentlich nichts Schlimmes. Und du selbst hast gesagt, dass es vermutlich nur ein harmloser Verlust ist.«

»Ich weiß. Aber wenn doch mehr dahinter steckt, dann könnten wir den Verbrecher auch warnen, dass wir ihm auf den Fersen sind.«

»Aha. Du glaubst jetzt also doch auch an meine Theorie, dass unserer Maren etwas zugestoßen sein muss«, fragte Eva neugierig.

Jürgen zuckte mit den Schultern. »Ausschließen kann man's ja nicht.«

Zufrieden grinste Eva vor sich hin. »Wollen wir zusammen irgendwo zu Abend essen?«, fragte sie und Jürgen trottete hinter ihr her.

Schließlich kehrten sie in der kleinen Pizzeria ein. Bei einem Chianti ließ es sich doch viel besser ermitteln, hatte Eva gemeint. Sie liebte Salamipizza mit doppelt Käse, und Jürgen sah ihr amüsiert dabei zu, wie sie diese mit großen Bissen verschlang.

»Ich habe noch nie eine Frau gesehen, die so gerne isst«, sagte er.

»Denkst du, ich esse zu viel?«, fragte Eva erschrocken und tupfte sich mit der Serviette über die Mundwinkel.

»Nein. Um Himmels willen verstehe mich nicht falsch. Aber die meisten Frauen essen doch so gut wie gar nichts, wenn sie in Restaurants gehen.«

»Na ja, wenn ich nicht in Restaurants esse, bekomme ich ja praktisch gar nichts mehr, weil ich zuhause einfach keine Lust aufs Essen und zum Kochen schon gar nicht habe. Alleine macht das doch keinen Spaß.«

»Da ist was dran«, stimmte Jürgen zu. »Bei mir gibt es zuhause auch nicht viel.«

»Komm jetzt nicht auf den Gedanken, mir eine WG anzubieten«, warnte Eva lachend. »Denn dann platze ich vermutlich wirklich bald aus allen Nähten.«

»Du übertreibst mal wieder maßlos. An Frauen muss doch was dran sein.«

»Das sagen alle Männer, aber dann gehen sie mit schlanken Frauen aus.«

»Also ich nicht …«

»Na, vielen Dank auch.«

»Wie man's macht, macht man's verkehrt«, maulte Jürgen.

Sie prosteten sich lachend zu. Für ein paar Stunden konnten sie die Zeit auch ohne Maren genießen.

Einfach glücklich sein

Das erste Mal, dass Maren sich fragte, ob sie wirklich die richtige Entscheidung getroffen hatte, als sie so schnell ihre Wohnung aufgab, passierte nach etwa einem halben Jahr. Sie kam von der Arbeit nach Hause. Und er war schon da.

»Wo bist zu gewesen?«, fragte er in bösem Ton.

»Bei der Arbeit, das weißt du doch«, hatte sie ängstlich geantwortet. »Aber warum bist du eigentlich schon zuhause?« Er hatte nicht mehr geantwortet, sondern zugeschlagen. Mit der ganzen Hand auf den Tisch, so dass ihre Vase mit einem bunten Strauß Blumen umgekippt und das Wasser sich über die bunte Decke geschlängelt hatte.

Erschrocken war Maren zurückgewichen. War das wirklich der Mann, in den sie sich Hals über Kopf verliebt hatte? Er sah ihre Angst.

»Es tut mir leid«, hatte er schnell gesagt, hatte die Blumen und die Vase genommen und war damit in die Küche gelaufen. Dann hatte er die nasse Tischdecke abgenommen und ins Bad gebracht. Maren hatte in diesem Moment das Gefühl gehabt, gar nicht mehr zu existieren für ihn. Als das ganze Dilemma beseitigt war, kam er auf sie zu, nahm sie in den Arm und küsste sie auf den Hals. Sie hatte es geschehen lassen. Konnte sich gar nicht wehren. War steif gewesen wie ein Stock. Es war ihr eiskalt.

»Ich wollte dich nicht erschrecken«, sagte er, als er sie sanft ins Wohnzimmer schob und auf die Couch drückte. »Ich habe mir doch nur Sorgen gemacht, als du nicht da warst. Und natürlich weiß ich, dass du bei der Arbeit warst, wo solltest du denn sonst sein? Doch du bist das Wichtigste für mich, deshalb möchte ich dich beschützen.«

Aber wovor?, hatte Maren fragen wollen. Doch ihre Stimme hatte versagt. Sie konnte kaum noch atmen, als er ihr nach und nach die Kleider auszog. Dann liebte er sie, als ob sie gar nicht da wäre.

Am nächsten Morgen war alles wie immer gewesen. Er war zuvorkommend und lieb zu ihr. Maren versuchte, den Vorfall vom Vortag zu vergessen. Und vielleicht stimmte es ja auch, dass er sich nur Sorgen gemacht hatte. War es nicht so gewesen, dass ihre Mutter sich immer beklagt hatte, dass ihr Vater sich nie um sie gekümmert hatte? Also, davon konnte bei ihr doch nun wirklich keine Rede sein. Sie hatte jetzt einen Mann an ihrer Seite, der sich jede Minute um sie sorgte. Immer wissen wollte, wo sie war, was sie tat und was sie dachte. War das denn jetzt plötzlich falsch? Es gab sicher viele Frauen, die sie um diesen Mann beneideten, wenn sie unterwegs waren. Warum also konnte sie sich nicht einfach freuen? Sie beschloss, von nun an alles richtig zu machen. Er sollte keinen Grund mehr haben, sich um sie zu sorgen. Und dann würde er ja auch nicht mehr böse sein.

Inselalltag

Eva hatte lange geschlafen und sah jetzt auf ihren Wecker. Es war kurz nach neun. Der Sonntag fing schon träge an. Und da sie auf der Insel alleine für Recht und Ordnung sorgte, konnte sie ja kaum zwischen Arbeit und Freizeit unterscheiden. Im Prinzip unterschied sich ja auch gar nichts mehr. Sie war für Menschen, die die Polizei brauchten, immer einsatzbereit. Doch so oft kam das ja nicht vor. Also fühlte sie sich, als habe sie ständig frei, obwohl sie immer im Einsatz war. Während sie so über ihr Inselleben, dass sie völlig aus Zeit und Raum hinauskatapultiert hatte, nachdachte, plätscherte der Sonntag dahin. Irgendwann schlief Eva sogar wieder ein und erwachte erst, als eindringlich an ihrer Haustür geklingelt wurde. Da sie in einen tiefen Schlaf gesackt war, hatte sie große Mühe, überhaupt zu sich zu kommen. War etwas passiert? Und wenn ja, warum lag sie noch im Bett? Sie rieb sich die Arme, die ihr eingeschlafen waren. Mühsam kroch sie aus den Federn, zog sich ihren Bademantel über und schlurfte zur Tür.

»Ach du bist's«, sagte sie matt, als sie geöffnet hatte. Vor ihr stand Jürgen.

»Du liegst noch im Bett?«, fragte er.

»Ich habe frei ...«

»Aber wir waren zum Frühstück verabredet. Hast du das etwa vergessen?«

»Offensichtlich ... entschuldige.«

»Dann wird es jetzt wohl ein Mittagessen«, sagte Jürgen und setzte schon einen Fuß ihren Flur, um einzutreten. Doch Eva drückte ihn sanft zurück.

»Du heute nicht. Ich hab irgendwie schlecht geschlafen.«

»Das ist jetzt aber nicht dein Ernst«, sagte er und trat widerwillig zurück.

»Doch, ich fürchte ja. Ich muss nachdenken.« Eva schloss die Tür und drehte den Schlüssel zweimal um. Dann lugte sie durch das Seitenfenster und sah, wie Jürgen zwischen den Häusern verschwand. Es war ihr egal, was er jetzt über sie dachte.

Sie lief ins Bad und stellte sich unter die heiße Dusche. Doch irgendwie wollten auch wohl ihre Lebensgeister heute nicht geweckt werden. Was war nur mit ihr los? Sie fühlte sich schlapp. Und dabei hatte sie am gestrigen Abend nicht einmal übermäßig viel gegessen oder getrunken. Sie war einfach auf dem Sofa bei einem Fernsehkrimi eingeschlafen und dann gegen elf ins Bett getapert. Doch so, wie sie sich jetzt fühlte, das war neu. Und es tat ihr nicht gut. Und Jürgen offensichtlich auch nicht. Ob es ihr unterbewusst gegen den Strich ging, dass sie immer mehr Zeit miteinander verbrachten, ohne dass Jürgen größere Annäherungsversuche startete? Er hatte ihr ja mehr als deutlich gezeigt, dass er sie mochte. Und vielleicht hatte er gar mehr als nur platonische Freundschaft im Sinn gehabt. Wenn dem so war, dann hatte sie ihm diese Flausen ja nur zu deutlich gleich bei ihrer ersten Zeit auf der Insel aus dem Kopf getrieben, indem sie ihm die eiskalte Schulter zeigte. Doch sie musste zugeben, dass ihr sein anfängliches Interesse sehr geschmeichelt hatte. Und es war doch auch nicht normal, dass eine Inselpolizistin und ein alleinstehender Mann so viel Zeit miteinander verbrachten und sich nichts dabei dachten. Sie waren doch nicht geschlechtsneutral. Und dass er so schnell aufgegeben hatte, ärgerte sie insgeheim. Eva hatte gespürt, dass man hinter vorgehaltener Hand tuschelte. Gerade auf einer kleinen Insel wie Langeoog, auf der nicht einmal Autos fuhren, bekam doch jeder mit, was der andere tat. Gerade im Winter war ihre Anwesenheit als neue Polizistin sicher das gefundene Fressen gewesen. Ehefrauen nahmen ihre Männer noch enger an die Leine, da Eva Single war. Und Frauen, die alleine lebten, sahen in ihr eine Konkurrenz bei der Jagd auf die letzten frei zur Verfügung stehenden Exemplare.

Ihre Haut war schon ganz aufgeweicht, als sie endlich aus der Dusche stieg. Sie rubbelte sich ab und cremte sich mit ihrer Lieblingslotion ein, die nach Lavendel duftete. Ausgerechnet Lavendel, der Duft betagter Damen, dachte sie grimmig. Sie musste sich unbedingt etwas Neues zulegen. Sicher würde dann auch Jürgen noch einmal einen neuen Anlauf nehmen, wenn es bei ihr nicht mehr wie in der Mottenkiste roch.

Sie kochte sich einen Kaffee, schmierte sich ein Käsebrot und lümmelte sich damit auf die Couch im Wohnzimmer. Hoffentlich passiert bald mal was auf der Insel, dachte sie, als sie sich durchs Fernsehprogramm zappte. Die Aufklärung eines komplizierten Mordfalls könnte ihr Ansehen auf der Insel gewiss enorm steigern. Aber wen sollte es erwischen? Vielleicht den Wirt der Inselkneipe? Aber ohne ihn würde etwas fehlen. Nein, das konnte sie ihm nicht antun. Aber wie wäre es zum Beispiel mit einem Touristen in der Silvesternacht? Irgend so ein unsympathischer Mann aus dem Rheinland. Es könnte doch sein, dass er mit seiner Geliebten Silvester feiert und seine Frau setzt einen Killer auf ihn an. Und sie, Eva, würde den Fall im Handumdrehen aufklären, weil Eifersucht das älteste Motiv der Welt war. Ein genialer Gedanke. Doch sie wusste natürlich, dass von alldem, was sie sich in ihrer Phantasie ausmalte, nichts dergleichen geschehen würde. Noch in tausend Jahren würde sie hier mit Jürgen über verlorene goldene Ringe grübeln, während auf dem Festland das Leben tobte.

Endlich waren ihre Gedanken wieder bei Maren. Eva schaltete den Fernseher aus und holte den Ring aus der Schublade ihres Schreibtisches. Es war aber auch zu komisch, dass niemand nach dem Ring suchte. Und mittlerweile hatte Eva die Hoffnung aufgegeben, dass man Maren über die Standesämter finden würde. Und sie konnte ja auch nicht sämtliche Behörden in ganz Deutschland auf die Suche schicken. Zweifellos würde ihr das selbst auf der kleinen Insel zu Ruhm verhelfen. Aber eher in die Richtung, dass eine völlig übergeschnappte Polizistin einem Phantom hinterherjagte. Was Jürgen jetzt wohl machte? Sicher war er stinksauer auf sie, weil sie ihn an der Tür so hatte abblitzen lassen. Ob sie ihn anrufen sollte? Plötzlich verspürte sie nämlich große Lust, sich mit jemandem zu unterhalten. Aber Jürgen war ja nicht ihr Spielzeug, ihr Pausenclown.

Eva steckte sich den Ring an den rechten Mittelfinger und schloss die Augen. Sie malte sich ein glückliches Pärchen aus, das sich am Strand vergnügte. Ein Bild, das sie schon allzu oft strapaziert hatte. Immer wieder blieb es an der gleichen Stelle hängen. Sie kam einfach nicht weiter. Ob man doch eine Anzeige in der Zeitung aufgeben sollte, wie Jürgen vorgeschlagen hatte? Ach, das würde auch nichts bringen. Der Zeigefinger ihrer linken Hand führ um den goldenen Ring herum, als riebe er an Aladins Lampe. Dann klingelte ihr Telefon. Eva schlug die Augen auf und nahm ab.

»Eva hier«, sagte sie nur.

»Störe ich?«, kam es vom anderen Ende.

»Wer ist denn da?«

»Hier ist Axel Weiland«, erklärte die Stimme. »Ich wollte Ihnen nur sagen, dass ich meine Brieftasche wieder habe.«

»Oh, jetzt erinnere ich mich«, sagte Eva und richtete sich auf. »Das freut mich ja für Sie.«

»Ja, wie gesagt, ich wollte nicht stören. Aber ich dachte, es würde sie interessieren, da Sie ja auch angeboten hatten, die Augen offen zu halten. Und damit Sie nicht mehr unnötig suchen ...«

»Schon okay«, sagte Eva schnell und horchte. Ob er sie noch zu einem Kaffee einlud, wenn er ihr schon den Sonntag vermasselte?

»Was machen Sie denn gerade? Ich hoffe, diese Frage ist nicht zu aufdringlich«, sagte er.

»Ach, ich habe frei«, sagte Eva schnell und spitzte die Ohren. Nun mach schon, dachte sie.

»Oh, dann könnten wir ja vielleicht auch einen Kaffee zusammen trinken, was meinen Sie?«

Bingo. »Ja, gerne«, sagte Eva ein bisschen zu schnell. »Wie wäre es mit dem Café an der Strandpromenade?«

»Ich bin gleich dort.« Axel Weiland verabschiedete sich und legte auf.

Wie von der Tarantel gestochen sprang Eva vom Sofa. Wie sah sie eigentlich aus? Was sollte sie anziehen? Ihre Haare standen wild vom Kopf ab, da sie diese nicht einmal durchgekämmt hatte nach dem Duschen. Sie rannte ins Bad und sah in den Spiegel. Eine Katastrophe auf zwei Beinen. Sie feuchtete ihre Hände an und fuhr sich damit durch ihre wilden Locken. Wofür machte sie sich hier eigentlich zurecht? Wenn sie mit Jürgen verabredet war, machte sie sich doch auch keine Gedanken. Plötzlich empfand sie ihr Verhalten einfach nur noch lächerlich und auch gemein. Ob sie Axel Weiland einfach versetzen sollte? Sie war ihm doch nichts schuldig. Sie kannte ihn ja nicht einmal. Auf der anderen Seite ging es hier nur um eine Tasse Kaffee. Sie fuhr sich noch einmal durchs Haar, schnitt sich eine Grimasse und lief ins Schlafzimmer, um sich anzuziehen. Eine Jeans und ein einfacher blauer Pullover, fertig. Und Schluss mit dem Gedankenchaos.

Maren

Sie drehte sich vor dem Spiegel hin und her. Er hatte ihr ein neues schwarzes Etuikleid geschenkt, das sie an diesem Abend tragen sollte. Dazu passe doch ihre echte Perlenkette ganz besonders, hatte er gemeint und ihr dabei zugelächelt. Und ja, er hatte recht. Sie war schön. Sie fühlte sich wie Audrey Hephurn in Frühstück bei Tiffany. Eigentlich fehlten ihr jetzt nur noch ein paar elegante lange schwarze Handschuhe. Als sie sich vor dem großen Spiegel betrachtete, stand er plötzlich hinter ihr und legte ihr die Perlen um den Hals.

»Du bist die schönste Frau, die ich kenne«, sagte er im Flüsterton. Dabei streichelte er ihr über die nackten Schultern. »Du gehörst mir«, sagte er.

Es war nicht das erste Mal, dass er so etwas sagte. Doch mittlerweile machten Maren solche besitzergreifenden Aussagen Angst. Automatisch zuckte sie zusammen.

»Was ist mein Liebling«, säuselte er ihr ins Ohr und küsste sie auf den Nacken. Dabei hielt er ihre Arme fest im Griff, so dass sie sich kaum noch bewegen konnte. Nur zu gerne hätte sie sich jetzt aus seinen Armen befreit. Sie bekam fast keine Luft mehr. Sein Kuss fühlte sich eiskalt an auf ihrer Haut. Sie spürte, dass sich eine Gänsehaut bildete. Das alles ließ ihn völlig unberührt. Vermutlich turnte es ihn sogar noch an. Denn sie spürte an seinem Atem, der jetzt stoßweise ging, dass er in Stimmung kam. Und das war das Letzte, wonach ihr jetzt der Sinn stand.

»Ich glaube, wir müssen jetzt los«, sagte sie mit zittriger Stimme und versuchte, sich zu ihm umzudrehen. Doch sie hatte keine Chance gegen diesen Mann, der sie um mindestens einen Kopf überragte. Und so schleifte er sie hinüber zum Bett.

Jürgen ist verwirrt

Unruhig lief Jürgen in seiner Touristeninfo auf und ab. Jetzt war es bereits der zweite Tag, an dem Eva sich nicht mehr bei ihm blicken ließ. War das nicht ein bisschen albern? Was hatte er denn Schlimmes gesagt oder getan? Aber sie war schon komisch drauf gewesen am Sonntag, als er sie mittags aus dem Bett geklingelt hatte. Ob es ihr wirklich nicht gut ging? Auf jeden Fall hatte er jetzt keine Lust mehr auf diese Kindereien. Entschlossen sperrte er die Touristinfo ab und lief in Richtung Inselpolizei. Vor der Tür traf er auf den Postboten, der etwas durch den Briefschlitz steckte.

»Ist Eva nicht da?«, fragte Jürgen.

»Ne, hat mich auch schon gewundert«, antwortete der Bote. »Aber heutzutage macht die Polizei ja, was sie will.« Damit schwang er sich wieder auf sein Fahrrad und radelte davon.

Komisch dachte Jürgen. Natürlich stimmte es, dass Eva nicht immer in der Dienststelle anzutreffen war. Aber er hatte keine Lust, sie anzurufen. Was es jetzt zu besprechen gab, das ging einfach nicht am Telefon. Also lief er weiter zu ihrer Wohnung. Als ihm dort auch nach fünf Minuten nicht geöffnet wurde, schlenderte er zum Strand. Oft saß Eva ja in den Dünen und ... tja, was trieb sie da eigentlich immer? Jürgen musste sich eingestehen, dass er noch gar nicht so viel von der Frau wusste, die seit fast einem halben Jahr auf der Insel war. Wo kam sie eigentlich her? Warum hatte sie so wenig Kontakt zu ihrer Familie? Es war noch nie jemand auf die Insel gekommen, um sie zu besuchen. Das war doch eigentlich nicht normal. Er hätte sich eher vorstellen können, dass viele Freunde und Verwandte die Gelegenheit genutzt hätten, um ein paar Tage auf der schönen Insel zu verbringen, wenn man schon bei Eva eine kostenlose Übernachtungsmöglichkeit hatte. Aber nichts dergleichen geschah. Immer schlich Eva alleine über die Insel, war mürrisch oder auch nicht erreichbar. Genau wie jetzt.

Als Jürgen beim Hundestrand ankam, hatte sich eine größere Menschenmenge am Wasser versammelt. Er konnte noch nicht erkennen, was sie dort machten. Aber er hörte Wortfetzen, die nichts Gutes verhießen. Irgendetwas war an Land getrieben worden. Und dann, als er näher kam, hörte er, wie jemand vorschlug, die Polizei zu holen.

»Lassen Sie mich mal durch«, sagte Jürgen und drängte sich durch die vielen Arme und Beine.

»Wer sind Sie?«, fragte ihn jemand von der Seite und stieß ihn an. Es war offensichtlich ein Tourist, wie sich unschwer an der bunten Bekleidung ausmachen ließ.

»Ich leite die Touristinfo«, antwortete Jürgen. »Was ist denn hier los?«

»Da ist jemand im Boot«, sagte der Mann. »Vielleicht ist sie tot. Wir haben schon versucht, die Polizei anzurufen, aber da meldet sich niemand.«

Jürgen wusste nicht, warum, doch sein Herz machte, einen Satz. So, als spürte er genau, wen er da gleich im Boot vorfinden würde. Und er hatte wahnsinnige Angst davor, seine Ahnung bestätigt zu bekommen. Er schlich sich weiter heran an den Strand. Als er am Wasser ankam, sah er Eva. Jemand machte sich an ihr zu schaffen. Versuchte, sie aus dem Boot zu ziehen. Doch sie war zu schwer. Ihm fiel doppelt Käse ein. Lange Abende mit Eva und einem Chianti. Sein Puls raste. Er bahnte sich den Weg zum Boot, stieß Frauen und Männer zur Seite.

»Gehen Sie weg«, herrschte er den Mann an, der an Eva zerrte. Ihr Gesicht war leichenblass, die Lippen von der Sonne und der salzigen Luft ausgetrocknet und aufgesprungen. Er hielt den Atem an und seine Gefühle zurück. Noch war doch nichts entschieden. Sie musste ja nicht tot sein. Das durfte sie einfach nicht sein. Er beugte sich über das Boot. Suchte an ihrem Arm nach einem Puls.

»Das habe ich auch schon gemacht«, sagte der Mann, der vor ihm zurückgewichen war. »Sie lebt noch.«

»Dann tun Sie doch was, rufen Sie einen Krankenwagen!«, herrschte Jürgen den Mann an.

»Das haben wir doch schon gemacht«, verteidigte sich der Mann. »Der Notarzt muss gleich hier sein.«

Jürgen streifte seinen Pullover über den Kopf und legte ihn in Evas Nacken. Plötzlich röchelte sie leise. Dann hustete sie schwach.

»Eva«, sagte er, »ich bin's Jürgen. Kannst du mich hören?«

Er streichelte über ihr Gesicht. Sie schlug die Augen auf, um sie sofort wieder zu schließen wegen der grellen Sonne.

»Wo bin ich?«, flüsterte Eva. »Was ist hier los?«

»Ruhig, ganz ruhig«, sagte Jürgen, dem mehr als nur ein Stein vom Herzen gefallen war, weil sie noch lebte. »Gleich werden die Sanitäter hier sein und sich um dich kümmern.«

»Ich versteh das alles nicht«, sagte Eva. Sie lehnte sich zurück.

»Es wird sich alles aufklären«, versprach Jürgen. Dann trafen die Rettungssanitäter ein.

Sie hoben Eva, nachdem sie einen ersten Eindruck gewonnen hatten, aus dem Boot. Offensichtlich war sie körperlich unversehrt. Sie legten sie auf eine Trage und reichten ihr Wasser.

»Was ist mit Ihnen passiert?«, fragte der Notarzt, der ihr ein Stethoskop auf den Brustkorb gedrückt hatte und horchte.

»Keine Ahnung«, sagte Eva und zuckte mit den Schultern. »Ich weiß es wirklich nicht. Warum war ich auf dem Boot?« Hilfesuchend sah sie sich nach Jürgen um, der gleich hinter dem Arzt stand.

»Soweit scheint alles in Ordnung zu sein«, stellte der Arzt fest. »Aber ich würde Sie doch ganz gerne ein paar Tage unter Beobachtung stellen auf dem Festland.«

»Das kommt gar nicht in Frage«, sagte Eva resolut. Ganz die Alte stellte Jürgen erleichtert in Gedanken fest. »Mir fehlt nichts und ich will nach Hause in meine Wohnung.«

»Das geht dann aber nur auf eigene Gefahr«, mahnte der Arzt.

»Das geht es doch immer, egal was man macht«, sagte Eva und rappelte sich von der Trage hoch. Sie hielt Jürgen einen Arm hin. »Er wird mich nach Hause begleiten und auf mich aufpassen«, sagte sie, und Jürgen nickte stumm.

»Nun sag doch endlich, was passiert ist?« Jürgen hielt im Schritt inne, als sich die beiden ein wenig von der Gruppe entfernt hatten.

»Was soll schon passiert sein«, sagte Eva in gespielter Gleichgültigkeit. Sie hatte jetzt noch keine Lust, ihm von ihrem Reinfall mit diesem Axel Weiland zu berichten. Total peinlich. Sie, die alternde Polizistin ging einem schönen Jüngling ins Netz. Aber in welches Netz denn eigentlich? Was hatte er überhaupt von ihr gewollt. Ihr brummte der Schädel. Das Letzte, woran sie sich mit Sicherheit erinnerte war, dass sie sich wie ein Teenager aufgebrezelt hatte. Oh Gott, wenn das Jürgen erfuhr. Er würde sich nicht wieder einkriegen vor Lachen und ihr das Malheur ein Leben lang vorhalten. Doch so wie er sie jetzt ansah, machte er sich wirklich Sorgen. Sie war schon verdammt gemein zu ihm, musste sie zugeben.

»Ich finde das nicht gut, Eva. Du verschweigst mir etwas, aber ich möchte dir doch nur helfen.« Jürgen setzte schon zum Weitergehen an.

»Du, es tut mir leid. Lass uns zu mir nach Hause gehen und dann erzähle ich dir alles haarklein«, sagte sie. Doch was sie eigentlich erzählen wollte, war ihr selber noch nicht klar, denn sie wusste doch auch nicht, wie sie in das Boot aufs offene Meer geraten war. Was führte dieser Axel Weiland im Schilde? Wollte er sie am Ende umbringen? Hatte er gehofft, dass sie von der

Insel abtrieb und verdurstete? Doch das war ja lächerlich bei dem Touristenstrom. Es musste ihm klar sein, dass sie entdeckt würde. Also könnte es sich um einen Denkzettel handeln. Und auch zu dem Warum zu dieser Theorie fiel ihr beim besten Willen nichts ein.

Stumm liefen sie weiter, bis Eva ihren Schlüssel aus der Jacke zog und ihre Haustür aufschloss.

»Darf ich noch mit reinkommen, oder soll ich lieber gehen?«, fragte Jürgen.

»Bitte komm mit rein«, bat Eva. Sie hatte ihn wohl tiefer verletzt, als sie gedacht hatte.

In der Wohnung war es kalt. Oder fror sie nur so, weil ihr etwas zugestoßen war? Etwas Unheimliches? Oder doch eher bedrohlich? Sie ging ins Bad und bat Jürgen, einen Kaffee anzusetzen. Als sie die Tür hinter sich schloss, liefen die ersten Tränen. Sie wusste selber nicht, warum sie eigentlich weinen musste. Sie war doch sonst nicht so sentimental. Und nein, da hatte niemand versucht, sie umzubringen. Dann hätte er es cleverer angestellt. Vielmehr wollte er ihr eine Lektion erteilen, davon war sie mehr und mehr überzeugt. Aber warum? Was hatte sie getan oder gar entdeckt? Sie streifte ihre Sachen ab, die nach Salz rochen. Plötzlich ertrug sie diese nicht mehr auf ihrer Haut. Sie ertrug gar nichts mehr, was sie an die letzten Stunden erinnerte. Und so schlüpfte sie schnell unter die Dusche und ließ heißes Wasser auf sich prasseln. Die Lebensgeister kehrten zurück. Der Geruch veränderte sich. Sie konnte wieder freier atmen. Sie rieb sich mit ihrem Duschgel ein, das nach herbem Moschus roch. Sie liebte diesen Geruch, und da sie keinen Mann im Haus hatte, der diesen verströmte, nutzte sie ihn einfach selber. Ihre Hände verhakten sich ineinander, drehten sich und rieben wieder über ihre Arme. Aber halt! Etwas war anders. Sie hielt ihre Hände unter das fließende Wasser. Der Schaum perlte ab. Der Ring, er war nicht mehr da. Erschrocken spulte Eva die letzten Stunden in Gedanken zurück. Wie sie mit dem Ring im Wohnzimmer gesessen hatte. Auf der Suche nach einer Antwort, wer Maren sei. Doch, sie war sich sicher, den Ring an ihren rechten Mittelfinger gesteckt zu haben. Und jetzt war der Ring weg. Ob Axel Weiland es genau darauf abgesehen hatte? All diese Umstände mit ihr, dem Boot und dem versuchten Mord nur wegen dieses Ringes? Dann musste doch verdammt viel mehr dran sein. Und dann steckte ein Verbrechen dahinter. Schnell stieg Eva aus der Duschwanne, rubbelte sich halbherzig ab und schlüpfte in ihren Pyjama, der an dem Haken der Tür hing. Dann lief sie, ein Handtuch um den Kopf geschlagen, zu Jürgen in die Küche.

»Der Ring ist weg«, sagte sie nur und setzte sich zu ihm.

»Bist du sicher?«

»Ja, absolut. Das muss der Grund sein, warum der Weiland versucht hat, mich umzubringen.«

»Wir müssen etwas unternehmen.«

»Sehe ich auch so.«

Schweigend tranken sie dann ihren Kaffee und sahen in den Abendhimmel.

Dinner zu zweit

Sie hatte sein Lieblingsmenü zubereitet. Lamm und fein püriertes Erbsengemüse. Dazu Kartoffeln der frischesten Ernte aus dem Umland. Gerne öffneten sie auch einen Beaujolais oder Chardonnay dazu. An diesem Abend entschied sie sich für einen neuen Rosé, den sie im Internet in einer kleinen aber feinen Weinhandlung entdeckt hatte. Einen mit Orangenaroma. Sie entkorkte die Flasche und hielt den Hals unter ihre Nase. Eigentlich roch er nicht so intensiv, wie sie erwartet hatte. Hoffentlich gefiel ihm der Wein. Als alles soweit vorbereitet war, der Tisch feierlich gedeckt und durch Kerzen erhellt wurde, sah sie auf die Uhr. Es war fünf Minuten vor sieben. Der Schlüssel musste jeden Moment in der Tür herumgedreht werden. Er war nie unpünktlich.

Und tatsächlich. Sie hörte erste Geräusche. Hörte, wie er den Schlüssel in der kleinen Porzellanschale auf der Anrichte ablegte, wie er es jeden Abend machte. Hörte, wie er die Schuhe von den Füßen strich. Klack ... klack. Jetzt standen sie ordentlich nebeneinander auf gleicher Höhe. Exakt. Man hätte ein Maßband daran legen können. Kurz darauf das Rascheln von feinstem Gewebe. Die Jacke am Haken.

Maren bekam eine Gänsehaut, als sie hörte, wie er die Manschettenknöpfe, kleine goldene Löwenköpfe, in der Diele in eine andere Schale aus Kristall gleiten ließ. Sie roch förmlich, wie er sich jetzt die steifen weißen Ärmel exakt auf gleiche Höhe krempelte. Sie hielt den Atem an und sah auf den Esstisch. Es stand alles angerichtet. Es sah so perfekt aus. Die Rechauds, die

die Speisen auf exakt gleicher Temperatur hielten, warfen ein warmes Licht den Raum. Der Wein stand gekühlt in einem dafür vorgesehenen Behälter. Das Besteck lag gut ausgerichtet neben den Tellern. Es war perfekt. Ihr Leben war perfekt. Und doch wusste sie, dass er in exakt einer halben Stunde das erste Mal etwas auszusetzen haben würde. Die Tür zum Esszimmer wurde aufgeschoben.

»Guten Abend mein Liebling. Wie war dein Tag?« Mit eleganten Schritten bewegte er sich auf Maren zu. Sie wagte nicht, in sein Gesicht zu schauen. Sie hielt den Kopf geneigt, als er nach ihren Schultern griff. Er beugte sich zu ihr herunter. Sein Atem streifte ihre nackten Schultern. Strich über den schmalen Träger ihres roten Kleides, von dem er sich gewünscht hatte, dass sie es an diesem Abend trug, wenn er nach Hause kam.

»Du bist so schön«, hauchte er ihr ins rechte Ohr und küsste den Bereich, der weich ihren Hals mit den Schultern auf unnachahmlich ästhetische Weise verband. Sie schluckte. Endlich traute sie sich, den Kopf ein wenig zu heben. Ganz zart. Er fuhr mit seiner Hand unter ihrem Kinn entlang, bog ihr Gesicht noch weiter empor. So weit, dass sie nach oben schaute. Sie sah ihn. Er sah auf sie herab, als habe er ein Reh erlegt. Es war der gleiche Gesichtsausdruck, den ihr Vater immer auf der Jagd hatte. So kalt und siegessicher, wenn man einem schwächeren Lebewesen klargemacht hatte, wo sein Platz war.

Er begann, ihren Nacken mit beiden Händen zu massieren. Sie wehrte sich nicht. Es war ihr eiskalt. Als sich seine Finger um ihren Hals schlossen, hätte sie sich gewünscht, dass sie einfach zudrückten. Doch den Gefallen tat er ihr nicht. Sie war das Reh ... und er entschied, wann es zu Ende ging. Das war Macht. Immer weiter fuhr er mit seinen Händen ihren Hals entlang, ließ seine Finger wandern, bis sie schließlich den süßen Spalt zwischen ihren Brüsten streiften. Sie schloss die Augen. Das Essen, das sie stundenlang genau nach Plan zubereitet hatte, immer wieder abgeschmeckt und neu zusammengemengt, sie roch es und doch wusste sie, dass es warten würde, bis er mit ihr fertig war.

Wer ist Axel Weiland?

Gleich, nachdem sie das erste Mal geäußert hatte, dass ihr ein wenig übel sei, hatte er ihr vorgeschlagen, doch ein wenig am Strand spazieren zu gehen. Einfach mal frische Luft schnappen. Sie hatte ihn angelächelt. Diese dumme Gans. Glaubte sie tatsächlich, dass er das ganze Theater hier wegen ihr veranstaltete? Frauen in den Vierzigern gehörten noch nie in sein Beuteschema. Und jedes Gramm zu viel untermauerte seine Abneigung. Doch es gab einen guten Grund, bei ihr am Ball zu bleiben.

Als er sich vor ein paar Tagen mit ihr unterhalten hatte, hatte er ihn gesehen. Den Ring, um den sich alles drehte. Er musste ihn unbedingt zurückhaben. Koste es, was es wolle. Er hatte sie beobachtet. Sie hatte keine Familie und kaum Freunde. Nur mit dem Mann aus der Touristinfo schien sie sich öfter zu verabreden. Das aber war für ihn kein Hindernis. Er folgte ihr ein paar Tage, um ihren Tagesablauf einschätzen zu können. Dann rief er sie einfach an, als sie alleine in ihrer Wohnung war. Der Rest war nur noch Formsache. Er hatte noch nie Probleme gehabt, eine Frau zu einem Kaffee zu überreden. Und die Art, wie sie sich zurechtgemacht hatte, sprach Bände. Arme einsame Frau mit einem Ring einer anderen am Finger. Bemitleidenswert. Fast hätte er gelacht, als sie ihm verlegen die Hand gab, bevor sie sich setzte.

Während der Ober servierte, unterhielten sie sich über dies und das. Über Dinge, die verlorengingen und dann nie wieder auftauchten. Wo waren all die vielen Träume hin, die die

Menschen mit ihnen verbanden? Er musste zugeben, dass sie eine wirklich interessante Gesprächspartnerin war. Deshalb zögerte er seinen Plan ein wenig hinaus. Fast wäre er geneigt gewesen, das ganze noch um einen Tag zu verlängern, als er entdeckte, dass sie das gleiche Hobby pflegte wie er. Doch dann besann er sich anders. Als sie zur Toilette ging, nutzte er die Gelegenheit, den Inhalt eines kleinen Papiertütchens unbemerkt in ihre Tasse zu schütten.

Kurz darauf am Strand, der praktisch ihnen alleine gehörte, schleifte und zog er sie mit zu einem kleinen Holzboot, legte sie hinein und gab ihm einen Schubs. Den Rest erledigten die Wellen für ihn. Er hörte, wie sich ihr leises Röcheln immer weiter entfernte und schließlich von den Wellen geschluckt wurde. Er hielt den Ring gegen die untergehende Sonne. Lachte zufrieden in sich hinein und schlug den Weg zum Hotel ein. Er genoss das Gefühl der Überlegenheit, als er kurz darauf unter der Dusche stand. Selbst, wenn man sie am nächsten Morgen entdeckte, so hatte er doch noch genügend Zeit, die Insel für immer zu verlassen.

Und so kam es dann, dass er aufgeregten Menschen begegnete, als er zur Fähre lief. Man habe jemanden am Strand entdeckt, schnappte er auf. Vielleicht sei es eine Frau und möglicherweise sogar tot.

Nun, er wusste es besser. Tot war sie nicht. Und nie würde sie ihn finden.

Wo ist der Ring?

»Hast du noch ein wenig schlafen können?«, fragte Jürgen am nächsten Morgen. Er hatte bei Eva übernachtet. Natürlich auf der Couch. Auch wenn sie ihn zunächst hatte loswerden wollen, war er hartnäckig geblieben, weil er sich Sorgen machte, dass der Attentäter, der es ganz offensichtlich auf sie abgesehen hatte, noch einmal zuschlagen könnte.

»Ich weiß nicht«, antwortete Eva und rieb sich durchs Gesicht. »Auf jeden Fall geht es mir schon besser als gestern.« Sie hatte Jürgen immer noch nichts von Axel Weiland erzählt. Doch sie wusste auch, dass sie irgendwann mit der Sprache herausrücken musste. So peinlich ihr die ganze Angelegenheit auch erschien.

»Setz dich doch«, bat Jürgen und stellte einen Kaffeebecher auf den Tisch. »Du könntest mich ja gleich in die Touristinfo begleiten, was meinst du?«

Eva setzte sich zu ihm an den Küchentisch und musterte ihn misstrauisch. Was wurde das hier eigentlich, dachte sie grimmig. War sie jetzt die Polizistin oder nicht?

»Sehe ich so bemitleidenswert aus, dass du mich am liebsten gar nicht mehr aus den Augen lassen möchtest?«, fragte sie und trank einen Schluck Kaffee. Jürgen zuckte nur hilflos mit den Schultern. Er wusste ja nur zu gut, wie sehr ihr übertriebene Anteilnahme auf die Nerven gehen konnte.

»Auf jeden Fall kann ich noch ganz gut auf mich selber aufpassen. Also werde ich gleich in die Polizeistation gehen, denn das ist immer noch mein Job«, sagte sie mit schnippischem

Unterton. Es entstand eine unangenehme Pause. Sie wusste ja, dass sie viel zu hart mit dem Mann ins Gericht ging, der wohl der Einzige war, der sich überhaupt noch auf ehrliche Weise für sie interessierte. Aber wie immer ritt sie der Teufel, wenn ihr jemand zu nahe kam. Sie hatte einfach keine Lust, Jürgen in ihren Plan, Kontakt zu den Kollegen in Wittmund aufzunehmen, einzuweihen.

»Dann mache ich mich mal auf den Weg«, sagte Jürgen schließlich, stellte seinen Kaffeebecher in die Spüle und lief zur Tür.

»Warte!«, rief Eva ihm nach und eilte ihm hinterher. »Ich weiß ja, dass du es nur gut meinst.« Sie sah ihn entschuldigend an.

»Schon gut«, sagte Jürgen und lächelte ihr schon wieder zu. »Versprich mir, dass du auf dich aufpasst, und ruf mich sofort an, sobald dieser Weiland sich wieder in deine Nähe wagt.«

»Versprochen«, sagte Eva und schloss die Tür hinter ihm. Durch das kleine Fenster sah sie, wie er um die Ecke verschwand. Endlich dachte sie und eilte ins Schlafzimmer.

Dort packte sie flink ein paar Sachen für die nächsten Tage ein, die sie vorhatte, in Bensersiel zu verbringen.

Trautes Heim?

Er hatte beschlossen, dass Maren für immer sein sei. Was ihr am Anfang geschmeichelt hatte, machte ihr nun einfach nur noch Angst. Sie zählte die Stunden, bis er endlich wieder aufbrach, um sich seinen Geschäften zu widmen. Sie fragte sich oft, ob sie dieses Leben verdient hatte. Die gleiche Frage wie zu Anfang ihrer Beziehung aber nun mit einem ganz anderen Unterton.

Er überwachte mittlerweile jeden ihrer Schritte. Ohne seine Erlaubnis konnte sie praktisch das Haus nicht mehr verlassen. Wenn er abends aus dem Büro kam, hielt er ihr vor, wen sie alles angerufen hatte. Maren hätte es nicht im geringsten gewundert, wenn er ihre Gespräche mithörte oder aufzeichnete. Sie war zu seiner Gefangenen geworden. Dass er sie auch noch misshandelte, war nur die Spitze des Eisbergs. Viel schlimmer empfand sie es, dass sie keinen Schritt mehr ohne seine Erlaubnis tun konnte. Jeder Handgriff, den sie im Haus verrichtete, wurde von ihm in Frage gestellt. Mal lagen die Handtücher nicht ordentlich im Bad, die Töpfe blitzten nicht genügend oder der Wasserhahn tropfte. Alles war ihre Schuld. Wie konnte aus dem Mann ihrer Träume nach so kurzer Zeit ein Tyrann geworden sein? Oder war er es schon immer gewesen und sie hatte nur die Augen davor verschlossen? Da er gute zehn Jahre älter war als sie, hatte sie sich nur zu gerne in seine Obhut begeben. Ein Prinz, der für seine Prinzessin sorgte. Ihr Kleinmädchentraum schien in Erfüllung gegangen und nun erwachte sie in einem Gruselmärchen. Der böse Wolf hatte die Zähne gefletscht. Und er biss gnadenlos zu.

Sie saß auf der Veranda in der Sonne und haderte mit ihrem Schicksal. Bald war es bereits ein Jahr her, dass sie sich verlobt hatten. Er hatte dieses Ereignis wie ein großes Fest mit ihr bei einem opulenten Essen in dem teuersten Restaurant von Köln gefeiert. Ein breiter goldener Ring wurde an ihren Finger gesteckt und sie war selig. Wenn sie jetzt an diesen Tag zurückdachte, wurde ihr übel. Und er hatte bereits angekündigt, dass sie ihr Einjähriges gebührend feiern würden. Sie war froh, dass er bisher noch nicht von einem Hochzeitstermin gesprochen hatte. Denn sie war sich nicht sicher, wie sie auf so einen Vorschlag reagieren sollte. Nie und nimmer würde sie seine Frau werden wollen. Aber würde er ein Nein überhaupt akzeptieren? Für ihn schien alles vorbestimmt. Er bestimmte auch ihr Leben. Jeden Morgen legte er ihr die Kleidung heraus, die sie zu tragen hatte. Er entschied, welche Frisur sie trug. Sie war nie besonders füllig gewesen, aber mittlerweile passte sie in Kleidergröße vierunddreißig. Die wenigen Freundinnen, die sie noch hatte, kommentierten ihre Veränderung mit gemischten Gefühlen. Maren redete sich heraus, indem sie vorgab, bald zu heiraten und dann wolle sie in ein bezauberndes Hochzeitskleid passen und nicht herausplatzen. Doch die netten Treffen wurden immer seltener. Denn nie lud Maren ihre Freundinnen zu sich nach Hause ein. Er hatte gesagt, dass es ihm nicht recht sei, wenn fremde Menschen in seine Privatsphäre einbrächen. Dass es auch ihr Zuhause war, spielte für ihn keine Rolle. Und die

Freundinnen ahnten sicher mehr, als dass sie fragten. Immer seltener riefen sie an. Maren, vom Naturell her sehr kontaktfreudig und hilfsbereit, litt unter dieser unfreiwilligen Isolation.

Über ihre Grübeleien hinweg vergaß sie die Zeit. Als sie wieder zur Uhr blickte, war es bereits kurz nach elf. Hatte er nicht gesagt, dass er an diesem Tag bereits zum Mittagessen nach Hause käme? Um Himmels willen! Maren sprang auf, der Stuhl flog nach hinten. Mit der Hand stieß sie gegen ihren Kaffeebecher, der klirrend auf dem Marmorfußboden zerbarst.

Als sie sich umdrehte, stand er bereits hinter ihr. Mit starrem Blick hielt er ihr einen üppigen Strauß blutroter Rosen hin.

»Alles Gute, meine Liebe. Ich glaube, wir sollten über einen Arztbesuch nachdenken. Du scheinst mir ein wenig fahrig«, sagte er mit eiskalter Stimme.

Eva in Bensersiel

Mit einem Rucksack und ihrer Lieblingsledertasche, die im Laufe der Jahre immer schwerer geworden war, lief Eva am Strand entlang zum Fähranleger. Sie wollte vermeiden, dass Jürgen sie noch erwischte und überflüssige Fragen stellte. Der arme Kerl, er tat ihr ja leid. Doch was jetzt kam, das musste sie einfach mal alleine durchziehen. Sie war heilfroh, als die Fähre endlich ablegte. Die Fahrt dauerte nicht lange und am Festland angekommen zog Eva ihr Handy hervor und wählte Klara Bertschoos Nummer. Kurz darauf war ihre Unterkunft gesichert. Sie freute sich darauf, wieder einmal in Esens zu übernachten. Doch vorher wollte sie unbedingt mit den Kollegen in Wittmund sprechen. Sie nahm sich ein Taxi.

»Moin Eva«, wurde sie von Okko Schuster begrüßt, der heute Dienst hatte.

»Hallo Okko«, erwiderte Eva. Sie hatte die Kollegen alle bei ihrer Einführung auf Langeoog kennen gelernt, doch nur sporadisch wiedergesehen. An Okko erinnerte sie sich allerdings sehr gut, da er keine Gelegenheit ausließ, mit ihr zu flirten. Oder bildete sie es sich nur ein? Kam sie in die Wechseljahre und interpretierte, nach dem letzten Strohhalm greifend, jedes nette Lächeln als Bestätigung ihrer Weiblichkeit? Sie setzte sich mit an seinen Schreibtisch und bemerkte, wie er ihr auf den Busen schielte. Sie zog die Jacke fester um sich.

»Was führt dich denn in unser Kaff?«, fragte Okko lachend. »Ist es dir auf der Insel schon zu langweilig?«

»Oh, keineswegs«, entgegnete Eva. »Aber ich brauche eure Unterstützung bei der Suche nach einem gewissen Axel Weiland, der sich auf der Insel aufhält oder besser gesagt, bis vor ein paar Tagen jedenfalls.«

»Was hat er denn ausgefressen?« Okko tippte bereits etwas in seinen PC.

»Ach, im Moment alles nur Spekulation«, antwortete Eva und spielte die Gelangweilte, indem sie mit dem Verschluss ihres Rucksacks spielte.

Okko sah kurz von seiner Tastatur auf und musterte sie skeptisch. Dann widmete er sich wieder der Liste, die sich geöffnet hatte.

»Also, ich finde hier fünf Personen, die infrage kommen«, sagte er schließlich.

»Oh, interessant«, antwortete Eva und ging um den Schreibtisch herum, um Okko über die Schulter gucken zu können. »Gibt es zu den Männern auch Fotos?«

»Klaro«, sagte Okko und klickte die Namen der Reihe nach durch. »Und? Ist der passende Axel dabei?«

»Hm, leider nicht«, sagte Eva, die so etwas schon vermutet hatte. »Sicher benutzt er einen falschen Namen.«

»Willst du nicht endlich erzählen, was dieser Kerl ausgefressen hat?«, bohrte Okko weiter nach. »Vielleicht kann ich dann noch mehr für dich tun.«

Eva wog in Gedanken die Vor- und Nachteile ab. Sicher war es besser, wenn Okko im Bilde war. Und sie musste ihm ja auch nicht auf die Nase binden, wie lächerlich sie sich gemacht hatte. »Du musst mir aber versprechen, nicht gleich auszuflippen«, sagte sie.

»Ausflippen? Du machst mich wirklich verdammt neugierig, liebe Kollegin.«

»Ich glaube, dieser Typ, der sich als Axel Weiland ausgibt, hat versucht mich umzubringen«, sagte sie.

»Jesses«, sagte Okko und machte große Augen. »Echt jetzt?«

Eva nickte. »Ja, leider gehe ich davon aus. Er hat sich unter fadenscheinigen Gründen an die Polizei auf Langeoog, also mich, gewandt und dann hat er versucht, mich umzubringen. Ich gehe jedenfalls davon aus, dass er es war. Leider habe ich keine Beweise dafür, weil ich bewusstlos war.«

»Jesses«, sagte Okko erneut. Sein Wortschatz schien beschränkt, wenn er sein Erstaunen zum Ausdruck brachte, stellte Eva amüsiert fest. »Und warum hätte er das tun sollen?«

»Da kann ich nur Vermutungen anstellen«, erklärte Eva. »Aber du erinnerst dich vielleicht daran, dass ich euch vor einigen Tagen gebeten hatte, mal die Standesämter in NRW abzutelefonieren wegen eines Rings, den ich auf der Insel gefunden habe.«

Okko kratzte sich am Kopf. Dann nickte er. »Jo, jetzt fällt`s mir wieder ein. Aber da war nichts.«

»Genau, ihr hattet zu dem Datum und dem Namen keine Hinweise erhalten. Aber jetzt ist der Ring weg.«

»Jesses. Und du meinst, dass dieser Axel dich deswegen ermorden wollte? Krass.«

»Er ist jedenfalls mein einziger Anhaltspunkt in dieser Sache. Aber ich glaube, dass hinter dem Geheimnis mit dem Ring noch viel mehr steckt, als wir zunächst angenommen haben.«

»Und der Typ ist verschwunden, nehme ich an«, meinte Okko. »Sonst wärst du ja nicht hier. Hat denn das Hotel keine Daten?«

»Fehlanzeige«, sagte Eva. »Da habe ich mich schon umgehört. Die Papiere liefen auch auf Axel Weiland, also auch vermutlich gefälscht.«

»Und jetzt?«, fragte Okko.

»Tja, ich denke, wir sollten eine Phantomzeichnung anfertigen lassen und die dann durch die Dienststellen jagen. Was anderes bleibt uns nicht übrig. Aber ich bin mir sicher, dass alles mit dieser Maren zusammenhängt.«

»Maren?«

»Das war der Name, der in den Ring eingraviert war.«

»Jo, verstehe. Dann ruf ich mal den Wilfried an, dass es einen Job für ihn gibt.« Er griff zum Telefon und Eva nutzte die Gelegenheit, auf ihr Handy zu gucken. Und tatsächlich, Jürgen hatte bereits dreimal bei ihr angerufen. Sie steckte es wieder in die Tasche.

»Wilfried ist in einer halben Stunde hier«, sagte Okko, als er wieder aufgelegt hatte.

Wütend knallte Jürgen den Hörer wieder auf die Gabel. Was war bloß mit dieser Frau los? Wieso fiel es ihr so unendlich schwer, seine Hilfe anzunehmen? Sie musste doch wissen, dass er sich sorgte, wenn sie nicht abnahm. Ob sie am Strand saß? In der Dienststelle an ihrem PC? Er musste es jetzt einfach wissen. Viel war heute Morgen sowieso nicht in der Touristinfo los. Er hängte das Schild *Bin gleich wieder da* ins Fenster und schloss die Tür ab. Kurz darauf fand er die Dienststelle verschlossen vor. Auch in der Wohnung, zu der er eilte, schien niemand zu sein, denn auf sein mehrfaches Klingeln wurde nicht geöffnet. Fast hätte er vor Wut die Suche aufgegeben, doch dann lief er doch noch zum Hundestrand, wo sie sich gerne aufhielt. Er schützte seine Augen vor der Sonne und suchte mit Blicken zwischen den Menschen am Strand und den Dünen nach Eva. Doch auch hier war sie nicht. Was erwartete sie eigentlich? Sollte er jetzt etwa die ganze Insel nach ihr durchstreifen? Also, sie konnte sich auf jeden Fall auf etwas gefasst machen, wenn er sie in die Finger bekam. Auf dem Rückweg zur Touristinfo fragte er noch im Inselladen nach, doch auch dort hatte Eva heute keiner gesehen. Er ging in seinen Laden zurück und nahm sich vor, heute keinen weiteren Gedanken mehr an sie zu verschwenden, während er das Abwesenheitsschild aus dem Fenster riss.

Gegen vierzehn Uhr kam Eva schließlich in Esens an. Sie liebte dieses Gefühl, dass alles eine Nummer zu klein geraten schien, wenn sie dieses Küstenstädtchen erreichte. Die Häuser, die engen Straßen und plötzlich war man mittendrin im Geschehen. Gleich in der Nähe des Marktplatzes war die Ferienwohnung, die sie schon seit vielen Jahren mietete, wenn sie hier Urlaub machte. Und doch fühlte sich heute alles irgendwie anders an. Zum einen war sie als Neuinsulanerin jetzt nicht mehr zu Besuch in Ostfriesland und zum anderen fühlte sie sich auf unerklärliche Weise beobachtet. Es war nur ein vages Gefühl, das sich durch nichts belegen ließ. Doch bereits, als sie am Markplatz aus dem Taxi gestiegen war, hatte sie sich umgeschaut. Nach einem bekannten Gesicht gesucht. Einem Hinweis, dass er hier war. Wer garantierte ihr schon, dass der Überfall auf Langeoog sein einziger Versuch bleiben würde, sie umzubringen. Und erst recht jetzt, wo sie auch noch weiter nach ihm suchte. Auch wenn sie bisher alles auf die leichte Schulter genommen hatte, seitdem der Ring weg war, war eindeutig Gefahr im Verzug. Sie sah sich noch einmal in der Menschenmenge, die vor den Schaufenstern schlenderte, um, konnte sein Gesicht aber nicht entdecken. Ich sehe sicher schon Gespenster, dachte sie und lief zu ihrer Unterkunft.

Als sie dort ankam, wurde sie überschwänglich von Klara begrüßt.

»Eva, meine Güte, lass dich ansehen, du wirst ja immer hübscher.« In Klaras Stimme schwang die mütterliche Freude einer alleinstehenden Dame mit, die man aus Fernsehserien kannte.

»Klara, also wirklich«, spielte Eva bereitwillig mit, »du übertreibst mal wieder maßlos, meine Liebe.«

Die beiden lachten und fielen sich in die Arme.

Eva mochte Klara, die so unkompliziert und spontan war.

»Wie lange ist es her Kindchen, dass du mein Gast warst?«
Klara zog Eva mit ins Wohnzimmer, wo die Teetafel bereits
gedeckt war.

»Ich denke, drei vier Jahre ist es wohl schon her«, sinnierte
Eva und zeigte vorwurfsvoll auf die große Sahnetorte, die auf
dem Tisch thronte. »Du willst mich doch wohl nicht etwa für die
nächste Wahl zur Miss Schwergewicht mästen.«

»Ach, das sind doch nur ein paar Kalorien zwischendurch«,
winkte Klara ab. »Und ich weiß doch, dass du Ostfriesentorte
liebst.«

Da hatte sie allerdings recht. Automatisch fuhr Eva mit ihrer
Hand über ihren Bauch. »Ein Stückchen ist sicher in Ordnung.«
Sie streifte ihren Rucksack ab und zog ihre Jacke aus, bevor sie
sich setzte.

Klara schob alsdann das erste Stück Torte auf einen Teller
und schenkte Tee ein, wobei der Kluntje in der Tasse knackende
Laute von sich gab.

»Das habe ich wirklich vermisst«, sagte Eva aufrichtig. »Es
ist immer so gemütlich bei dir, Klara.«

»Freut mich, dass du das sagst«, entgegnete Klara
gutgelaunt. Sie lebte schon seit vielen Jahren nach dem Tod ihres
Mannes alleine in Esens und ging in ihrer Aufgabe als
Pensionswirtin völlig auf. »Aber sag mal, was verschlägt dich
denn heute hierher? Du arbeitest doch jetzt auf Langeoog.«

Eva nickte und schob sich die erste Gabel mit einem
Stückchen Torte in den Mund. »Du hast recht, ich bin auch ganz

zufrieden auf der Insel und nicht zum Vergnügen hier«, sagte sie und gab ein wohliges Schmatzen von sich. »Hm, gut, dass ich nicht jeden Tag bei dir zu Gast bin, ich würde auseinandergehen wie ein Hefeteig.«

»Papperlapapp«, schimpfte Klara. »Eine Frau muss einem Mann doch Halt und etwas zum Anfassen bieten. Wie steht's eigentlich bei dir mit den Männern?«

»Oh, frag nicht«, wehrte Eva ab und führte ihre Teetasse an den Mund. Der feine bittere Geschmack, gemischt mit einem Hauch Süße und der kleinen Sahnewolke ließ ihre Sinne schwinden. Wie sehr hatte sie das vermisst. Warum gab es so etwas eigentlich nie bei ihr auf Langeoog? Sie nahm sich vor, ab sofort weniger Kaffee zu trinken und sich ein ordentliches Teegeschirr samt Stövchen zu kaufen.

»Verstehe, Männer jagst du zwar, bringst sie aber nicht zur Strecke.« Klara schmunzelte in sich hinein.

»Ich habe einen Ring gefunden«, sagte Eva, die Klara schon immer als zuverlässig verschwiegene Vertraute kannte.

»Einen Ring?«

»Ja, es ist ... oder besser gesagt, war ein breiter goldener Ring mit einer Inschrift.«

»War?«

»Ja, er wurde mir gestohlen. Und deshalb bin ich jetzt hier.«

»Kindchen, du sprichst in Rätseln«, seufzte Klara und erhob sich, um noch ein wenig Wasser auf den Tee zu gießen.

Als sie ins Wohnzimmer zurückkehrte, erzählte ihr Eva in groben Zügen, was es mit dem Ring auf Langeoog auf sich hatte. Als sie bei der Stelle mit Axel Weiland ankam, erzählte sie frei von der Leber, wie sie auf diesen Mann hereingefallen war.

»Und der Kerl wollte dich umbringen, meinst du?« Klara fasste sich ans Herz. »Das ist ja unfassbar. Und das alles wegen eines goldenen Ringes, ich kann es gar nicht glauben.«

»Das kann man wohl sagen. Es muss etwas ganz Besonderes mit diesem Ring auf sich haben«, fuhr Eva fort. »Ich weiß nur noch nicht was, und deshalb bin ich heute aufs Festland zu den Kollegen in Wittmund gefahren, damit sie mich bei meiner Arbeit unterstützen.«

Klara schob ihren Kuchenteller beiseite. »Die Welt ist einfach schlecht, das sage ich ja immer. Was stand denn in dem Ring?«

»Es war *Maren 11.05.2014* eingraviert«, erzählte Eva. Klara stutzte. »Das ist komisch«, sagte sie, »aber vielleicht hat es auch gar nichts zu bedeuten.«

Neugierig sah Eva die alte Dame an. »Was meinst du?«

»Nun, es ist noch gar nicht so lange her, dass ich schon einmal von so einem Ring gehört habe«, sagte Klara. »Es war glaube ich beim Friseur, wenn ich mich recht entsinne.« Sie hielt ihre rechte Hand an die Schläfe, als könne sie dann besser denken. »Ja, jetzt fällt es mir wieder ein. Die Gerda hat damals erzählt, dass ihr Sohn Stefan einen Ring gefunden hat ... und da stand auch Maren drin.«

Entgeistert sah Eva die Frau an. »Bist du sicher, Klara. Das könnte jetzt verdammt wichtig sein. Wo ist der Ring jetzt? Wo finde ich Gerda?«

Nachdem Klara alle nötigen Informationen preisgegeben hatte, machte Eva sich mit Klaras altem Opel auf den Weg nach Schortens und klingelte an Gerdas Tür. Es stellte sich heraus, dass diese den Ring, den ihr Sohn gefunden hatte, bei der Gemeinde im Fundbüro abgegeben hatte. Und auch an den Namen Maren konnte sie sich erinnern. Alleine das Datum war ein anderes gewesen, jedenfalls was das Jahr betraf, nämlich der elfte Mai zweitausendsechs.

Als Eva wieder im Wagen saß, um zum Gemeindebüro zu fahren, juckte es ihr in den Fingern. Sie wollte zu gerne Jürgen anrufen und ihn über ihre neuesten Entdeckungen in Kenntnis setzen. Doch sie war sich sicher, dass er nicht ans Telefon gehen würde. Aber auf der anderen Seite hatte er ja auch versucht, sie zu erreichen am Vormittag. Bevor sie noch länger zögerte, zog sie ihr Handy aus der Tasche. Er nahm schon nach dem zweiten Klingeln ab.

»Verdammt Eva, wo bist du«, polterte er in den Hörer.

»Esens«, sagte sie wahrheitsgemäß und wartete die nächste Schimpftirade ab. »Ich weiß ja, dass ich dich hätte informieren müssen«, versuchte sie abzuwiegeln, »aber irgendwie ist alles blöd gelaufen. Lass uns das doch einfach vergessen, ich habe nämlich eine ganz außergewöhnliche Entdeckung gemacht.« Sie schilderte von dem weiteren Ring, der an Maren erinnerte. »Und jetzt bin ich auf dem Weg zum Fundbüro und ich hoffe, der Ring ist noch da.«

»Ich komme morgen aufs Festland«, sagte Jürgen zum Abschluss, »und ich dulde keine Widerrede.«

Mit einem Lächeln legte Eva auf.

Maren

»Du hast das Fleisch schon wieder anbrennen lassen! Ist es denn wirklich zuviel verlangt, dass das Essen wenigstens schmeckt, wenn man nach Hause kommt?« Polternd warf er das Besteck auf den Tisch. Maren zuckte zusammen.

»Es tut mir leid, ich weiß nicht, wie mir das Missgeschick passieren konnte. Ich könnte noch ein neues Stück ...« Weiter kam sie nicht, denn er warf den Stuhl nach hinten und verließ das Esszimmer.

Zitternd saß Maren am Tisch. Der goldene Ring an ihrer linken Hand schlotterte und verursachte klackende Geräusche auf dem Glastisch, als sie versuchte, ihre Hände ruhig zu stellen. Sie war einfach zu nichts fähig, sie konnte nicht kochen, war keine gute Partnerin und würde sicher auch nie eine gute Ehefrau sein. Sie hatte diesen Mann einfach nicht verdient. Er hatte doch vollkommen recht, warum war es denn so schwer, ein Stück Fleisch zu braten, ohne dass Holzkohle herauskam? Jede Frau bekam das hin, nur sie nicht. Nichtsnutzig und hässlich. Genau das war sie. Welcher Mann würde es schon länger mit ihr aushalten? Eigentlich war er ein guter Mann, weil er immer noch nicht an ihr verzweifelt war. Er versuchte ja, ihr alles beizubringen, wollte, dass sie immer gut aussah. Legte ihr den Himmel auf Erden zu Füßen. Und was tat sie? Sie vermasselte alles. Sie griff sich wild ins Haar und zog daran, bis sie das Gefühl hatte, dass Blut aus ihrer Kopfhaut drang. Es tat höllisch weh, aber es tat gut. Sie konnte wieder ruhiger atmen. Tief ein und aus. Mit stoischer Ruhe stand sie auf, räumte den Tisch ab, warf das verdorbene Essen dorthin, wo es hingehörte, in den Mülleimer. Morgen würde sie alles besser machen. Und er würde ihr eine neue Chance geben. Sie wusste es aus Erfahrung. Er gab sie nicht auf. Er war ihr Lehrmeister. Irgendwann wäre sie seiner würdig. Ganz gewiss.

Jürgen und Eva in Esens

Schon am nächsten Morgen in aller Frühe war Eva mit Jürgen in Bensersiel verabredet. Er hatte die erste Fähre genommen und keine Widerrede geduldet. Und so stand sie jetzt am Anleger und sah, wie er grimmig zu ihr herübersah, bevor er von Bord ging.

»Das war wirklich ein starkes Stück Eva«, zeterte er, als er bei ihr angekommen war.

»Lass jetzt gut sein«, bat Eva, »wir haben wirklich andere Sorgen als deine Befindlichkeiten. Und außerdem bist du ja jetzt hier.«

»Na Gott sei Dank«, sagte er.

»Lass uns nach Esens fahren und dort frühstücken«, schlug Eva vor, »dann werde ich dir alles haarklein berichten.«

Sie fuhren mit Klaras Opel über die Landstraßen und Jürgen sagte kein Wort. So ein alter Esel dachte Eva und sah ihn ab und zu aus dem Augenwinkel heraus an. Doch sein Gesicht war gar nicht grimmig, vielmehr zeichneten sich dicke Sorgenfalten auf seiner Stirn ab. Wahrscheinlich tat sie ihm Unrecht, nein sogar ganz sicher.

»Mensch Jürgen, es tut mir aufrichtig leid«, sagte sie schließlich und knuffte ihn am Arm.

»Schon gut«, brummte er, »aber mach das nie wieder, okay?«

»Versprochen«, sagte sie.

Sie suchten sich in Esens ein nettes Café und bestellten sich ein Frühstück für zwei. Eva berichtete von Klaras Hinweisen und ihrem Besuch im Fundbüro. Als Trophäe hielt sie ihm schließlich den goldenen Ring hin.

»Das ist ja unglaublich«, sagte Jürgen, als sie geendet hatte.

»Das finde ich auch«, sagte sie triumphierend. »Und ich fresse einen Besen, wenn das mit dem Namen Zufall ist.«

»Was sollte es denn sonst sein?«, fragte Jürgen, »du denkst doch wohl nicht, dass es ein- und dieselbe Maren ist, die alle paar Jahre einen anderen heiratet. Und die Kerle schmeißen dann irgendwann die Ringe weg, also wirklich, so naiv kannst ja nicht mal du sein.«

»Zugegeben, das hört sich abenteuerlich an«, stimmte Eva zu. »Aber mein weiblicher Instinkt sagt mir, dass es dieselbe Maren ist, die mit diesen Ringen in Verbindung stand.«

»Aha, und warum hat dieser Axel Weiland, oder wie immer er auch heißen mag, nicht versucht, auch an diesen Ring heranzukommen?«, wandte Jürgen ein.

»Oh, vielleicht hat er das ja. Doch er wusste ja nicht, wo er suchen sollte.«

»Aber bei dir wusste er es doch auch. Also warum dann nicht bei dieser Gerda?«

»Ganz einfach mein lieber, weil diese Gerda nie bei irgendwelchen Standesämtern nachgefragt hat, sondern den Ring einfach bei der Gemeinde im Fundbüro abgegeben hat. Und was Behörden mit Fundsachen machen, wissen wir doch, sie legen sie weg und warten ab.« Sie zwinkerte ihm zu.

»Und was schlägst du jetzt vor?«

»Tja, das ist eine gute Frage ...«, sagte Eva und schob sich den Ring auf ihren Mittelfinger. »Guck mal, der könnte genauso groß sein, wie der andere Ring, den ich auf Langeoog gefunden habe.«

»Das ist aber nun wirklich kein großes Kunststück«, meinte Jürgen. »Viele Männer haben sicher diese Größe.«

»Ja, mag sein. Aber ich glaube, er sieht auch genauso aus, wie der andere Ring. So ein verdammter Mist, dass ich den jetzt nicht mehr habe.«

»Hast du ihn denn nicht fotografiert?«

Eva machte ein betretenes Gesicht. »Daran habe ich tatsächlich nicht gedacht. Wer konnte denn ahnen, dass dieser Ring sogar der Grund für einen Angriff auf mein Leben hätte sein können.«

Jürgen nickte und sah auf Evas Hand.

»Ist was?«, fragte sie. »Wenn dir etwas einfällt, dann nur raus damit.«

»Also, ich bin ja kein Fachmann«, sagte Jürgen vorsichtig. »Aber könnte es nicht tatsächlich sein, dass der Ring auch genauso aussieht, wie der andere? Ich meine die Breite und die Form.«

Eva sah auch auf ihre Hand. »Du denkst das also auch? Und du meinst, der Juwelier würde sich daran erinnern, stimmt's?«

Jürgen nickte zufrieden. Es gefiel ihm, dass er Eva noch hilfreich sein konnte. Na ja, und ein wenig Schadenfreude, dass ihm der Gedanke als Erstes gekommen war, schwang natürlich auch mit. Er versuchte allerdings, sich dieses nicht zu sehr anmerken zu lassen.

»Eine verdammt gute Idee«, lobte Eva sofort. Bloß keinen Neid aufkommen lassen. »Wir könnten doch gleich mal hier in Esens in den nächsten Juwelierladen gehen und fragen.«

Den nächsten Juwelier fanden sie bereits wenige Straßen weiter.

»Ein sehr schönes Stück«, meinte der Mann, dem eine kleine runde Brille scheinbar schwerelos auf der Nasenspitze hing. Er hob den Goldreif gegen das Neonlicht. »Mindestens Siebenhundertfünfziger«, sagte er, »und davon nicht gerade wenig.«

»Er war also teuer?«, fragte Eva neugierig.

»Das würde ich wohl annehmen«, sagte der Mann. »Ich kann ihn gerne für Sie auswiegen, wenn Sie ihn verkaufen möchten.« Er warf einen abschätzigen Blick in ihre Richtung.

»Oh, so ist es nicht«, sagte Eva schnell, die verstanden hatte, dass der Juwelier davon ausging, dass sie und Jürgen ein Paar in Geldschwierigkeiten seien. »Ich bin von der Polizei und das hier ist … nun ja, ich würde gerne wissen, wer diesen Ring angefertigt hat. Meinen Sie, dass man das rauskriegen kann?«

Der Mann schob die Augenbrauen hoch, so dass mindestens eine Handbreit zwischen ihnen und der Brille lag. Seine kleinen blauen Augen wanderten flink hin und her. »Aber sicher kann man das herausbekommen, wenn es sich um so ein edles Stück handelt wie dieses hier. Bitte geben Sie mir ein paar Minuten

Zeit.« Mit diesen Worten verschwand er in einem Hinterzimmer, das vom Laden durch einen dunkelroten Samtvorhang getrennt war.

»Komischer Kauz«, meinte Jürgen. Er fühlte sich sichtlich unwohl in dieser Umgebung, das sah man ihm an.

»Nun lass doch mal. Schließlich wollen wir was von ihm und nicht umgekehrt. Und wenn er uns sagen kann, woher der Ring stammt, dann bin ich doch ein gutes Stück weiter.«

»Wir meinst du wohl …«

»Ja, von mir aus auch das. Du bist wohl nicht oft in solchen Läden?«

»Natürlich nicht«, meinte Jürgen, »dafür reicht mein Einkommen leider nicht aus.«

»Und goldene Ringe hast du ja auch noch nie gebraucht.«

»Du ja wohl auch nicht, oder?«

Betreten sah Eva zu Boden. Nein, wahrlich nicht, dachte sie wehmütig. Aber Jürgen könnte vor ihr auf Knien rumrutschen, nie würde sie von ihm einen Ring annehmen, schwor sie sich. Wenn jemand so gemein auf einer armen Frauenseele herumtrampelte, dann konnte es nie und nimmer der Richtige sein.

Der Juwelier kam mit einem breiten Grinsen im Gesicht aus dem Hinterzimmer durch den Vorhang geschlüpft.

»Es ist ein Juwelier aus Köln«, sagte er triumphierend. »Der Ring trägt einen Prägestempel.« Mit diesen Worten legte er das gute Stück zurück in Evas Hände.

»Oh, das ging ja fix«, sagte Eva. »Vielen herzlichen Dank, dass es so schnell geklappt hat.«

»Immer wieder gerne«, zwitscherte der Mann. »Und wenn ich für Sie beide Mal einen Auftrag in dieser Richtung erledigen soll, stets zu diensten.« Er deutete auf den Ring, den sich Eva bereits wieder an den Mittelfinger gesteckt hatte.

»Wohl kaum«, sagte Eva schnippisch und warf einen bösen Blick in Richtung Jürgen.

»Auf gar keinen Fall«, stimmte Jürgen zu.

Eva notierte sich die Adresse und Telefonnummer des Juweliers in Köln und beide verließen den Laden.

»Dann kannst du ja jetzt wieder zur Insel rüberfahren«, sagte Eva, als sie draußen vor der Tür standen.

»Und was machst du?«

»Ich fahre natürlich nach Köln, was denn sonst!«

»Dann fahre ich mit«, sagte Jürgen und Eva zog die Augenbrauen hoch.

»Und wer kümmert sich um deinen Laden?«, fragte sie.

»Das kann Hauke wohl noch ein paar Tage übernehmen«, antwortete Jürgen. »Und jetzt keine Widerrede mehr, ich habe keine Lust, dich noch einmal aus irgendeinem Fischerboot zu retten.«

Schweigend liefen sie zur Pension von Klara, wo sie ein ordentlich gedeckter Tisch mit Ostfriesentee und selbstgebackenem Kuchen erwartete.

»Ach, das freut mich ja, dass ich Sie endlich einmal kennen lerne«, sagte Klara und reichte Jürgen die Hand.

Sie schenkte Tee ein, und die Drei unterhielten sich über die Entwicklungen zu dem goldenen Ring.

»Das hört sich alles nicht gut an Eva«, meinte Klara schließlich. »Was mag dieser Maren bloß passiert sein?« Sie biss in den Apfelkuchen und wischte sich die Sahne aus dem Mundwinkel.

»Noch kann ich mir auf das Ganze keinen wirklichen Reim machen«, erwiderte Eva. »Warum gibt es zwei Ringe mit dem gleichen Namen und dem ebenso gleichen Datum? Natürlich kann das alles auch purer Zufall sein. Doch an Zufälle glaube ich schon lange nicht mehr.«

»Und Sie fahren doch hoffentlich mit Eva mit?«, stellte Klara eher fest, als dass sie fragte, und sah in Jürgens Richtung.

»Also, ich könnte das schon noch alleine schaffen ...« Eva sah irritiert von einem zum anderen.

»Na, so war das nicht gemeint, Kindchen. Aber du kannst doch nicht als Frau alleine nach Köln fahren. Wer weiß, was da alles passieren kann. Ich seh das doch immer im Tatort, wenn dieser dicke sympathische Polizist ... ach, wie heißt, der noch mal, ich komm grad nicht drauf ...«

»Sie meinen den Schenk«, half Jürgen nach, »ja, den sehe ich auch ganz gerne und ich sehe das übrigens genauso wie Sie«, pflichtete er Klara bei, »wir können Eva unmöglich alleine fahren lassen.«

»Also, wenn ihr eine Wohnung für mich gefunden habt, dann sagt Bescheid«, sagte Eva und lachte. »Aber sag mal Klara, könnten wir vielleicht deinen Wagen mitnehmen?«

»Meinen alten Opel«, fragte sie ungläubig. »Na, ob der es noch bis nach Köln schafft.«

»Doch, das denke ich schon«, meinte Jürgen, der in seiner Jugend gerne an Autos herumgeschraubt hatte.

»Na, meinen Segen habt ihr«, sagte Klara. »Und ich werde jetzt mal ein zweites Zimmer für Sie fertigmachen, junger Mann.« Sie erhob sich vom Sofa.

»Das ist nett«, sagte Jürgen, »und Sie können mich gerne Jürgen nennen, wenn Sie möchten.«

Die alte Dame zwinkerte ihm zu. »Jürgen, dass du mir ja gut auf die Eva aufpasst.«

Am nächsten Morgen machte Eva sich mit Jürgen in aller Herrgottsfrühe auf den Weg nach Köln zu dem Juweliergeschäft.

Gegen Mittag parkte sie den Wagen direkt vor der Tür.

»Geschafft«, sagte Eva, stieg aus dem Wagen und streckte sich. »Also, seitdem ich auf der autofreien Insel lebe, strengt mich das lange Fahren ganz schön an.«

»Ja, man kann sich ans Radfahren gewöhnen«, stimmte Jürgen zu, dessen Knochen ebenfalls knackten, als er ausstieg.

»Und dann dieser Lärm und die ganzen Menschen. Ich glaub, ich werde alt.« Eva schloss den Wagen ab und sie liefen zum Eingang.

Als sie die Tür aufschob, erklang ein helles Glöckchen und eine Frau mittleren Alters lächelte ihnen hinter einem Glastresen stehend zu.

»Kann ich etwas für Sie tun?«, fragte sie geflissentlich.

»Das hoffen wir doch«, sagte Eva. »Mein Name ist Eva Sturm, ich bin von der Polizei Langeoog, und das ... nun ja, wir sind in einer Angelegenheit hier, bei der wir uns Ihre Hilfe erhoffen.«

»Polizei? Ich hoffe doch, nichts Ernstes. Und wenn ich helfen kann, gerne.« Der Blick der Frau hatte sich bereits verfinstert.

»Es geht um diesen Ring hier.« Eva hielt der Frau ihre Hand hin.

»Ist das Ihr Ehering?«

»Nein, es ist eine Fundsache.« Eva zog den Ring vom Finger. »Wir haben von einem Juwelier in Esens den Hinweis bekommen, dass dieser Ring hier bei Ihnen angefertigt worden ist.«

»Ach ja?« Neugierig griff die Frau nach dem Ring und hielt ihn gegen das Licht. »Ich bin allerdings nicht die Expertin für so etwas, ich verkaufe hier nur.«

»Und wer wäre der Experte?«, fragte Eva.

»Das wäre Herr Bildmann, unser Goldschmiedemeister. Ich werde ihn mal gleich holen, er ist nämlich in der Werkstatt.«

91

»Na, die Hellste ist die aber auch nicht«, raunte Jürgen Eva ins Ohr, als die Angestellte eine schmale Treppe mit einem gedrehten Metallgeländer hinabstieg.

»Sie soll ja auch nur verkaufen und keine Verbrechen aufklären«, antwortete Eva und sah in die Auslage mit vielen Ketten und Armbändern aus Gold.

»Wer braucht so etwas wohl alles?«, fragte sie. »Und guck dir mal die Preise an. Das kann sich doch kein Mensch leisten.«

»Na, einige bestimmt«, meinte Jürgen, »sonst würden die ja gar nicht existieren können. Und es gibt Männer, denen ist für ihre Frau einfach nichts zu teuer.«

»Oder für ihre Geliebte«, meinte Eva und sah ihn skeptisch an. »Ich glaube, die größten Geschenke bekommen immer noch die Frauen, die sich einem Mann nur stundenweise hingeben und nach ihm schmachten.«

»Meine Güte, Eva. Dieser Fall scheint dir nicht gut zu tun«, sagte Jürgen.

Bevor sie noch etwas erwidern konnte, wurde sie von einem erbärmlich klingenden Husten unterbrochen, das aus tiefster Seele zu kommen schien und langsam die Treppe heraufkam. Kurz darauf folgte ein kleiner grauer Schopf und ein schwarzes Wolljackett mit abgewetzten Lederschützern an den Ellbogen.

»Guten Tag, Eva Sturm«, stellte Eva sich erneut vor. »Ihre Angestellte hat Sie sicher schon darüber informiert, dass wir wegen des goldenen Rings hier sind.«

Der Mann kam an den Glastresen heran und stützte sich ab. »Sie sind das also, nun ja, ich fürchte, ich kann Ihnen da nicht weiterhelfen«, sagte er und stöhnte auf. »Der Rücken, wissen Sie. Dieser Ring hier, er ist nicht von mir, da muss ich Sie leider enttäuschen.«

»Ja, aber wir haben von Ihrem Berufskollegen in Esens Ihre Adresse bekommen«, sagte Eva mit Enttäuschung in der Stimme.

»Ja, die Adresse stimmt ja auch«, krächzte der Alte. »Aber das Stück wurde von meinem Vorgänger hergestellt.«

Eva fragte sich in diesem Moment, wie lange es das Unternehmen schon gab und wie alt der Vorgänger denn dann gewesen sein musste. Wurde man im Schmuckgewerbe über Hundert?

»Und können wir Ihren Vorgänger irgendwie erreichen?«, fragte Eva.

»Der ist leider vor einigen Jahren gestorben«, sagte der Mann.

»Verdammt«, entfuhr es Eva. »Aber wir müssen unbedingt wissen, wer diesen Ring in Auftrag gegeben hat.«

Der alte Mann grinste und kleine Speichelfäden bildeten sich in seinen Mundwinkeln. Sie glänzten wie Spuren von Schnecken im künstlichen Licht. »Aber das kann ich Ihnen sehr wohl sagen, junge Frau«, meinte er und hob einen Zeigefinger in die Höhe. »Ich habe nämlich alle Kunden übernommen.«

Evas Gesicht hellte auf. »Das ist gut. Können Sie uns dann vielleicht sofort weiterhelfen und die Adresse raussuchen?«

Die Mimik des Mannes verriet, dass er es nicht gewohnt war, bedrängt zu werden. Sein Handwerk erforderte höchste

Konzentration und Präzision und natürlich Zeit und Muße. Schmuckstücke waren seine Leidenschaft und keine Akkordarbeit.

»Ich werde mein Möglichstes tun«, sagte er matt, desillusioniert von dem Gefühl, dass Polizisten aus Ostfriesland unmöglich in der Lage seien, sein Handwerk zu würdigen. »Aber ein wenig Zeit müssen Sie mir schon geben.«

»Aber natürlich«, mischte sich Jürgen ein. »Wie wäre es, wenn meine Kollegin und ich einen Kaffee trinken gehen und in ... sagen wir mal ... etwa zwei Stunden wiederkämen?«

Der Mann schien zufrieden. »Ja, machen Sie das«, sagte er und drehte sich ohne weitere Worte um und verschwand wie er gekommen auf der Treppe zurück in den Keller.

»Kollegen, pah, dass ich nicht lache«, sagte Eva, als Jürgen sie quasi nach draußen vor die Tür geschoben hatte.

»Mein Gott, nun sei doch nicht so empfindlich. Männer wollen, dass man ihre Arbeit respektiert, ich kenne das.«

»Lächerlich. Und wo gehen wir jetzt hin?«

Sie befanden sich in einer noblen Gegend, die Eva nicht behagte. Es war noch nie ihr Ding gewesen, sich in piekfeinen Restaurants aufzuhalten, wo man nur hinter vorgehaltener Hand flüsterte.

»Wir finden da schon was«, sagte Jürgen resolut und packte sie beim Arm und zog sie mit sich.

Verliebt, verlobt... verdächtig

»Aber ja mein Schatz, das ist eine ganz vortreffliche Idee. Wir werden an unserem zehnten Jahrestag nach Sylt fahren.« Beschwingt erhob er sich vom Bett und fegte mit der flachen Hand ein paar Brötchenkrümel vom Laken.

»Ich werde gleich, nachdem ich abgeräumt habe, eine nette Hotelsuite für uns buchen. Was meinst du, vierzehn Tage oder lieber gleich drei Wochen? Sylt ist ja nun wirklich eine Reise wert. Es wird da viel für uns zu entdecken geben.«

Einen Evergreen von Frank Sinatra pfeifend lief er, das Tablett mit dem Frühstücksgeschirr balancierend, die Treppe hinab.

Selten war er so guter Laune gewesen. Aber zehn Jahre mit ein und derselben Frau, nun das war schon etwas ganz besonderes, wenn es zudem auch noch die Richtige war. Das musste einfach in einem entsprechenden Rahmen gefeiert werden. Und wer wusste schon, ob er ihr dann nicht endlich den ersehnten Antrag machen würde. Sie war die perfekte Frau für ihn.

»Schatz!«, rief er nach oben. »Bleib du ruhig noch ein wenig liegen. Ich erledige den lästigen Abwasch in der Küche und danach werde ich ins Büro fahren.«

Dass er in den nächsten Tagen auch den Juwelier aufsuchen wollte, behielt er für sich. Es sollte in diesem Jahr eine ganz besondere Überraschung für sie werden. Er hatte sich bereits im Internet informiert. Es sollte mindestens ein Zweikaräter werden. Und wenn sie dann endlich seine Frau war, würde sie nichts mehr auseinanderbringen können.

Er hantierte noch eine Weile in der Küche, trocknete das Geschirr sorgfältig ab. Faltete danach das Spültuch sowie das Geschirrtuch zusammen und trug beides zum Wäschekorb. Es kam für ihn nicht infrage, solche Gegenstände mehr als einmal zu benutzen. Viel zu groß war die Gefahr der Verunreinigung durch irgendwelche Bakterien. Anschließend wusch er sich ausgiebig die Hände, indem er sie dreimal einseifte und hinterher mit einem frischen unbenutzten Gästehandtuch trocken rubbelte. Jetzt fühlte er sich sauber und rein. Es hatte eine Weile gedauert, bis er Maren so weit gehabt hatte, dass sie seine Rituale akzeptierte. Doch mittlerweile widersprach sie nicht mehr.

Der langersehnte Name

Immer wieder sah Eva nervös auf ihre Armbanduhr.

»Davon vergeht die Zeit auch nicht schneller«, sagte Jürgen belustigt.

»Ich kann es einfach nicht mehr abwarten, endlich die Adresse von diesem Axel Weiland zu bekommen«, sagte Eva und verschüttete ihren Kaffee. Es stimmte, sie fand sich einfach in noblen Cafés nichts zurecht. Vor lauter Vorsicht passierte ihr ein Missgeschick nach dem anderen.

»Dann wollen wir mal hoffen, dass es auch dieser Kerl ist«, meinte Jürgen und wischte mit seiner Serviette um Evas Tasse herum.

»Was würde ich nur ohne dich tun?«, fragte sie und lächelte.

»Wenn du das man weißt«, sagte er nur.

»Wir könnten jetzt aber auch wirklich langsam losgehen«, meinte Eva.

»Wir sind erst eine Stunde hier«, wandte Jürgen ein. »Und er hat gesagt, wir sollten gute zwei Stunden wegbleiben. Ich glaube, der meinte das ernst.«

»War ja klar, dass du ihn in Schutz nehmen würdest. Aber ich halte es hier einfach nicht mehr aus. Ich muss mich bewegen, raus an die frische Luft. Und wenn du so lange hier bleiben möchtest ...«

Jürgen gab sich geschlagen. »Quatsch, natürlich komme ich mit.« Er winkte nach dem Ober und zahlte.

»Das Geld gebe ich dir nachher wieder«, sagte Eva, die wie immer nur Bargeld im Portemonnaie hatte, mit dem sie höchstens eine Parkuhr füttern konnte. »Schließlich sind wir dienstlich hier, ich kann das absetzen.«

Sie schlenderten noch ein wenig die Straßen auf und ab, während Eva immer wieder auf die Uhr sah. Dabei gingen ihr tausend Dinge durch den Kopf. Und der, der sie am meisten beschäftigte war, warum sie ausgerechnet mit Jürgen mitten in der besten Gegend von Köln herummarschierte? Sie hatte ihn sich doch so gut es ging in den letzten Monaten vom Hals gehalten. Und nun? Hoffentlich nahm er ihre gemeinsame Exkursion jetzt nicht als Aufforderung, ihr auf Schritt und Tritt zu folgen. Okay, er hatte ihr in gewisser Weise das Leben gerettet, auch wenn das übertrieben war. Denn auch die anderen am Strand hätten sich schon um sie gekümmert. Was versprach er sich bloß davon? Ja, sie würde ihm, wenn sie wieder auf Langeoog waren, klipp und klar erklären, dass es nichts zwischen ihnen gab, aber auch rein gar nichts.

»Worüber denkst du gerade nach?«, fragte Jürgen plötzlich.
»Ach, nicht so wichtig, ich war in Gedanken auf Langeoog.«
»Ja, ich bin auch froh, wenn wir endlich wieder da sind. Man vermisst die Ruhe dort schon, findest du nicht?«
»Ja, ganz schön hektisch in so einer Großstadt«, erwiderte Eva. »So, jetzt könnten wir aber wirklich wieder zum Juwelierladen laufen, anderthalb Stunden haben wir jetzt ja schon geschafft.«

»Okay, dann man los«, sagte Jürgen und hakte sich bei ihr ein.

Eva verkrampfte sofort, wollte seinen Arm aber auch nicht einfach abschütteln. Noch brauchte sie Jürgen ja.

»Da sind Sie ja wieder«, wurden sie kurz darauf von der Angestellten begrüßt. »Ich hole den Chef.« Sie verschwand die Stufen hinab.

»Ich hätte ja nicht übel Lust, mir auch mal den Keller anzusehen«, meinte Eva. Dann hörten sie wieder das Husten.

»Es war gar nicht so leicht«, fing der alte Mann an und legte einen Stapel Papier auf den Glastresen. »Denn ich bin da auf etwas Komisches gestoßen.«

Eva und Jürgen machten große Augen.

»Es wurde hier von meinem Vorgänger zwar so ein Ring angefertigt, den Sie mir vorhin gezeigt haben«, fing er nach einer gefühlten Ewigkeit wieder an, »aber es war nicht dieser.«

»Wie meinen Sie das?«, fragte Eva ungeduldig.

»Nun, der Ring, den Sie mir gezeigt haben, trägt das Datum 11.05.2006 ... aber er wurde nicht hier gefertigt.«

»Das verstehe ich jetzt nicht«, sagte Eva. »Sie haben doch eben gesagt, dass Ihr Vorgänger ...«

»Nun, nur nicht ungeduldig werden, junge Frau«, mahnte der Mann und schob seine Brille hoch. »Es wurde ja ein Ring in diesem Hause gefertigt, der dem, den Sie mir gezeigt haben, zum Verwechseln ähnelt. Nein, man könnte sogar sagen, dass er ein

Zwillingsstück dazu ist. Aber es gibt da ein winziges Detail, in dem er sich unterscheidet.«

Eva hätte diesem Mann am liebsten den Hals umgedreht. Sie hasste es, wenn jemand die Spannung unnötig in die Länge zog. Sie verkniff sich allerdings eine weitere bissige Bemerkung, als Jürgen sie dezent anstieß.

»Sie wollen jetzt sicher wissen, was das ist, habe ich recht?«, fragte der Mann überflüssigerweise. »Nun, es ist das Datum, oder besser gesagt die Jahreszahl. Der Ring, der in diesem Hause geschmiedet wurde, trägt das Datum 11.05.2008.«

Eva traf fast der Schlag. »Dann haben wir ja jetzt schon drei Ringe, die im Prinzip identisch sind, aber aus verschiedenen Jahren stammen«, stellte sie mit ernster Miene fest. »Das kann doch unmöglich ein Zufall sein. Und es handelt sich ganz bestimmt auch nicht um drei verschiedene Frauen, die Maren heißen.«

Der alte Mann sah sie mit Unverständnis im Blick an. Natürlich, wie sollte er ihr auch folgen können.

»Haben Sie vielleicht Fotos von dem Ring gemacht, der hier gefertigt wurde?«, fragte Eva.

Der Mann lächelte. »Aber natürlich, hier verlässt kein Stück den Laden, ohne dass wir die Arbeit nicht in Wort und Bild festhalten. Man weiß ja nie, ob nicht ein Stück nachgefertigt werden muss, weil es verlorenging.«

»In der Tat«, murmelte Eva. »Die Gefahr besteht wohl immer. Aber was ist eigentlich mit dem Namen des Auftraggebers?«

Der Mann blätterte kurz in den Papieren. »Ah, hier habe ich's. Er heißt Axel Weiland.«

»Verdammt, das wird ja immer interessanter«, meinte Eva. »Kann ich Ihre Unterlagen eventuell für die weitere Ermittlung ausleihen?«

Der Mann formte einen spitzen Mund. »Ähm ... eigentlich nur sehr ungern, junge Frau.«

»Sie bekommen Sie auch bestimmt zurück«, versprach Eva und zog schon an der anderen Ecke des Stapels. »Es ist wirklich enorm wichtig für uns.«

»Aber ich möchte sie unbeschadet zurück«, sagte der Mann und gab dem Druck von Eva nach.

»Was hältst du von der ganzen Sache?«, fragte Eva, als sie später mit Jürgen im Restaurant saß. Sie hatten sich in ein erschwingliches Hotel eingemietet, weil es nach Evas Ansicht noch einiges in Köln zu ermitteln gab.

»Tja, schwer zu sagen. Aber es scheint so, als ob dieser Weiland seiner Maren jedes Jahr einen weiteren Ring schenkt.«

»Ist doch komisch, oder?« Eva teilte eine Kartoffel und schob sich ein Stück davon mit ein wenig Gemüse in den Mund. »Das macht doch kein normaler Mensch.«

»Hast du eine Ahnung, was Menschen alles machen«, sagte Jürgen. »Ich hatte da mal einen Gast in meiner Touristinfo, der ...« Weiter kam er nicht, denn Eva schnitt ihm das Wort ab.

»Sorry, aber bitte verschone mich mit deinen Urlaubern. Davon habe ich nun wirklich die Nase voll. Wenn dieser

Bekloppte seiner Angebeteten nun tatsächlich jedes Jahr einen Ring schenkt, dann ist das doch wirklich sein Problem. Und wenn unser Romeo genügend Kohle hat, dann ist das für ihn sicher überhaupt keine große Sache.«

Sie sah verzweifelt auf den letzten Schluck Wein in ihrem Glas.

»Soll ich dir noch einen bestellen«, erriet Jürgen ihr Verlangen.

»Oh ja, das wäre nett. Ich hätte heute Abend so richtig Lust, mir einen anzuzwitschern. Wir haben uns doch richtig lächerlich gemacht mit unserer Ring-Ding-Sache.« Sie kicherte.

Keinen Schluck mehr dachte Jürgen und winkte nach dem Kellner und bestellte noch eine Flasche. Es gefiel ihm ja, dass sie endlich mal ein wenig lockerer wurde. Und wer weiß, dachte er, vielleicht ... aber soweit wollte er nun wirklich nicht gehen. Am Ende legte sie ihn im Schlafzimmer noch die Handschellen an.

»Was ist so komisch?«, fragte Eva, als sie das Lächeln entdeckte, das um Jürgens Mundwinkel spielte.

»Ach nichts, ich fühle mich einfach nur wohl hier mit dir und diesem spannenden Fall.«

»Veräppeln kann ich mich alleine. Sag mal, wo bleibt der Wein?«

Im nächsten Augenblick trat der Kellner an den Tisch und schenkte nach.

»Also, nochmal zu Maren«, sagte Eva und wischte sich mit der Serviette über den Mund. »Natürlich könnte alles ganz harmlos sein, gib's du mir recht?« Jürgen nickte und prostete ihr zu. »Aber dann muss man sich natürlich fragen, warum dieser Weiland mir nach dem Leben trachtete. Richtig?«

Jürgen nickte erneut und sie ließen ihre Gläser aneinanderklirren.

»Also bleibt uns nichts anderes übrig, als in ganz Köln alle Juweliere abzuklappern und nach Ringen zu fragen, die aussehen wie unsere, nur eine andere Jahreszahl eingraviert haben. Richtig?«

»Bingo«, rief Jürgen aus. »Ich sag ja immer, man sollte auf Frauen vertrauen. Ähm, war das jetzt ein Reim?« Er kicherte.

»Geht sicher als einer durch, wenn man kein Ringelnatzfan ist«, antwortete Eva.

Sie schäkerten noch ein wenig herum, bis Eva plötzlich von unsäglichen Kopfschmerzen überfallen wurde und auf ihr Zimmer floh.

Am nächsten Morgen machten sich die beiden nach dem Frühstück auf den Weg und durchkämmten im wahrsten Sinne des Wortes die Kölner Innenstadt. Ihre Suche beschränkte sich auf Juweliere, die noch einen Goldschmied beschäftigten, denn es war klar, dass sie es nicht mit maschinell hergestellter Massenware zu tun hatten. Bereits beim sechsten Laden hatten sie Glück. Auch dort erinnerte man sich an diese selten schöne Anfertigung. Eingraviert war das Jahr 2009. Ganz beflügelt von diesem Ergebnis verlief der weitere Tag wie im Flug und sie hatten auch das Jahr 2007 gefunden.

»Das ist doch einfach unglaublich«, stellte Eva erschöpft fest, als sie sich am Nachmittag ein Plätzchen in einer italienischen Eisdiele gesucht hatten. »Was bezweckt der Mann bloß mit diesen vielen Ringen?«

»Vielleicht ist das so eine Art versprechen von ihm«, schlug Jürgen vor. »So nach dem Motto *Ich kaufe dir jedes Jahr einen Ring, um unsere Liebe aufzufrischen.*«

»Würdest du jemals so etwas Verrücktes für eine Frau tun?«

»Ich hab kein Geld, das weißt du ja.«

»Aber ich verstehe immer noch nicht, warum dann die alten Ringe einfach verloren gehen.«

»Vielleicht ist das ja alles ganz anders. Es könnte doch sein, dass unser Pärchen den neuen Ring mit dem Ritual feiert, den alten an einer bestimmten Stelle zu platzieren.«

Eva sah Jürgen anerkennend an. »Ein sehr interessanter Gedanke für einen, der eine Touristinfo leitet, Respekt. Und das hieße dann, dass wir, wenn wir weiter nachforschen würden, noch mehr von den Dingern in die Finger kriegen würden.«

»Dazu müssten sie ja erst einmal gefunden werden.«

»Weißt du, was mir gerade für ein Gedanke kommt?«, fragte Eva plötzlich und ließ ihren Eislöffel fallen. Jürgen schüttelte mit dem Kopf. »Es ist bald wieder der elfte Mai.«

Jürgen starrte sie mit offenem Mund an und sagte dann: »Du denkst, er schlägt bald wieder zu?«

»Aber natürlich. Er braucht doch wieder einen Ring für Maren. Und wenn unsere Vermutung richtig ist, dass er dafür immer einem Juwelier in Köln und sagen wir mal in der näheren

Umgebung aufsucht, dann brauchen wir doch nur noch wie die Katze vor dem Mauseloch hocken und warten, bis die Falle zuschnappt.«

»Jesses«, sagte Jürgen.

»Genau. Wir haben noch eine Menge zu erledigen. Zahl du mal und dann geht's los.«

Die nächsten Stunden waren für Eva und Jürgen der reinste Marathonlauf. Zunächst hatten sie sich ein Branchenbuch besorgt und nach Goldschmieden in Köln und Umgebung gefahndet. Da sie jeden Laden persönlich aufsuchen wollten, rief Jürgen auf Langeoog und Eva bei den Kollegen in Wittmund an und sorgten für Vertretungsregelungen. Eva informierte danach noch Klara, damit sie sich keine Sorgen machte. Auch nicht um ihren Opel. Sie kurvten damit kreuz und quer durch überfüllte Straßen und über Autobahnen. Jürgen hatte das Fahren übernommen, da Eva beim dritten Porsche, der ihr die Vorfahrt nahm, beinahe einen Tobsuchtsanfall bekommen hatte. Am späten Abend hatten sie so über zwanzig Goldschmiede aufgesucht und informiert. Ein weiterer Hinweis auf einen Ring war leider nicht dabei gewesen. Sie hatten die Inhaber gebeten, sie sofort zu informieren, falls ein Mann mit dem Wunsch käme, genau so einen Ring mit dem Namen Maren und dem Datum des elften Mai anfertigen zu lassen. Es stand viel auf dem Spiel. Das zumindest glaubten Eva und Jürgen. Die Ladenbesitzer hatten den Auftritt der Insulaner teilweise mit einem Lächeln kommentiert, der Eva zusätzlich zu der Tatsache, dass man

Jürgen für den Hauptermittler gehalten und angesprochen hatte, wütend gemacht hatte.

Drei Tage lang ging es so weiter. Und Eva schwor sich, ihre nächste Reise nach Köln in Turnschuhen anzutreten.

Jetzt saßen sie wieder in ihrem Hotelrestaurant und tranken Wein. Und warteten, denn die Liste der Juweliere war tatsächlich abgearbeitet. Die nächsten Tage vergingen mit warten, grübeln und Anflügen von Verzweiflung, bis sie wieder Wein tranken und vergaßen, dass sich noch immer niemand gemeldet hatte.

Abends fiel Eva todmüde in ihr Bett und konnte trotzdem nicht schlafen. Was mache ich hier?, fragte sie sich mehr als einmal. Verbringe meine Zeit mit Ermittlungen in einer großen Stadt, die vielleicht ins Nichts führen. Und das mit einem Mann an meiner Seite, der nicht einmal Ermittler ist. Was wollte Jürgen überhaupt hier? Bei dem Gedanken wurde sie ärgerlich und stieß ihre Bettdecke mit dem Fuß nach unten. Es war ihr zu warm. Ein wenig brummte ihr der Schädel und irgendetwas in ihr drehte sich zudem.

Was hätte man mit Ende vierzig nicht alles Schöneres machen können? Sie könnte verheiratet sein, Enkelkinder haben, diese hüten und überhaupt ein sorgloses Leben neben einem verdammten Mann führen, der sie versorgte. Stattdessen stand sie vor dem Nichts. Mit Jürgen. Immer wieder dieser Mann an ihrer Seite, der ihr nichts als Ärger machte, dafür aber wenigstens die Rechnungen zahlte. Und sie war weder dumm noch naiv, er würde dafür schon irgendwann eine Belohnung erwarten. Und sie war sich nicht sicher, ob sie ihm diese wirklich würde geben können. Natürlich mochte sie ihn. Aber nun ja, auch nicht so sehr, dass sie ihre Prinzipien wegen ihm in hohem Bogen über Bord schleudern würde. Sie musste ihm am nächsten Tag unbedingt reinen Wein einschenken. Als sie an Wein dachte, wurde ihr übel und sie rannte zur Toilette. Danach ging es ihr wesentlich besser und sie schlief kurz darauf ein.

»Eva, ich finde, wir sollten abreisen.« Es war Jürgen, der ihr am nächsten Morgen beim Frühstück mit diesem Vorschlag zuvorkam.

»Du hast völlig recht«, sagte Eva erleichtert. »Es macht wirklich keinen Sinn, hier jetzt noch zwei Wochen herumzuhängen. Wenn der Mann auftaucht, dann wird man uns ... ähm, ich meine, dann wird man mich informieren.«

»Genau. Und dann werden wir zusammen wieder hierher fahren. Ich hoffe, ich habe mich klar und deutlich ausgedrückt.«

»Aber du willst doch wohl nicht etwa auch so lange bei Klara wohnen, oder?«

»Nein, aber nur, wenn du mir nicht versprichst, dass du nicht ohne mich wieder nach Köln fahren wirst, sobald ein Hinweis eingeht.«

Eva überlegte einen kurzen Moment, doch dann nickte sie zum Einverständnis. Er hatte ja auch recht, es war zu gefährlich für sie als Frau, diesem Weiland alleine gegenüberzutreten. Und für die Einschaltung der Kollegen in Köln hatte sie einfach nichts in der Hand. Diese Großstadtpolizisten würden sie nur auslachen, wenn sie von ihrer Geschichte erzählte. Das wusste sie aus Erfahrung. In Großstädten spielten sich ganz andere Verbrechen ab, als dass jemand goldene Ringe verlor und diese durch neue ersetzte.

Zwei Stunden später waren sie bereits wieder auf der Autobahn.

Ringlein Ringlein...

»Hallo mein Schatz, ich bin wieder da.« Mit fröhlicher Stimme betrat er den Hausflur und legte die Wagenschlüssel in der dafür vorgesehenen Glasschale auf der Anrichte ab. Heute war für ihn ein ganz besonderer Tag gewesen. Sein Besuch beim Juwelier hatte ihn sein halbes Vermögen gekostet, doch das war Maren wert. Für sie durfte es sowieso immer nur das Beste sein. Sie würde Augen machen, wenn er den funkelnden Brillanten an ihren Finger steckte. Sein Adrenalinspiegel stieg in ungeahnte Höhe bei diesem Gedanken.

»Bist du oben, mein Schatz«, rief er. »Ruh dich noch ein wenig aus, ich bereite uns das Abendbrot vor.«

Ein Teller mit Lachs, ein Gläschen Champagner, und ja, heute zur Feier des Tages auch ein wenig Kaviar schön zurechtgemacht mit ein wenig Brot und Öl. Das Diner war perfekt. Er trug das Tablett nach oben.

»Liebling, ich habe uns eine köstliche Kleinigkeit gezaubert. Und hier, ein Gläschen Champagner zur Feier des Tages. Aber der Rest wird nicht verraten.« Er lachte und stellte das Tablett auf dem Nachtschrank ab. Dann ging er hinüber zur kleinen Musikanlage und legte den Bolero auf. Es würde eine schöne Nacht werden.

Eva wieder in Esens

»Du kommst alleine zurück, Kindchen?«, wunderte sich Klara, als sie Eva die Tür öffnete.

»Ja, er ist auf die Insel zurück. Er muss ja seine Touristinfo wieder übernehmen und ich dachte mir, ich bleibe noch ein wenig hier in Esens.«

»Das ist eine hervorragende Idee«, sagte Klara. »Ich mach uns dann mal ein Tässchen Tee.«

»Das scheint ja wohl dein Lieblingsgetränk zu sein«, neckte Eva, die sich schon wieder auf die gemütliche Teestunde freute.

»Was ist das eigentlich für eine Geschichte mit dir und diesem Jürgen?«, fragte Klara, als sie mit einem Tablett ins Wohnzimmer kam.

»Geschichte? Da gibt es keine Geschichte«, wehrte Eva ab.

»Aber das sieht doch ein Blinder mit Krückstock, dass Jürgen in dich verliebt ist.«

»Das glaube ich nicht. Jürgen hilft mir nur ab und zu bei der Arbeit. Auf der Insel bin ich ja ganz alleine unterwegs und da ist es schön, wenn man einen Insider an seiner Seite hat.«

»Ja ja, mir kannst du das ja erzählen. Aber blind und taub bin ich noch nicht.« Klara tat für sich und Eva ein Stück Torte auf.

»Also wirklich Klara, eigentlich wollte ich noch ein wenig abnehmen für meine bevorstehende erste Badesaison auf der Insel. Wie soll das denn so funktionieren?« Eva zeigte auf den dicken Sahneberg, der im Zeitlupentempo zur Seite kippte.

»Man kann auch mit ein zwei Kilo mehr auf den Rippen noch ganz wunderbar schwimmen«, stellte Klara fest.

»Ja, aber nicht in einem Badeanzug Größe vierundvierzig. Dann nennt man das nämlich nicht mehr schwimmen, sondern treiben.«

»Kindchen, Kindchen, komm du erst mal in mein Alter. Dann werden ganz andere Dinge wichtig.« Versonnen schlürfte Klara an ihrem Tee und sah aus dem Fenster.

Eva sah Klara aus dem Augenwinkel heraus an. Was wusste sie eigentlich von der netten alten Dame? War sie vielleicht wirklich zu egoistisch, wenn sie immer nur ihre eigenen Probleme in den Mittelpunkt stellte? Und wie musste es auf Klara wirken, wenn sie sich um ein paar Pölsterchen Gedanken machte? Klara hatte in ihren jungen Jahren sicher viel Schlimmeres erlebt. Plötzlich kam sie sich ziemlich oberflächlich vor.

»Du hast sicher recht«, sagte sie, »es muss einen nicht interessieren, was andere denken.« Klara reagierte nicht darauf und sah weiter ins Leere. Zu gerne hätte Eva jetzt Anteil an ihren Gedanken gehabt. Wie fühlte es sich wohl an, wenn man dem Ende seines Lebens immer näher kam? Ob sich dann alle Dinge des Alltags relativierten? Man freute sich an den kleinen Dingen des Lebens. Stand beschwingt auf, wenn die Knochen am Morgen mal nicht schmerzten. Genoss jedes bisschen Glück, oder was man dafür hielt. Sie konnte sich gar nicht vorstellen, dass ihr Leben überhaupt endlich war. Mit Ende vierzig fühlte man es noch nicht.

»Was hast du gesagt, Kindchen?« Klara erwachte offensichtlich aus ihrer Lethargie, die sie ganz weit weggetragen hatte.

»Ach, nicht so wichtig«, antwortete Eva. »Ich habe nur wieder einmal festgestellt, wie schön es doch hier bei dir und einer schönen Tasse Ostfriesentee ist. Und na ja, der Kuchen schmeckt auch wie immer fantastisch.«

Klara lächelte zufrieden.

Am nächsten Morgen machte Eva sich auf den Weg zu den Kollegen nach Wittmund. Sie waren ja immer noch mit der Suche nach Axel Weiland beschäftigt, den es eigentlich vom Namen her gar nicht gab. Und auch sie waren in den letzten Tagen nicht weitergekommen. Eva schilderte kurz die Ereignisse in Köln. Von Jürgen erwähnte sie lieber nichts. Sie wusste, dass man sie auch so als Frau alleine auf der Insel nicht ganz für voll nahm. Wenn sie jetzt auch noch Unterstützung von einem Ladenbesitzer in Anspruch nahm, war sie sicher völlig unten durch. Die Polizisten aus Wittmund hörten sich ihre Geschichte mit Stirnrunzeln und skeptischen Blicken an. Wahrscheinlich hielten sie sie für überdreht. Der eine meinte dann auch, dass doch alles ganz harmlos sein könne und sie sicher auf der Insel ganz gut aufgehoben wäre. Eva schwor sich, diese Truppe so schnell nicht wieder zu besuchen.

Ratlos stand sie anschließend vor der Tür. Was sollte sie jetzt machen? Sie sah auf ihr Handy. Jürgen nicht und auch sonst keiner hatte sich gemeldet. Plötzlich fühlte sie sich wie in einem tiefen Loch, aus dem sie nur mühsam wieder herausklettern konnte. Es fühlte sich alles so träge an. Hatte sie sich vielleicht doch in eine Geschichte verrannt und machte sich hier gerad total lächerlich? Sie musste an Klara denken. Sie stellte sich vor, wie diese gerade den Frühstückstisch abräumte, das Geschirr spülte und die letzten Krümel ordentlich mit einem Spültuch von der Wachstischdecke wischte. Dann würde sie sich vermutlich ihrer Zeitung widmen, die sie immer in einem alten Lehnstuhl, der am Küchenfenster stand, las. Und was genau war eigentlich so falsch daran? Eva fragte sich, warum sie eigentlich nie so zur Ruhe kam. Immer fühlte sie sich auf dem Sprung, gab es etwas Wichtiges zu erledigen. Wann hatte sie das letzte Mal eine Zeitung gelesen oder die Nachrichten verfolgt? An ein Buch mochte sie gar nicht denken. Das war ewig her, obwohl sie doch früher eigentlich ganz gerne Krimis gelesen hatte. Doch seit sie selber mit dem Gedanken spielte, etwas zu schreiben, fehlte ihr die Muße, sich in andere Geschichten zu vertiefen, einfach mal fallen zu lassen. Sie lief zu Klaras altem Opel, setzte sich hinein und kurbelte das Fenster herunter. Es fing an, leicht zu tröpfeln. Für einen Spaziergang am Wasser nicht gerade die ideale Voraussetzung. Aber zurück nach Esens mochte sie jetzt auch noch nicht fahren. Sie wurde das Gefühl nicht los, dass Klara die Vormittagsstunden alleine in ihrer kleinen gemütlichen Wohnung mit ihrer Zeitung genoss. Da wollte sie nicht stören. Fast schon war sie neidisch auf die Vorstellung, der Zeit einfach mal den Rücken zu kehren.

Schließlich entschied sie, mal wieder nach Harlesiel zu fahren. Dort wollte sie sich in das Restaurant direkt am Fähranleger setzen und den Wellen zusehen. Wer weiß, dachte sie, vielleicht gelingt es mir ja mal für eine Stunde, einfach zu genießen.

Und tatsächlich, als sie mit ihrem Kännchen Kaffee und einem leichten Salat an einem Tisch saß, kam sie langsam zur Ruhe und die trüben Gedanken flogen dahin. Vielmehr machte sie sich ein ganz anderes Gefühl breit. Sie vermisste Jürgen. Und bei dem Gedanken an ihn wurde es ihr ganz warm ums Herz. Hatte dieser penetrante Hobbyermittler und Lebensretter sich etwa fest in ihre Gedankenwelt geschlichen? Schnell wischte sie Bilder, die sie beide einträchtig am Wasser entlanglaufen ließen, wieder beiseite. Man musste es ja nicht übertreiben. Aber warum hatte er denn immer noch nicht angerufen? Schließlich war es fast vierundzwanzig Stunden her, dass sie sich nicht mehr gesprochen hatten. Es hätte ihn zumindest interessieren können, ob sie schon etwas Neues in Erfahrung gebracht hatte. Ob er sie bewusst zappeln ließ? Nun, sie jedenfalls würde ihm nicht den Gefallen tun, anzurufen. Dafür war sie doch viel zu sehr beschäftigt. Basta.

Eva war schon fast wieder in Esens angekommen, als ihr Handy klingelte. Umständlich zog sie es aus ihrer Jackentasche und wäre fast auf den Seitenstreifen geraten. Das hätte ihr noch gefehlt, Klaras alten Opel zu Schrott zu fahren. Auf dem Display blinkte eine Nummer aus Köln. Abrupt bremste Eva ab, hinter ihr hupte jemand, und sie bog in den nächsten Landweg ein, hielt an und nahm das Gespräch atemlos an.

»Ja, hallo?«

»Ist da Eva Sturm, die Polizistin«, fragte eine Männerstimme.

»Aber ja«, sagte sie, während der Wagen mit einem Knall absoff.

»Hier ist Juwelier Bremer«, sagte der Mann. »Sie haben mich vor ein paar Tagen aufgesucht ... ich sollte sie anrufen, wenn ein bestimmter Auftrag bei mir eingehen sollte.«

Eva nickte, doch das konnte der Mann nicht sehen. »Stimmt. Sagen Sie bloß, er war da?«, fragte sie aufgeregt.

»Ich denke schon. Auf jeden Fall soll ich einen Ring mit der Gravur *Maren 11.05.2015* anfertigen.«

»Oh mein Gott«, stieß Eva aus. »Wir haben ihn. Können Sie mir die Adresse vielleicht per SMS schicken, ich bin gerade unterwegs und kann mir nichts notieren.«

»Aber natürlich. Geht gleich raus«, sagte der Mann, verabschiedete sich und legte auf.

Eva starrte auf ihr Handy. Warum dauerte es denn so lange? Dann endlich vibrierte das Ding. Schnell öffnete sie die Nachricht und las einen Namen mit Adresse in Bergisch Gladbach. Sofort wählte Eva Jürgens Nummer.

»Ich hab sie«, rief sie in den Hörer, als dieser abnahm.

»Was?«, fragte Jürgen verdutzt.

»Na, die Adresse unseres Täters. Er wohnt in Bergisch Gladbach und hat einen Ring in Auftrag gegeben.«

»Nun flipp bloß nicht gleich aus. Und fahr ja nicht alleine wieder da runter. Ich komme mit der nächsten Fähre und da wirst du mich abholen, verstanden?«

Eva sah ihr Handy irritiert an. War das wirklich Jürgen, der da sprach.

»Geht klar«, sagte sie schnell und hoffte, dass der Opel ihr den letzten Stopp nicht übel nahm und wieder ansprang.

Sie hatte Glück. Der Wagen hustete zwar ein wenig, doch der Motor startete wieder, so dass sie weiter nach Esens fahren konnte.

Klara war nicht da, als sie in der Wohnung ankam. Schnell packte sie ein paar Sachen zusammen, stopfte sie in ihren Rucksack und schrieb einen Zettel für Klara, den sie auf den Küchentisch legte.

Dann fuhr sie Richtung Bensersiel.

Der große Tag

Er hatte die halbe Nacht nicht schlafen können. Immer wieder wurde er von wilden Träumen geplagt, die damit endeten, dass er von dem Bellen eines Hundes erwachte. Warum träumte er von Hunden? Es war so lange her, dass er einen Hund gehabt hatte. Es war ein Mischlingshund gewesen, den er von einem Schulfreund geschenkt bekommen hatte. Naiv, wie Kinder waren, hatte er das Tier freudestrahlend mit nach Hause gebracht. Seine Mutter hatte sich vor Schreck ans Herz gefasst und der Vater hatte das Tier mit in den Garten genommen. Er hatte ihn nie wieder gesehen. Und auch sein Wunsch, einen Hund als Freund zu haben, war mit einem Schlag verflogen. Nie hatte er sich getraut, nach dem Verbleib des Hundes zu fragen. Instinktiv wusste er, dass das Tier nicht mehr lebte. Seine Mutter hatte ihn in den Arm genommen, als sie sah, wie seine Tränen immer schneller seine Wangen hinabliefen. Sie hatte geschwiegen.

»Liebling«, sagte er vom Schlaf verkatert. »Geht es dir gut? Ich werde uns gleich ein schönes Frühstück bereiten. Es ist doch Sonntag, da soll man es sich schön machen. Möchtest du auch ein weiches Ei? ... Sicher, ich werde darauf achten, dass es genau fünf Minuten sind.«

Er quälte sich aus dem Bett und fuhr sich mit beiden Händen durchs Haar. So schlecht war es ihm schon lange nicht mehr gegangen. Musste ihn ausgerechnet jetzt, wo er und seine perfekte Frau vor dem Ziel ihrer Träume waren, die

Vergangenheit einholen? Er hatte keine Lust, an seine Eltern zu denken. Er hatte sie schon vor vielen Jahren aus seinem Gedächtnis und dem Alltag verbannt.

Er stand auf und lief ins Badezimmer. Er streifte seinen Pyjama ab und warf ihn in die Wäsche. Er trug seine Kleidungsstücke immer nur einmal. Es sollten sich keine Gefühle darin einnisten. Vergangenheit gab es somit einfach nicht. Langsam fügte sich seine Gedankenwelt wieder wie ein Puzzle zusammen. Es war alles richtig, was er tat. Genauso sollte es sein. Er stellte sich unter die Dusche und ließ das Wasser lange laufen.

Als er fertig war, ging er hinunter in die Küche. Alles stand an seinem Platz. Das beruhigte ihn ein wenig. Seine Welt war in Ordnung. Nein, sie war perfekt und bald auch vollkommen. Nämlich dann, wenn er ihr endlich den Ring ansteckte. Dann wäre sie für immer sein. Niemand könnte sie dann mehr trennen.

Eva und Jürgen in Bergisch Gladbach

Sie wechselten nicht viele Worte, als Jürgen von der Fähre kam.

»Auf geht's«, sagte Eva nur. »Er heißt Walter Bertrusch und hier ist die Adresse.« Sie reichte ihm ihr Handy.

»Okay, dann man los«, sagte Jürgen. Es gefiel ihm, dass Eva so viel Vertrauen zu ihm hatte. Wie selbstverständlich sie hier jetzt zusammensaßen. Er hatte vom ersten Tag an, als sie auf die Insel kam, davon geträumt. Warum, das wusste er gar nicht so genau. Eva war keine Frau, die Männer um den Finger wickeln konnte. Aber wenn man sich mal in ihr verbissen hatte, dann kam man einfach nicht mehr los. Das war eigentlich der viel gefährlichere Frauenschlag, hatte er einmal gedacht, als sie ihn wieder hatte abblitzen lassen.

»Was ist los, warum grinst du so dämlich?«, fragte Eva.

»Ach, gar nichts«, sagte er nur amüsiert. »Soll ich fahren?«

»Glaubst du etwa, ich bin dazu nicht fähig?« Schon fuhr sie ihre Krallen wieder aus.

»Ich mein ja nur«, grinste Jürgen. Sie war doch so berechenbar. Es machte ihm Spaß, sie auf die Palme zu bringen.

Dass er es aber auch immer wieder schaffte, sie wütend zu machen, dachte Eva grimmig. Eigentlich könnte es ihr doch völlig schnuppe sein, was er dachte, wenn sie fuhr. Schließlich war er doch freiwillig hier. Sie gab Gas und der alte Opel heulte auf.

Am frühen Abend kamen sie heil in Köln an. Sie hatten sich wieder in das gleiche Hotel eingemietet. Sie mochten beide keine großen Überraschungen.

»Sollen wir erst mal unsere Sachen auf unsere Zimmer bringen und dann etwas essen?«, fragte Eva und rieb sich die Augen.

»Gute Idee«, meinte Jürgen.

Sie bestellten sich an der Rezeption einen Tisch für zwanzig Uhr.

Auf ihrem Zimmer warf Eva sich erst einmal lang aufs Bett. Was waren das bloß für komische Gefühle, die sich seit einiger Zeit einstellten, wenn sie Jürgen sah. Er war doch nun wirklich nicht gerade ihr Traummann. Musste sie in ihrem Alter denn schon nehmen, was sich bot? Aber nein, sie wollte auch nicht gemein über ihn denken. Er war ja sogar jünger als sie. Wenn auch nur ein paar Jahre. Und wenn man über vierzig war, war das sowieso egal, entschied sie schnell. Sie hatte auf jeden Fall den aufregenderen Job, und das hielt jung. Sie zog ihr rechtes Bein an, so dass es im Knie knackte. Na ja, jung war doch auch irgendwie relativ. Da sie nicht recht zur Ruhe kam, entschied sie sich für eine heiße Dusche, bevor es zum Essen ging.

Sie legte sogar ein wenig Make-up auf, als sie sich für das Abendessen fertigmachte. Klara wäre dazu sicher der Spruch mit der Nachtigall eingefallen, dachte sie amüsiert, als sie sich im Spiegel betrachtete.

»Da bist du ja endlich«, empfing Jürgen sie, der bereits am Tisch saß, als sie ins Restaurant kam. »Ich verhungere gleich.«

»Damit solltest du warten, bis wir den Täter geschnappt haben«, sagte Eva gutgelaunt. Es fühlte sich verdammt gut an, immer öfter mit einem netten Mann zu Abend zu essen.

»Was hast du denn jetzt genau vor?«, fragte Jürgen, während seine Augen über die Speisekarte wanderten.

»Ich denke, wir sollten morgen mit der Observation anfangen. Und wenn wir Glück haben, kommen wir sogar in die Wohnung, wenn die beiden Turteltauben sie mal verlassen.«

»Du willst da einbrechen?«, fragte Jürgen und sah entgeistert auf.

»Einbrechen? Was für ein böses Wort«, lachte Eva. »Ich bevorzuge da den Ausdruck, sich einen Überblick verschaffen.«

Sie speisten genüsslich und tranken dazu Wein. Evas Zunge wurde immer lockerer und am Ende des Abends hakte sie sich sogar bei Jürgen ein, als er sie zu ihrer Zimmertür, aber auch keinen Schritt weiter, brachte.

»Gute Nacht, schlaf gut«, sagte er und gab ihr einen Kuss auf die Wange. Dann drehte er sich um und lief über den Flur zu seinem Zimmer.

Als Eva die Tür hinter sich schloss, wusste sie, was ihr die ganzen Jahre gefehlt hatte. Aber wieso hatte er eigentlich nicht versucht, mit ihr aufs Zimmer zu gehen? Fand er sie am Ende doch nicht attraktiv genug? Da waren sie wieder, die bösen Gedanken, die mit Macht die Schmetterlinge vertrieben. Grimmig stieg Eva ins Bett.

Am nächsten Morgen waren ihre dunklen Gefühlen verflogen. Sie hatte jetzt ein Ziel. Sie wollte den Täter dingfest machen, um endlich mit der Geschichte mit den Ringen abzuschließen. Und sie war diesem Ziel verdammt nahe. Beschwingt lief sie ins Foyer, wo sie mit Jürgen zum Frühstück verabredet war.

»Wollen wir uns unterwegs ein paar Croissants und Coffee to go besorgen?«, fragte Jürgen, als besitze er plötzlich hellseherische Fähigkeiten.

»Gute Idee«, stimmte Eva sofort zu. Sie war viel zu nervös, als dass sie sich mit ihm in den Frühstücksraum hätte setzen können.

Es dauerte keine Stunde, bis sie endlich vor einem wunderschönen Einfamilienhaus im Grünen standen.

»Also, Geld hat er auf jeden Fall«, stellte Eva bewundernd fest. »Da lässt es sich sicher gut aushalten.

»Und was das alles kostet, sowas in Schuss zu halten.«

»Du nun wieder, ganz der Fachmann«, lachte Eva.

Sie hatten sich unter einer Baumreihe in einer Seitenstraße postiert. Von hier aus hatten sie einen guten Überblick auf das gesamte Geschehen und das Haus, in dem Walter Bertrusch und Maren wohnten. Die Frau, deren Mann aus lauter Jux und Dollerei goldene Ringe in alle Welt verstreute. Das musste man sich erst mal leisten können. Ob sie eine ganz außergewöhnliche Schönheit besaß, so dass Walter gar nicht anders konnte, als ihr andauernd Ringe zu schenken? Eva konnte es gar nicht mehr abwarten, sie endlich kennen zu lernen.

Mit einem Blick auf ihren Nebenmann kam ihr der Gedanke, dass Jürgen ihr nicht mal verzeihen würde, wenn sie einen halbleeren Joghurtbecher in den Müll warf. Nun ja, sie war ja auch keine anbetungswürdige Schönheit, der man alles verzieh.

»Jetzt müssen wir hier also rumsitzen, bis sich im Haus was bewegt«, sagte Jürgen und kramte in der Brötchentüte herum.

»Du bist freiwillig hier«, entgegnete Eva. »Gib mir doch bitte auch ein Croissants.«

»Es ist ja noch recht früh«, meinte Jürgen, der ihre bissige Bemerkung nicht kommentierte. »Wann gehen solche Leute denn in der Regel aus dem Haus?«

»Also, wenn er im Büro arbeitet, dann sicher nicht vor neun, würde ich sagen.« Eva trank einen Schluck Kaffee aus ihrem Pappbecher. »Und vielleicht ist er ja sogar selbständig und Firmenbesitzer, dann könnte es sein, dass er sogar zuhause arbeitet.«

»Na toll, dann würden wir ja den ganzen Tag hier umsonst herumstehen.«

»He, ich habe dich nicht mitgenommen, damit du mir die Stimmung vermiest«, raunte Eva. »Das ist nun mal der Polizeijob, dass man auch mal einfach nur abwarten und beobachten muss.«

»Ist ja schon gut«, lenkte Jürgen ein. »Ich bin das viele Herumsitzen einfach nicht gewohnt. In meinem Laden ist immer was los, ständig renne ich durch die Gegend.«

»Das kannst du ja bald wieder«, sagte Eva. »Ich denke nicht, dass die beiden sich im Haus verkriechen. Und das Wetter ist auch klasse. Also wird zumindest Maren irgendwann sicher shoppen gehen. So machen die Reichen das glaube ich.«

»Da bewegt sich was«, sagte Jürgen plötzlich. »Guck mal, das Garagentor fährt hoch.«

»Tatsächlich, er fährt weg. Kannst du sehen, ob er alleine im Wagen sitzt?« Beide machten lange Hälse, wobei Jürgens noch ein wenig höher ragte, da sein Rücken länger war.

»Ich glaube, es ist nur der Mann«, sagte er schließlich.

»Was heißt glauben?«, fuhr Eva ihn an, die ihren anatomischen Nachteil bemerkt hatte. Sie sah nämlich nichts außer einem metallicgrauen Wagendach, dass die Straße entlangfuhr.

»Ich bin mir sicher«, korrigierte Jürgen. »Der Mann war alleine im Wagen.«

»Dann ist Maren also noch im Haus«, konstatierte Eva. »So was Blödes. Was machen wir denn jetzt? Sollen wir dem Bertrusch nachfahren?«

»Was sollte das für einen Sinn machen«, meinte Jürgen, der keine Lust auf eine Verfolgungsjagd mit einem alten Opel und Eva am Steuer hatte. »Der kommt doch von selbst wieder nach Hause.«

»Na, tolle Logik. Wenn alle Polizisten so denken würden, dann könnte der Staat eine Menge Sprit sparen.« Eva war irgendwie genervt von Jürgens Pragmatismus. Wieso hatte er denn so gar keine Abenteuerlust im Blut? So ein Langweiler. Der war doch eigentlich ganz gut in seiner Touristenbude aufgehoben.

»Dann mach du doch einen Vorschlag«, sagte Jürgen gereizt. »Du bist doch schließlich hier die Fachfrau. Ich pass ja nur auf dich auf.«

Eva wog in Sekundenschnelle ab. Wenn sie jetzt ausrastete, dann war der Tag gelaufen und sie könnten zurück zum Hotel fahren, bevor sie sich die Köpfe einschlugen. Sie atmete tief ein und aus. Wo war eigentlich das schöne Gefühl von gestern Abend geblieben?

»Ich würde sagen, wir gucken uns jetzt einfach mal ein bisschen beim Haus um«, schlug Eva mit zusammengepressten Zähnen vor.

»Von mir aus«, sagte Jürgen und stellte seinen Kaffeebecher auf dem aufgeklappten Handschuhfach ab.

Die beiden stiegen aus dem Wagen und liefen zum Haus. Eva klingelte dreimal mit kurzen Pausen. Als sich auch nach zehn Minuten nichts tat, lief sie ums Haus herum.

»Wo willst du hin?«, fragte Jürgen und blieb wie angewurzelt stehen.

»Ich muss jetzt wissen, was da drin los ist. Nun komm schon.«

Jürgen sah sich ein paarmal um und lief dann hinter Eva her, die bereits um die Hausecke verschwunden war. Als er bei ihr ankam, machte sie sich bereits an der Verandatür zu schaffen.

»Spinnst du jetzt total«, fuhr er sie an. »Das ist Einbruch.«

»Nenn es, wie du willst«, antwortete Eva knapp. »Ich will da jetzt rein.« Sie merkte, dass sie mit der Verandatür nicht weiterkam, und ließ ihren Blick über die Hauswand wandern. »Guck mal, so hoch, ist der Balkon eigentlich gar nicht.« Sie lief ein Stück weiter. »Wenn du mich hochhebst, dann komme ich vielleicht an den Rand und kann mich hochziehen.«

»Ich soll was?«, rief Jürgen aus. »Hochheben? Dich?«

Pikiert zog Eva den Bauch ein. »Na, du wirst das ja nicht machen, also muss ja wohl ich ... und Jürgen, wenn dir jemals etwas an mir gelegen hat, dann hilfst du mir jetzt da rauf.« Böse sah sie ihn.

Pflichtschuldigst faltete Jürgen seine Hände und bot ihr diese als Trittbrett an. »Versuch's mal, indem du da reinsteigst.«

»Na also, geht doch«, sagte Eva. Sie band ihren Schal ab und legte ihn in Jürgens Hände. »Damit ich die zarte Haut nicht zu sehr strapaziere«, sagte sie spitz und setzte ihren rechten Fuß hinein. Mit der rechten Hand stützte sie sich an seiner Schulter ab, während ihre Linke sich dem Rand des Balkons entgegenreckte. »Nun los heb mich hoch«, kommandierte sie.

Jürgen stöhnte und ächzte. Er drückte, so gut es ging, Eva in die Höhe.

»Mein Gott, du musst mich auch gerade halten, sonst wird das nichts.« Evas Nägel kratzten über den Beton. Immer wieder versuchte sie, die Eisenstande, die als Umrandung angebracht war, zu erreichen. »Nur noch ein paar Zentimeter, ich habe es gleich geschafft.«

Jürgen drückte und hob, presste Luft in seinen Brustkorb, so dass sein Gesicht rot anlief.

»Ich hab's«, rief Eva aus. Ihre linke Hand krallte sich um das kalte Metall. Ihr Gewicht lastete damit nicht mehr komplett in Jürgens Händen, so dass er durchatmen konnte. »Und jetzt musst du mir noch einmal einen guten Schub geben, damit ich auch mit der rechten Hand halt finde«, sagte Eva keuchend. Zack. Das hatte geklappt. »Und jetzt drück einfach meinen Po nach oben«, forderte sie auf. Jürgen entfaltete seine frei gewordenen Hände und sah, wie Eva an der Stange baumelte. Wären sie hier nicht auf Verbrecherjagd gewesen, spätestens in diesem Moment hätte ihn ein gewaltiger Lachkrampf geschüttelt. Doch er riss sich zusammen. Wenn er jetzt passte, dann würde sie ihm das nie und nimmer verzeihen. Und nun ja, der Gedanke, jetzt an ihren Po zu dürfen, zauberte dann doch ein kleines Lächeln auf sein Gesicht, das Eva zum Glück nicht sehen konnte.

»Nun mach doch endlich«, schimpfte Eva. »Ich bin doch kein Affe, ewig kann ich mich hier nicht halten.«

Jürgen packte zu. Er nahm Evas Po in beide Hände und schob so ihren Körper hoch und höher. Unter Seufzern schaffte Eva es schließlich, ihren Körper über den Rand des Balkons zu hieven. Mit einem Poltern kam sie auf der anderen Seite auf dem Boden an.

»Nun sei doch nicht so laut«, flüsterte Jürgen. Er ließ seinen Blick in die Runde wandern. Das ganze Grundstück war von einem blickdichten Baumgürtel umrandet. Zusätzlich waren Wände gezogen, die von Efeu und anderen Kletterpflanzen bewuchert wurden. Also, selbst wenn dahinter Nachbarn beim Frühstück sein sollten, sie hätten garantiert nichts mitbekommen. Er hörte, wie Eva sich an einem Fenster zu schaffen machte. »Und kannst du rein?«, fragte er.

»Ich weiß nicht.« Eva beugte sich über den Balkon zu Jürgen. »Aber die Balkontür ist auf kipp gestellt. Ich hab mal bei Aktenzeichen gesehen, wie die Gauner das machen. Eigentlich muss es ganz einfach sein, so ein Fenster zu öffnen.« Sie verschwand wieder aus seinem Blickfeld.

Wenn das bloß gut geht, dachte Jürgen. Er sah sich bereits mit Eva, wie sie in Handschellen abgeführt und nach Guantanamo verfrachtet würden.

»Ich hab's«, rief Eva von oben.

Er hörte, wie sie im Haus verschwand. War es wirklich so einfach, in Häuser einzubrechen? Er hätte zumindest mit einer Alarmanlage gerechnet bei so einem Anwesen. Aber um Eva nicht noch mehr zu verärgern, hatte er davon lieber gar nicht erst angefangen, als sie nach oben kletterte. Jetzt hörte er nichts mehr von ihr. Was war, wenn der Besitzer es sich anders überlegt hatte, und jetzt schon wieder nach Hause kam? Auf leisen Sohlen schlich Jürgen um die Hausecke. Es schien alles ruhig. Er postierte sich so, dass er vorne die Einfahrt und die Straße im Blick hatte und auch die hintere Front im Augenwinkel sah. So fühlte es sich also in Evas Job an. Für ihn wär das nichts gewesen. Ewig diese Adrenalinschübe. Eigentlich wohnen die beiden ganz schön hier, dachte er, um sich die Zeit zu vertreiben. Der Rasen war englisch angelegt und die Beete farblich aufeinander abgestimmt. Hier wurden die Pflanzen nicht sich selbst überlassen. Während er seine Gedanken also um die Botanik kreisen ließ, fiel Eva von einer Ohnmacht in die nächste. Kurz darauf kam sie wie von der Tarantel gestochen und die Hausecke gerannt.

»Wir müssen hier weg!«, rief sie, als sie auf Jürgen zugestürzt kam. »Los, schnell.«

»Aber was ist denn los?«, fragte er und sah nur noch, wie sie an ihm vorbeirauschte und zum Wagen lief. Er nahm die Beine in die Hand und folgte ihr. Er konnte gerade noch rechtzeitig seinen rechten Fuß einziehen und die Tür zuknallen, bevor Eva mit Vollgas über die Straße schlitterte. Er hielt sich am Sitz fest, während die Reifen quietschten.

Erst nach ein paar Minuten nahm Eva den Fuß wieder vom Gas und hielt an einer Tankstelle an.

»Sie ist tot«, sagte sie und ihre Stimme zitterte.

»Maren?«

Eva nickte. Jürgen sah, dass sie Tränen in den Augen hatte. Er traute sich kaum, weiter nachzufragen.

»Soll ich uns einen Cognac holen?«, bot er an.

»Hm ...«, machte Eva und nickte.

Jürgen stieg aus und verschwand kurz darauf im Tank-Shop.

Jetzt ließ Eva ihren Gefühlen freien Lauf. Sie zog ein Taschentuch hervor und schnäuzte sich heftig. Sie war selbst überrascht, wie sehr ihr der Tod von Maren zusetzte. Damit hatte sie nicht gerechnet. Nicht mit dem Tod und auch nicht mit ihren überschwänglichen Gefühlen. Jürgen kam zurück und reichte ihr einen Flachmann. Sie stießen an und Eva spürte, wie die Flüssigkeit in ihrer Kehle brannte. Das tat verdammt gut.

»Magst du jetzt erzählen, was da drin los war?«, fragte Jürgen und schraubte noch eine kleine Flasche auf und reichte sie ihr.

Eva trank auch diese in einem Zug leer. »Sie liegt in einem Glassarg«, sagte sie und atmete geräuschvoll aus.

»Ein Glassarg?«, fragte Jürgen ungläubig.

Eva nickte. »Genauso wie Schneewittchen. Sie sah so schön aus. Als ob sie nur schlafen würde ... es war alles so unwirklich.«

Jürgen verstand kein Wort von dem, was Eva da erzählte. Ob ihre Fantasie mit ihr durchging?

»Er hat sie umgebracht«, sagte Eva, »und wir hätten es vielleicht verhindern können.«

»Übertreibst du jetzt nicht ein wenig?«, fragte Jürgen vorsichtig. »Du bist doch nicht für alles verantwortlich, was geschieht.«

»Danke«, sagte Eva zu seiner Überraschung. »Ich weiß, dass du es gut meinst. Es ist nur ... ich hatte einfach gehofft, dass wir einen Mann zur Rede stellen, der versucht hat, mich umzubringen. Aber doch nicht, dass ich eine Leiche finde.«

Jürgen griff nach ihrer Hand und Eva zog sie ausnahmsweise nicht weg.

»Wenn das so ist, dann sollten wir jetzt aber wirklich die Kollegen vor Ort informieren, meinst du nicht?«

Eva nickte. »Magst du weiter fahren, ich glaub, ich schaff das jetzt einfach nicht. Du hättest sie sehen sollen. Sie sah so glücklich aus.«

Bevor sie wieder ganz in sich zusammenfiel, nahm Jürgen die Zügel in die Hand. Er stieg aus und lief um den Wagen herum und öffnete die Fahrertür.

»Komm«, sagte er nur und bugsierte sie zur Beifahrerseite.

Auf der Polizeiwache, die sie kurz darauf ansteuerten, schickte man sie eine Etage höher zu den Kriminalbeamten. Schnell war ein Team zusammengestellt, das gemeinsam zum Haus von Walter Bertrusch fuhr. In der ganzen Aufregung fragte niemand danach, wer Jürgen war. Eva schilderte auf der Fahrt nach Bergisch Gladbach, was sich in den letzten Wochen zugetragen hatte. Und auch den Anschlag auf sie, der sie ja erst nach Köln geführt hatte, ließ sie nicht unerwähnt. Die Kölner Kollegen nahmen ihr zwar ab, dass sie die Sache alleine in die Hand genommen hatte, weil sie von allem, aber nicht von Mord ausgegangen war. Trotzdem schüttelten sie heimlich hinter ihrem Rücken mit den Köpfen.

Das Haus war schnell umstellt und die Tür gewaltsam geöffnet, da niemand aufmachte. Die Einsatzkräfte rannten in den ersten Stock und Eva und Jürgen hinterher. Jürgen hielt sich vor Schreck die Hand vor den Mund, als er die junge Frau im Glassarg sah.

»Wie ein Engel«, murmelte er Eva ins Ohr. »Sie sieht aus wie ein schlafender Engel.«

Eva trat jetzt, wo sie keine Angst mehr vor dem Herrn des Hauses haben musste, näher an den Sarg heran. Maren, wenn es denn wirklich Maren war, trug ein weißes Kleid, das dezent im Sonnlicht schimmerte. Weich fließend umschloss der weiche Stoff ihren abgemagerten Körper. Ihre Hände lagen gefaltet auf ihrer Brust und in der Hand hielt sie einen Mistelzweig und eine rote Rose. Um den Hals war eine goldene Kette geschlungen, an der ein lächelnder Engel hing. Eva hatte das Gefühl, als ob Maren jeden Moment die Augen aufschlagen würde. Man würde den Deckel anheben und Maren würde aufstehen. Alles wäre nur ein großes Missverständnis gewesen. Doch was sollte daran misszuverstehen sein, wenn jemand in einem Sarg lag?

»Wir müssen jetzt die Spuren sichern«, sagte der Kölner Kommissar und schob Eva vorsichtig beiseite. »Und du solltest nochmal mit auf die Dienststelle kommen und alles zu Protokoll geben.«

Eva nickte. »Natürlich«, sagte sie matt. »Ihr müsst ihn festnehmen.«

»Aber sicher«, sagte der Kommissar. »Es sind bereits Kollegen auf dem Weg zu ihm.«

Als Eva alles zu Protokoll gegeben hatte, bestand sie darauf, bei dem Verhör von Walter Bertrusch anwesend zu sein. Schließlich war sie es gewesen, die maßgeblich zu seiner Festnahme beigetragen hatte. Wenn auch auf nicht ganz konventionellem Wege, wie sie bereitwillig einräumte.

Mittlerweile war auch bekannt, dass Jürgen eher weniger mit der Polizeiarbeit zu tun hatte, doch man ließ ihn gewähren.

Es dauerte keine Stunde, und Walter Bertrusch wurde in Handschellen in die Dienststelle gebracht.

»Herr Bertrusch, Sie sind hier, weil Sie verdächtigt werden, ihre Verlobte Maren Ritter ermordet zu haben«, begann der Kommissar mit dem Verhör. Betrusch sah nicht einmal auf. »Haben Sie dazu nichts zu sagen?«, hakte der Kommissar nach. Wieder nichts. »Sie können auch gerne einen Anwalt hinzuziehen.«

»Ich habe Ihren Ring auf Langeoog gefunden«, mischte sich Eva kurzerhand ein. Sie hatte Walter Bertrusch als den Mann identifiziert, der sich ihr auf der Insel als Axel Weiland präsentiert hatte. Das Gesicht von Walter Bertrusch hellte auf. »Es war am Strand vor einigen Wochen. Ich habe dort gesessen und aufs Meer gesehen, genauso, wie sie es einmal mit Maren gemacht haben, stimmt's?«

Walter Bertrusch schüttelte kaum sichtbar mit dem Kopf.

»Sie waren also nicht mit Maren auf Langeoog?«, fragte sie noch einmal nach. »Waren Sie vielleicht alleine dort?«

Walter Bertrusch nickte.

»Und warum waren Sie alleine dort? Maren hätte doch mit Ihnen fahren können?«

Walter Bertrusch schüttelte mit dem Kopf, sagte aber weiterhin nichts.

»Das müssen Sie mir jetzt aber erklären, Herr Bertrusch. Sie fahren auf eine der schönsten Inseln Ostfrieslands und lassen Ihre Verlobte zuhause? So etwas macht man doch eigentlich nicht, wenn man frisch verliebt ist.«

Der Beschuldigte zeigte keinerlei Regung. Eva wunderte sich über sein Verhalten. Eigentlich war es üblich, dass Verdächtige sich in ein wildes Lügenwerk verrannten, bevor man ihnen dann die Schlinge um den Hals legte. Doch dieser Mann vor ihr, er schien völlig unbeteiligt. Fast schon sah er ein wenig erleichtert aus, dass endlich alles ans Licht gekommen war. Er wirkte völlig entspannt.

»Und was ist mit Esens?«, fragte Eva weiter. »Wir haben nämlich auch dort einen Ring mit dem eingravierten Namen *Maren* gefunden. Und das hat uns doch sehr verwundert. Es ist doch nicht üblich, dass man mit seiner Verlobten immer wieder den gleichen Ring tauscht. Oder haben sie diese etwa alle verloren und immer wieder Neue gekauft?«

Walter Bertrusch sah kurz auf. Blickte von einem zum anderen und senkte wieder den Kopf.

»Wie viele Ringe werden wir denn noch finden?«, fragte Eva. »Und warum haben Sie versucht, mich wegen des Rings auf Langeoog umzubringen? Warum waren Sie unter falschem Namen dort?« Ihr fielen noch viele weitere Fragen ein, doch irgendwie hatte sie das Gefühl, in Wirklichkeit gar nicht zu ihm hindurchdringen zu können. Alles schien an ihm abzuprallen. Er hätte doch wenigstens versuchen können, sich zu verteidigen, herauszureden oder wenigstens einen Anwalt kommen zu lassen. Doch von all dem geschah nichts. Er saß nur da und blickte auf seine Hände.

»Sie haben Maren doch geliebt«, sagte Eva, »warum haben Sie sie umgebracht? Also, wenn ich jemanden lieben würde, dann wäre doch Mord das Letzte, was mir in den Sinn käme. Was hat Maren falsch gemacht? Hat sie Sie etwa betrogen? Gab es einen anderen und sie wollte Sie verlassen?« Lauernd sah sie ihm ins Gesicht.

»Ja, ich vermute sogar sehr stark, dass es so gewesen ist. Eine so junge und wunderschöne Frau wie Maren und dann Sie. Ein Mann, mindestens zehn Jahre älter und nun ja, entschuldigen Sie, wenn ich so offen bin, aber Sie sehen mir nicht danach aus, als ob eine junge Frau besonders viel Spaß mit Ihnen haben könnte. Und dann kam ein anderer Mann, der Marens Herz im Sturm erobert hat. Er hat ihr all das gegeben, was Sie bei Ihnen nicht finden konnte. Wahre Liebe, jede Menge Spaß und ein neues Gefühl von Freiheit. Und Sie ... Sie konnten es einfach nicht ertragen. Konnten nicht mit ansehen, dass Maren endlich glücklich war, und dann haben Sie sie umgebracht!« Die letzten Worte spie Eva nur so aus. Ihre ganze Wut legte sie in ihren Vortrag und die eigene Verbitterung darüber, dass sie es nicht hatte verhindern können, dass das Leben dieser jungen Frau ausgelöscht worden war.

»Sie haben doch überhaupt keine Ahnung!«, schrie Walter Bertrusch plötzlich und ballte die Fäuste. »Ich habe Maren geliebt, wie ich noch keine Frau vor ihr geliebt habe. Und auch wenn Sie es nicht glauben können, sie hat mich auch geliebt.«

»Und warum ist sie dann tot?!«, schrie Eva zurück und der Kommissar blickte verständnislos von einem zum andern.

»Ich wollte sie nicht umbringen, ich wollte doch nur eine perfekte Frau.«

»Eine perfekte Frau? Und Sie glaubten, Maren würde perfekt, wenn sie tot wäre?« Eva war fassungslos.

Walter Bertrusch schüttelte mit dem Kopf. »Nein ... ich weiß es nicht. Es ist einfach so passiert. Ich wollte sie doch gar nicht töten. Und ich wollte auch nicht, dass mein Hund stirbt. Immer passiert mir so etwas.«

Der Mann hatte ja Nerven, dachte Eva. Brachte seine Frau um und faselte nebenbei auch noch etwas von einem Hund. So gefühllos konnten doch nur Männer sein.

»Ich weiß nicht, von welchem Hund Sie sprechen«, sagte sie nur. »Wir haben keinen Hund im Haus gefunden.«

Walter Bertrusch lachte auf. »Das können Sie ja auch nicht. Er ist ja schon seit vierzig Jahren tot.«

Nun dreht er wohl völlig durch, dachte Eva.

»Und? Haben Sie den Köter auch umgebracht?«, fragte sie bewusst provokant.

Das erste Mal sah sie so etwas wie Gefühle in seinem Blick. »Das war mein Vater«, sagte er, »er hat meinen Hund getötet.«

»Aber da waren Sie doch noch ein Kind. Das hat doch mit Maren nichts zu tun. Damit können Sie sich jetzt nicht herausreden. Oder wollen Sie uns hier etwa erzählen, dass auch ihr Vater Maren umgebracht hat?«

»Nein«, sagte er nur. Dann fiel er wieder in seine Lethargie.

Eva wusste nicht genau, warum, aber irgendwie hatte, sie das Gefühl, dass sie jetzt näher an ihn herankam. Irgendetwas war in den letzten Minuten geschehen und alles hatte mit einem Hund und mit seiner Kindheit zu tun. Wie übrigens das meiste, was Menschen im Erwachsenenalter zu Mördern machte. Es bestätigte sich doch immer wieder.

»Sie geben jetzt also zu, dass Sie Maren getötet haben«, fuhr Eva mit der Befragung fort. Der Kölner Kollege hatte es mittlerweile aufgegeben, sich in irgendeiner Form einzumischen. Denn Eva machte ihre Sache verdammt gut. »Dann müssen Sie uns jetzt nur noch sagen, warum, wann und wie Sie es gemacht haben. Und dann sind wir hier auch schon fertig und Sie wandern für den Rest ihres Lebens in den Knast.« Sie stand vom Stuhl auf, um ihre Ausführungen zu untermauern.

Walter Bertrusch faltete die Hände ineinander. »Ich habe Maren geliebt. Mehr als mein Leben. Ich wollte ihr nicht weh tun, sie sollte nur perfekt sein.«

»Das sagten Sie schon ...«

Er sah auf und Eva direkt ins Gesicht. »Sie haben ja keine Ahnung, wie es ist, wenn man in der ständigen Angst lebt, einen geliebten Menschen zu verlieren.«

Eva antwortete nicht.

»Ich habe alles für Maren getan. Ich habe sie auf Händen getragen.«

»Das hört sich aber nicht unbedingt nach einem Grund an, sie kaltblütig umzubringen«, sagte Eva mit wütendem Unterton. Ihr ging das Gefasel des Mannes gehörig auf die Nerven. Was erwartete er? Etwa Mitleid? Nur weil sein Vater seinen Köter getötet hatte? So langsam reichte es ihr.

»Warum haben Sie den Ring auf Langeoog vergraben?«, fragte sie plötzlich einer Eingebung folgend. »Es war doch Ihr Verlobungsring, oder?«

Walter Bertrusch nickte.

»Also, warum?«

»Es war doch unser Jahrestag«, sagte er leise.

»Was hat das damit zu tun. Ich verstehe nicht, was Sie meinen. Könnten Sie sich vielleicht etwas deutlicher ausdrücken, damit auch dumme Polizistinnen wie ich Sie verstehen können? Was meinen Sie damit, es war Ihr Jahrestag? Haben Sie den Ring etwa am elften Mai zweitausendvierzehn auf der Insel vergraben?«, fragte sie.

»Ja, genau. Vor fast einem Jahr.«

Evas Hirn arbeitete fieberhaft. Wenn es stimmte, was er sagte, dann war Maren vielleicht schon tot gewesen zu dem Zeitpunkt. Und er war eiskalt alleine auf die Insel gefahren und hatte dort zur Feier des Tages den Ring mit ihrem Namen verbuddelt. War das noch normal?

»Sie wollen mir hier also allen Ernstes erzählen, dass Sie Ihre Verlobte umgebracht haben im letzten Jahr, und dann frohgelaunt in den Urlaub gefahren sind?«

»Nein, so war es nicht.«

»Aber wie war es dann? Nun spucken Sie es doch endlich aus?«

Während Eva auf eine Antwort wartete, kam ihr noch ein ganz anderer Gedanke. Und sie hatte Angst davor, ihn zu Ende zu spinnen. Konnte es vielleicht möglich sein, dass Maren auch bereits zweitausendsechs, als man den Ring in Esens gefunden hatte, nicht mehr am Leben gewesen war? Ihr Herz machte einen Satz, als sie sich an das Szenario mit dem Sarg erinnerte. War Maren vielleicht schon viele Jahre tot? Als er nicht antwortete, fuhr sie fort.

»Wann haben Sie Maren umgebracht? Es war nicht erst im letzten Jahr, richtig?«

Walter Bertrusch nickte. »Es ist schon viele Jahre her«, sagte er.

Eva wurde fast übel bei dem Gedanken, dass die Frau, die sie vorhin im Glassarg gesehen hatte, schon viele Jahre darin lag. Und sie sah aus, als wäre sie gerade eingeschlafen. Was hatte er mit Maren gemacht, nachdem er sie umgebracht hatte? Etwa einbalsamiert? Das Blut abgesaugt und durch Formaldehyd ersetzt? Ihr Magen drehte sich um. Wenn sie das nachher Jürgen erzählte, würde er nie wieder bei einer Ermittlung dabei sein wollen.

»Wollen Sie uns nicht endlich erzählen, wie es passiert ist?«, mischte sich der Kölner Kollege ein, der sah, wie Eva sich wand. »Wir bekommen es doch sowieso heraus, wenn wir den Leichnam untersuchen. Also erzählen Sie und umso eher sind Sie hier fertig.«

Walter Bertrusch sah von einem zum anderen, so als überlege er, wie viel von seiner Wahrheit er preisgeben dürfe. Doch er musste auch wissen, dass sein Leben zerstört war, so oder so. Wenn es nicht sogar schon vor vielen Jahren begonnen hatte, als sein Vater seinen Hund getötet hatte.

»Ich werde Ihnen jetzt alles erzählen«, sagte er schließlich, »das bin ich Maren schuldig.«

Es begann die Erzählung einer langen Geschichte einer großen Liebe, die mit dem Jahreswechsel ins nächste Jahrtausend seinen Anfang genommen hatte. Maren war zu der Zeit in Trier und studierte dort Architektur. Sie war mit einer Freundin zu einer Silvesterfeier von Studienkollegen gegangen, auf der die beiden sich unendlich langweilten. Also beschlossen sie, durch die Kneipen zu ziehen. In einem urigen Lokal trafen sie auf Walter. Es hatte ihn als Verwaltungsangestellter beruflich von Köln nach Trier verschlagen, erzählte er ihnen. Eva zählte eins und eins zusammen. Vermutlich war er über seine Verbindung zur Verwaltung an die Information gekommen, dass nach einer Maren gefahndet wurde. An diesem Silvesterabend war er alleine unterwegs, weil eine langjährige Beziehung einige Monate vorher in die Brüche gegangen war. Marens Freundin merkte bald, dass Walter nur Augen für ihre Freundin hatte. Gegen ein Uhr verabschiedete sie sich mit einem Augenzwinkern. Keine drei Monate später zog Maren bei Walter ein.

Während er erzählte, wurde Walter Bertrusch immer wieder von einem Schütteln erfasst. Er habe Maren doch so geliebt. Und er hätte alles für sie getan, beteuerte er immer wieder.

»Das erstaunt mich jetzt doch ein wenig«, sagte Eva. »Schließlich haben sie Ihre Verlobte ermordet. Wie können Sie da von großer Liebe faseln. Das Einzige, was Sie ihr angetan haben, ist ein qualvoller Tod.«

»Sie verstehen nicht ...«, sagte Walter Bertrusch unter Tränen.

»Muss ich das denn verstehen, wenn jemand einem anderen Menschen das Leben nimmt? Ich glaube eher nicht.«

»Aber ich wollte das doch nicht ...«

»Wer hat Sie denn verdammt noch mal gezwungen?«

Walter Bertrusch vergrub sein Gesicht in den Händen und wischte sich die Tränen weg. Fast hätte Eva wirklich Mitleid mit diesem Mann bekommen, doch sie rief sich immer wieder das Bild von Maren in dem Glassarg in Erinnerung zurück. Und schon war sie wieder bereit, diesem Mann den Hals umzudrehen.

»Tun Sie uns allen einen Gefallen und sagen Sie uns, wann und warum Sie Maren kaltblütig ermordet haben«, forderte Eva böse.

Walter Bertrusch schnäuzte sich. »Es fing damit an, dass wir meine Eltern besucht haben«, begann er wieder. »Sie haben sich gefreut, dass ich eine so nette junge Frau kennen gelernt habe.«

Eva machte große Augen. »Und weiter ...«

»Sie haben uns übers Wochenende eingeladen ... und danach war alles plötzlich anders. Mein Vater, er ... also, meine Mutter hat mir das später erzählt, dass mein Vater, nun Sie müssen wissen, er ist sehr konservativ. Er hatte ein Problem damit, dass Eva studierte, dass sie ein eigenes Leben führen wollte. Seiner Meinung nach hätte sie nach Hause an den Herd gehört, so wie meine Mutter.«

Eva lief im Verhörraum auf und ab. »Entschuldigen Sie, wenn ich nochmal nachfrage«, sagte sie in sarkastischem Ton. »Habe ich das richtig verstanden, dass Sie Maren umgebracht haben, weil Ihr Vater nicht mit ihren beruflichen Zielen einverstanden war?«

Walter Bertrusch schüttelte mit dem Kopf. »Nein, so war es nicht ... es ... ach, ich weiß ja auch nicht, wie ich es erklären soll. Es war so ein Gefühl. Ich hatte Angst.«

»Himmel Herrgott nochmal, mir reißt gleich der Geduldsfaden«, polterte Eva.

Walter Bertrusch zuckte zurück. War er am Ende gar kein bösartiger Killer, sondern war ein ängstlich schreckhafter Typ? Hatte er auch vor seinem Vater Angst gehabt als Kind und hatte sich diese Angst bis ins Erwachsenenalter manifestiert?

»Sie hatten Angst vor Ihrem Vater, oder?«, fragte sie instinktiv.

Walter Bertrusch nickte.

»Hat er Sie geschlagen als Kind?«

»Manchmal ... aber meistens hat sich meine Mutter zwischen uns gestellt.«

»Dann war da noch etwas anderes«, mutmaßte Eva. »Hat er Sie womöglich missbraucht?«

Abwehrend hob Walter Bertrusch die Hände. »Oh nein, bitte denken Sie das ja nicht. So war es nicht.«

Dann konnte es doch nur noch die Psyche sein, die einen Knacks bekommen hatte, dachte Eva. War Walter Bertrusch ein Psychopath? Vermutlich, wenn er jahrelang mit seiner toten Frau im gleichen Haus lebte, als sei nichts geschehen.

»Was hat ihr Vater mit Ihnen gemacht?«, fragte Eva plötzlich in versöhnlicherem Ton. »Hat er Sie in den dunklen Keller gesperrt?«

Er schüttelte wieder mit dem Kopf. »Er hat mir meinen Hund weggenommen«, sagte er schließlich und wand sich wieder vor Kummer.

»Ihren Hund? Was war damit? Warum hat er Ihnen den Hund weggenommen?«

Walter Bertrusch rieb sich über die Augen. »Ich war in der Grundschule«, sagte er mit bebender Stimme. »Die Eltern meines Schulkameraden hatten einen Hund, der Welpen hatte. Mein Freund hat mir einen geschenkt. Als ich damit nach Hause kam, hat mein Vater ...«, er schluchzte, »mein Vater hat ihn mit in den Garten genommen. Ich habe ihn nie wieder gesehen.«

Eva runzelte die Stirn. Ein Hundewelpe im Garten. Das konnte nur eines bedeuten. Er hatte das Tier erschlagen und begraben. Wie grausam konnten Menschen sein. Kein Wunder, dass dieser stattliche Mann einen Knacks fürs Leben bekommen hatte.

»Und Sie wollen mir jetzt erzählen, dass Sie Maren wegen dieses Hundewelpen umgebracht haben?«

»Ich hatte Angst, dass mein Vater mir Maren auch wegnimmt und ich sie nie wiedersehe. Mein Vater hat mir alles weggenommen, was mir jemals etwas bedeutet hat, wenn es in seinen Augen nicht wertvoll genug war. Meine Mutter hat mir später erzählt, dass er meinen Hund mit einer Schaufel erschlagen hat. Einfach so. Und dass nur, weil er nicht reinrassig war. Ein Mischling war in seinen Augen nichts wert. Und so ging es mit anderen Dingen weiter. Wenn ich meiner Mutter Blumen von der Wiese mitbrachte, wurden sie sofort entsorgt. Wenn ich eine schlechtere Note als eine Drei nach Hause brachte, war der Teufel los. Er sagte immer, wenn du nicht aufs Gymnasium kommst, dann hast du in meinem Haus nichts mehr zu suchen.« Walter Bertrusch redete sich jetzt alles von der Seele, schien es Eva.

»Und Sie glaubten also, dass Ihr Vater Ihnen auch Maren wegnehmen könnte, weil sie in seinen Augen keine richtige Frau, Ehefrau oder Hausfrau war, richtig?«

»Genau das habe ich gedacht«, sagte er leise. »Ich musste doch dafür sorgen, dass Maren perfekt war. Ich habe versucht, ihr das Leben zuhause so angenehm wie möglich zu machen.

Vielleicht wäre sie irgendwann sogar bereit gewesen ... aber sie hat sich gesträubt.«

»Wer will ihr das verdenken«, sagte Eva kopfschüttelnd. »Wer lässt sich denn gerne das eigene Leben verbieten?«

»Ich wollte das ja auch gar nicht. Aber ich wollte sie auch nicht verlieren. Ich habe noch nie eine Frau so geliebt wie Maren. Und als ich spürte, dass sie unglücklich wurde, weil ich ihr Dinge verboten habe, da sind wir einfach nicht mehr zu meinen Eltern gefahren. Sie hat das nicht verstanden, woher auch? Und ich konnte ihr den Grund nicht erklären.«

»Wie haben Sie sie umgebracht?«, fragte Eva.

»Ich habe ihr eine Überdosis Schlaftabletten verabreicht, sie ist einfach eingeschlafen und ...«

»Nicht wieder aufgewacht«, vollendete Eva matt. »Wie konnten Sie all die Jahre mit einer Toten leben?«

»Für mich war Maren nicht tot. Sie war perfekt und niemand konnte sie mir mehr wegnehmen.«

Eva war fassungslos. Sie hatte es schon mit vielen üblen Typen zu tun gehabt, aber Psychopathen waren noch nicht so viele darunter gewesen.

»Und warum haben Sie sich jedes Jahr einen neuen Ring anfertigen lassen und den alten weggeworfen?«

»Das war eher ein Zufall und wurde dann zu einem Ritual«, sagte Walter Bertrusch. »Einen Ring habe ich verlegt, ich weiß gar nicht mehr wo. Also war ich in der Verlegenheit, einen Neuen zu brauchen. Als Maren ... nun, als sie nicht mehr lebte, habe ich uns jedes Jahr neue Ringe machen lassen zu unserem Jahrestag.

In diesem Jahr wollte ich sie endlich heiraten, deshalb habe ich einen Brillanten aufsetzen lassen auf ihren Ring.«

»Und die alten Ringe haben Sie dann in alle Welt verstreut?«

»Nein, ich habe mit Maren einen Ausflug gemacht ... in Gedanken war sie immer bei mir. Und weil sie eine geborene Ostfriesin war, habe ich auch einen auf Langeoog vergraben. Hätten Sie ihn bloß nie gefunden, dann wäre noch immer alles perfekt.«

»Abführen«, sagte Eva. »Ich habe genug für heute.«

Von den Kölner Kollegen erfuhr sie, dass man bei Maren im Glassarg neun goldene Ringe gefunden hatte. Der Erste datierte vom elften Mai aus dem Jahr 2005. Sie verabschiedete sich von den Kölner Kollegen und ging mit Jürgen in ein Restaurant in der Innenstadt. Dort berichtete Sie ihm in groben Zügen von dem, was Walter Bertrusch getan hatte.

»Der ist ja komplett verrückt«, stellte Jürgen fest. »Der wandert sicher nicht in den Knast, sondern in eine Klapsmühle.«

»Kann sein«, sagte Eva. »Aber letztlich kann es uns egal sein. Es gibt nichts, was Maren wieder lebendig machen würde. Ich weiß nicht, ob ich diesen Anblick von ihr jemals wieder vergessen kann.«

Am nächsten Morgen brachen sie sehr früh auf, um nach Esens zu fahren und Klara den Wagen zurückzubringen. Die Einladung, doch noch ein paar Tage zu bleiben, lehnten sie dankend ab. »Ich muss nötig wieder auf die Insel«, hatte Eva gesagt. »Ich brauche frische Luft.«

Wieder auf der Insel

»Endlich wieder Wasser zwischen mir und dem Festland«, freute sich Jürgen, als die Fähre vor Langeoog anlegte.

»Ja, es tut wirklich gut. Diese Ruhe ohne den Autoverkehr. Ich glaube, so schnell zieht es mich nicht mehr in eine Großstadt«, erwiderte Eva.

»Dann solltest du dir das nächste Mal einen Fall aussuchen, bei dem du auf der Insel bleiben kannst.«

»Das hieße dann ja, dass hier ein Mord passieren müsste. Würde dir das etwa gefallen?«

Jürgen zuckte mit den Schultern und lachte. »Solange es mich nicht trifft.«

»Galgenhumor ist wohl immer noch der Beste.«

Sie liefen gemeinsam zur Touristinfo.

»Wie geht es denn jetzt weiter?«, fragte Jürgen, bevor er in den Laden ging.

»Womit?«

»Na, ich meine mit uns.« Jürgen trat verlegen von einem Bein aufs andere. »Nach dem, was wir alles zusammen erlebt haben in den letzten Wochen, meine ich. Ich hab dich sogar auf Händen getragen.«

»Fang bloß nicht damit an«, wehrte Eva ab. »Da mag ich ja nicht mal dran denken. Ich glaube, es geht am besten weiter wie bisher. Du hast deine Touristinfo und ich habe meine Dienststelle.«

»Darüber reden wir heute Abend am besten bei einem Glas Rotwein«, ließ Jürgen nicht locker. »Ich hol dich um acht zuhause ab.«

Kopfschüttelnd lief Eva davon. Dass Männer auch aus Mücken immer gleich einen Elefanten machen mussten.

Einige Wochen waren vergangen. Eva hatte sich bereits wieder an das Inselleben gewöhnt. Und es war mehr als das, sie genoss die friedliche Stille. Vielleicht war die Entscheidung, nach Langeoog zu ziehen, doch gar nicht so schlecht gewesen, dachte sie, als sie am Strand entlanglief. Hier hatte sie den Ring gefunden und damit war sie auch zu ihrem ersten Fall auf der kleinen Insel gekommen, der sie selbst in Gefahr gebracht hatte. Aber das gehörte zu ihrem Job als gute Polizistin. Sie zog ihre Sandalen aus und spürte den weichen Sand unter ihren Füßen. Sie atmete tief ein und schloss die Augen. Das Meer roch nach weiteren Abenteuern, die sie noch zu bestehen hatte.

ENDE

Justitias Schwäche Band 02

Die Sommersaison neigt sich auf Langeoog dem Ende. Eva Sturm wähnt sich bereits bei langen Winterabenden vor dem Kamin oder beim Italiener mit Jürgen. Doch dann meldet sich der Briefmarkenverein Ostfriesland-Papenburg für ein verlängertes Wochenende im Oktober an. Und ausgerechnet Jürgen hat sich die Organisation dieses Events unter den Nagel gerissen und spannt Eva natürlich mich ein. Sie soll sogar eine Rede beim Gala-Dinner halten.

Spannend wird die Sache für sie aber erst, als ein Sammler in einem Umschlag wertvolle Marken bei ihr in einem Safe hinterlegt. Und dann liegt nach dem Gala-Dinner auch noch Dieter Wattjes aus Moormerland tot auf seinem Hotelbett.

Steckt Eifersucht oder Geldgier hinter dem brutalen Mord? Und was hat eine Anwältin aus Loga mit der ganzen Sache zu tun?

Wolken über Langeoog

Der Himmel wollte gar nicht mehr aufreißen an diesem Morgen. Dunkel schoben sich schwere Wolken über den Horizont.

Eva Sturm lag noch im Bett und sah dem Schauspiel durch das Schlafzimmerfenster zu. Sie fühlte sich so träge, dass sie es einfach nicht schaffte, aus dem Bett zu steigen. Der Sommer neigte sich langsam dem Ende, und ihr schwante bereits, dass es ein langer Winter werden würde.

Es wäre der Zweite für sie. Im letzten Herbst war sie nach Langeoog versetzt worden. Es kam ihr wie eine halbe Ewigkeit vor. Sie hatte sich mit der Langsamkeit in Ostfriesland angefreundet. Nachmittags trank sie gerne mit Bekannten oder auch alleine ihren Ostfriesentee. Immer mit einem Kandis und dem Sahnewölkchen. Und das rächte sich so langsam. Hatte sie im Frühjahr noch gehofft, im Sommer in Badekleidung am Strand liegen zu können, so schrieb sie diesen Traum jetzt erstmal für die nächsten Jahre ab. Denn zum Tee passten auch immer ganz hervorragend die leckeren Kekse aus ihrer Lieblingsbäckerei.

Sie strich sich über den Bauch und ärgerte sich. Wie sollte sie die überflüssigen Pfunde bloß wieder loswerden? Und dazu noch dieser trübsinnige Himmel. War es da ein Wunder, dass man sich lieber die Decke über den Kopf zog und im Bett blieb? Sie lugte zu ihrem Wecker, der gleich neun Uhr anzeigte. Ob sie wollte oder nicht, sie musste sich langsam berappeln. Schließlich war sie gleich mit Jürgen von der Touristinfo zu einer ersten

Besprechung verabredet. Und das Thema war mindestens genauso langweilig, wie das Wetter. Da hatten sich doch tatsächlich Briefmarkensammler für ein Treffen ausgerechnet ihre Insel ausgesucht. Und Jürgen, der die Betreuung dieses Events unter seine Fittiche genommen hatte, hatte sie um Unterstützung gebeten. Ausgerechnet Briefmarken, dachte Eva. Dass es so etwas überhaupt noch gab, dass jemand sich die Mühe machte, diese zu sammeln. Ja, als kleines Mädchen, da hatte es so etwas gegeben. Ihre Eltern hatten Alben, die voll waren mit vielen Exemplaren. Doch sie hatte nie verstanden, was daran nun so toll sein sollte.

Es nützte nichts, sie quälte sich aus dem Bett und stieg unter die Dusche.

Im Kühlschrank fand sie nur noch Käse, der sich aufrollte und einen Liter Milch. Wann hatte sie eigentlich das letzte Mal eingekauft? Was war nur los mit ihr? Ob das schon die Wechseljahre waren? Das hatte ihr gerade noch gefehlt. Sie schenkte sich Kaffee in einen Becher und kaute auf einem Knäckebrot herum, dass auch schon ein wenig schluff schmeckte. Als sie aus dem Fenster sah, war die Wolkendecke noch dichter geworden. Alles in ihr zog sich zusammen bei dem Gedanken, da jetzt raus zu müssen. Doch Jürgen wartete. Das war jetzt ihr einziger Antrieb.

»Guten Morgen«, sagte sie, als sie kurz darauf die Touristinfo betrat.

»Hallo Eva«, antwortete Jürgen. »Sag mal, willst du nach Schweden auswandern?«

»Wieso?«

»Na, so wie du eingepackt bist, da könntest du glatt bis zum Nordpol hoch. Ist dir denn so kalt?«

Eva machte eine wegwerfende Handbewegung. »Das kommt von innen.«

Jürgen ging nicht weiter darauf ein. Wenn Frauen etwas plagte, das von ganz tief innen kam, dann fragte Mann lieber nicht nach. Heraus kamen dann sowieso nur Diskussionen, wo er den Kürzeren zog, weil er sie wieder mal nicht verstand. Das war schon bei seinen Eltern so gewesen. Und bei vielen Paaren, die auf der Insel Urlaub machten, beobachtete er das oft, wenn sie tageweise getrennte Wege am Strand gingen. Er hatte auf so etwas keine große Lust.

»Ich hoffe, du hast ein wenig Zeit mitgebracht«, sagte er gutgelaunt. »Der Kaffee, und dazu frische Brötchen mit Käse warten auch schon auf dich.«

Der Duft war Eva gleich, als sie durch die Tür getreten war, in die Nase gestiegen.

»Das klingt gut«, rang sie sich ab, zu sagen. Sie wusste ja, dass er es gut meinte. Und er konnte auch nichts für ihre Melancholie.

Die beiden setzten sich an den Besuchertisch.

»Das macht schon verdammt viel Arbeit, so ein Event vorzubereiten. Wenn ich das gewusst hätte, dann hätte ich mir das nicht aufgehalst.«

Der Vorsitzende des Briefmarkenvereins hatte ihn um Mithilfe gebeten. In diesem Herbst wollten sich die Mitglieder aus Ostfriesland-Papenburg mal auf einer schönen ostfriesischen Insel treffen und die Wahl war auf Langeoog gefallen.

»Was macht dir denn da so zu schaffen?«, fragte Eva und biss in ein Käsebrötchen.

»Ach, ich weiß auch nicht. Andauernd klingelt das Telefon. Die Leute melden sich an und wieder ab. Mal ist der Kater gestorben oder die Großmutter muss ins Heim.«

»So schlimm?«, murmelte Eva und schlürfte ihren Kaffee. Es tat verdammt gut, so bedient zu werden. Vielleicht sollte sie jeden Morgen bei Jürgen frühstücken.

»Die sind ja teilweise auch schon ganz schön alt. Welcher junge Mensch interessiert sich schon für Briefmarken?«

»Wenn es die als App gibt, sicher schon«, sagte Eva und lachte.

»Tja, die Jugend von heute ...« Jürgen ordnete einen Stapel Papier, der auf dem Tisch lag. »Das sind Faxe und ausgedruckte E-Mails«, sagte er und seufzte. »Wenn das so weitergeht, dann brauche ich bald extra für diese Veranstaltung einen eigenen Ordner.«

»Du Ärmster«, grinste Eva. Ihr ging es wieder richtig gut.

»Ja, lach du nur, ich sitz jetzt mit dem Scheiß ...«

»Ach komm ... wie kann ich dir denn überhaupt helfen?«

»Wäre schon schön, wenn du dich um die Unterkünfte kümmern könntest«, sagte Jürgen versöhnlich. »Ich hab dir schon eine Liste zusammengestellt. Es gibt da Leutchen, die partout nicht mit diesem oder jenem Vereinsmitglied in einem Hotel untergebracht werden möchten.«

»Hab ich auch schon gehört, dass es in Vereinen nicht immer friedlich zugeht.« Eva war bester Laune und schnappte sich ein zweites Käsebrötchen. Sie pfiff auf Figur und Pfunde, es schmeckte einfach gut in Gesellschaft. »Wie viele Zimmer werden denn benötigt?«

Jürgen kratzte sich am Kopf. »Im Moment habe ich sechsundachtzig Anmeldungen, wobei auch Paare dabei sind. Aber hier, aus der Liste geht alles hervor.« Er reichte ihr ein paar Blätter Papier.

Eva studierte die Namen. Sie sagten ihr nichts. Doch darauf kam es im Moment ja auch nicht an.

»Okay, dann werde ich mich mal gleich auf den Weg machen. Steht hier eigentlich auch, wie lange das Ganze geht?«

»Ja da«, Jürgen tippte mit dem Finger auf Seite eins. »Vom neunten bis zum elften Oktober.«

»Drei Tage? Na, da haben die sich aber was vorgenommen. Da muss dann doch sicher auch ein Restaurant oder so etwas gemietet werden.«

»Ja stimmt. Auf jeden Fall für den Samstagabend. Da soll es ein gemeinsames Dinner geben. Ich habe mich schon darum gekümmert. Sie werden beim *Nordseehotel Kröger im Restaurant Verklicker* speisen.«

»Das klingt doch gut«, meinte Eva, die auch gerne dort einkehrte. »Und es können ja auch eine ganze Menge dort im Hotel unterkommen. Ich werde mal gucken, wie weit ich heute schon komme.«

»Danke, du bist mir damit schon eine große Hilfe«, sagte Jürgen.

Eva hörte genau den Unterton heraus, der ihr sagte, dass da noch mehr auf sie zukommen würde.

»Aber das war noch nicht alles, wobei du an mich gedacht hast, stimmt's?«

»Ne, da wäre noch eine Sache ... es gibt da ein paar Mitglieder, die besonders wertvolle Marken haben und die müssten natürlich sicher aufbewahrt werden.«

Eva rollte mit den Augen. Sie hatte geahnt, dass es so kommen würde. Doch sie hatte nicht mal einen Safe in ihrer kleinen Polizeistation. Wo also sollte sie damit hin?

»Ich weiß nicht, ob das so eine gute Idee ist«, sagte sie. »Ich kann die Dinger ja schlecht in meiner alten Teedose bunkern. Du weißt, dass ich in der Polizeistation keinen Safe habe, oder?«

»Nicht?«

Eva schüttelte den Kopf.

»Das ist ja doof. Ich habe es dem Vorsitzenden aber schon zugesichert, dass du dich darum kümmern wirst, dass ihre Schätzchen nicht wegkommen. Was nun?«

Eva zuckte mit den Schultern. »Vielleicht geht auch eine Bankfiliale?«

»Ach, viel zu umständlich. Und ich müsste dem Mann dann erklären, dass die Polizei auf Langeoog leider nicht mal Briefmarken sichern kann. Wäre das in deinem Sinne?« Er machte ein betretenes Gesicht. Er hatte Eva nicht in Verlegenheit bringen wollen.

»Gut, dass wir jetzt schon drüber gesprochen haben«, murmelte Eva. »Ich werde dann versuchen, von der Dienststelle Aurich Unterstützung zu bekommen. Vielleicht haben die ja einen Safe für mich, den sie mir für kurze Zeit zur Verfügung stellen können. Ich hoffe, du hast nicht mehr solcher Unwägbarkeiten für mich in deinem Eifer zugesagt, sonst ...«

»Ne, das war's eigentlich schon. Na ja, du müsstest natürlich auch bei dem Galaabend dabei sein. Das habe ich versprochen.«

»Was? Ich soll an dem Samstag den ganzen Abend mit sabbernden älteren Herren verbringen? Du spinnst wohl? Wie konntest du das machen?«

Eva war vor lauter Ärger aufgesprungen. Darauf hatte sie nun wirklich keine Lust. Was sollte sie denn mit den Leuten reden? So langsam schoss Jürgen wirklich übers Ziel hinaus.

Vorbereitungen

Sie hatte das letzte freie Einzelzimmer im *Nordseehotel Kröger* ergattert und legte auf. Es finde an diesem Wochenende ein großes Event auf Langeoog statt, hatte man ihr entschuldigend erklärt, denn eigentlich mietete sie, selbst wenn sie alleine reiste, lieber ein Doppelzimmer. Oder auch gerade, wenn sie alleine reiste, denn man konnte ja nie wissen, wen man an der Hotelbar alles traf. Es seien Briefmarkensammler, hatte die junge Frau von der Rezeption mit vielsagendem Unterton verraten. Als ob sie das nicht wüsste. Kleine dumme Gans. Doch sie hatte die Ahnungslose gespielt und war ein wenig in den Lästerton eingestiegen.

Es lief alles nach Plan. Das Wochenende Mitte Oktober gehörte ihr und ihrem eiskalten Plan. Alles war bis ins letzte Detail durchdacht. Die Falle musste nur noch zuschnappen.

Gutgelaunt setzte sie sich einen Kaffee an und sprang, während er durchlief, noch unter die Dusche. Anschließend rubbelte sie sich ab und sah in den Spiegel. Es würde ihm noch leidtun, dass er sie so behandelt hatte.

Während des Frühstücks las sie die Tageszeitung, doch sie konnte sich nicht so recht darauf konzentrieren. Würde er mit seiner Frau anreisen? Sie wusste, dass diese sich nicht die Bohne für Briefmarken interessierte. Doch wenn der Verein einen Ausflug machte, bestand natürlich die Gefahr, dass sie mitfuhr. Und das würde ihren ausgeklügelten Plan durchkreuzen. Sie musste sich da etwas einfallen lassen. Wie leicht wurde zum

Beispiel ein Radfahrer von einem herannahenden Autofahrer übersehen. Oder wie wäre es mit einer Stolperfalle? Ein gebrochener Knöchel oder ein Handgelenk würde sie bestimmt von einer Reise abhalten. Doch, es gab noch so einiges zu tun für sie. Und zum Glück hatte sie ja noch fast vier Wochen für die Vorbereitungen Zeit.

Sie sah auf ihre Armbanduhr. So langsam musste sie sich beeilen. Der erste Mandant würde sie in einer guten halben Stunde aufsuchen. Es war ein Mann, dessen Frau sich kurz vor der Silberhochzeit scheiden lassen wollte. Dabei würde er dann wohl auch seine Firma verlieren. Das bereitete ihm am meisten Sorgen. Typisch Mann, dachte sie. Welcher Typ wusste eine Frau denn überhaupt noch zu schätzen? Die langen blutrot lackierten Fingernägel ihrer rechten Hand bohrten sich in ihren linken Arm. Ritzten ihre Haut ein, bis Blut austrat. Sie spürte es nicht einmal. Zu übermächtig war ihre Lust auf Rache, so dass sie alles um sich herum vergaß.

Eine Woche später saß sie mit einem Grinsen in ihrem Esszimmer, als sie die kleine Notiz der Polizei Moormerland las. *Frau von Wagen erfasst. Sie kam mit starken Prellungen und einem gebrochenen Arm davon.* Sabine Wattjes würde wohl nicht nach Langeoog zum Treffen der Briefmarkenfreunde mitfahren.

Pizza mit doppelt Käse

Jürgen hatte es sicher nur gut gemeint, als er Eva das Buch über Briefmarken und seine Historie geschenkt hatte. Doch jetzt pfefferte sie das gute Stück an die Wand. Es war ihr verdammt egal, ob die schwarze *One Penny* das erste Wertzeichen war, das auf einen Brief geklebt wurde. Und dass das Ding keine Zacken hatte, geschenkt.

Ob ihre Gereiztheit am Wetter lag? Seitdem es Herbst war, fegte der Wind um die Häuser. Der Touristenrummel war vorbei und die Hotels und Restaurants freuten sich schon auf den nächsten Ansturm der Rentnerpaare und Eheleute ohne Kinder, die gerne außerhalb der Ferien reisten. Das sei ein ganz anderer Menschenschlag, hatte ihr ein Restaurantbesitzer einmal hinter vorgehaltener Hand zugeflüstert. Sie schauten nicht so aufs Geld und ließen sich das Essen etwas kosten. Kein Wunder. Welche Familie mit drei Kindern ging schon in ein Sterne-Restaurant?

Eva war auch das im Moment alles herzlich egal. In einer Woche würden die Sammlerfreunde hier anrauschen. Sie hatte von der Polizei in Aurich tatsächlich einen Safe bekommen, so dass wertvolle Marken dort sicher untergebracht werden konnten. Die Kollegen, mit denen sie gesprochen hatte, hatten sich über sie lustig gemacht. Ob da denn nicht mehr los sei auf der Insel, als sich um Papierschnipselchen zu kümmern, hatten sie gefragt. So einen Job hätten sie auch gerne. Blödmänner. Eva lief ins Wohnzimmer und ließ sich auf ihr Sofa fallen.

Sie hatte schon lange nicht mehr an ihrem Buch über Feen und Elfen geschrieben. Eigentlich wollte sie es im Winter vollenden und dann ... ja, was dann damit machen? Sie hatte die ersten Kapitel ihrer alten Freundin Klara Bertschoo in Esens gezeigt und diese war sehr angetan gewesen. Es gab wohl überall verborgene Talente, hatte sie zu Eva gesagt. Polizistin zu sein gehörte wohl nicht mehr dazu, dachte Eva und zog ein Kissen auf ihr Gesicht. Einfach mal nichts mehr sehen und hören. Es klingelte an der Tür. Wer konnte das denn jetzt sein? Es war Sonntagnachmittag. Sie quälte sich hoch und lief in den Flur.

Vor ihr stand ... Jürgen. Auch das noch. Am liebsten hätte sie ihn die nächsten Tage nicht mehr gesehen.

»Ist was passiert?«, fragte sie entnervt.

»Muss was passiert sein, wenn ich vorbeikomme?«, fragte Jürgen leicht pikiert.

»Ich bin die Polizei, schon vergessen?«

»Bist du sauer?«

Plötzlich tat er ihr leid. Wie er da so stand. Er konnte doch nichts dafür, dass sie immer verdrehter wurde.

»Ach, ich weiß auch nicht. Mir schlägt im Moment so einiges auf den Magen.«

»Oh ... also, ich wollte einfach nur mal auf nen Kaffee vorbeischauen. Du hast dich ja in den letzten Tagen etwas rargemacht.«

Natürlich war es an Jürgen nicht vorbeigegangen, dass sie keinen Fuß mehr in die Touristinfo gesetzt hatte.

»Ich hab dein Buch gelesen«, sagte sie und ging in die Küche voraus.

»Das sehe ich.« Jürgens Blick wanderte Richtung Fußboden, wo es aufgeschlagen vor dem Schrank lag.

»Es ist mir runtergefallen«, murmelte Eva. Natürlich wusste sie, dass Jürgen sie längst durchschaut hatte. »Na ja, ich hab etwas nachgeholfen«, gab sie zu und grinste.

Die miese Stimmung löste sich und plötzlich mussten beide aus vollem Halse lachen. Das tat verdammt gut.

»Es ist schön, dass du vorbeigekommen bist«, sagte Eva schließlich. »Mir fällt in letzter Zeit irgendwie die Decke auf den Kopf. Setz dich doch bitte, ich mach uns einen Kaffee.«

»Also liegt deine schlechte Laune nicht nur an den Briefmarkenfreunden, da bin ich ja beruhigt«, meinte Jürgen und setzte sich an den Küchentisch.

»Nein«, gab Eva zu. »Aber ich kann gar nicht sagen, was mich eigentlich so nervt. Es ist alles zusammen, denke ich.«

»Das ist bestimmt dein erster Inselkoller«, meinte Jürgen pragmatisch. »Du lebst jetzt fast ein Jahr hier. Für eine Frau aus Braunschweig hast du wirklich verdammt lange durchgehalten.«

»Meinst du wirklich?«

»Ja, sicher doch. Es ist nun wirklich nicht so einfach, auf einer Insel zu leben. Das Gefühl, von allem abgeschnitten zu sein … viele ertragen das auf Dauer nicht.«

»Ich weiß nicht … so schlimm finde ich es hier eigentlich gar nicht.«

»Sowas kann auch unterbewusst ablaufen. Dir geht es schlecht und du weißt nicht warum. Aber ich hoffe, dass du nicht deswegen gleich die Segel streichst. Sowas geht nämlich auch irgendwann vorbei. Hab ich zumindest gehört.«

»Und an den Inselbewohnern kann sowas nicht liegen?« Eva machte ein total ernstes Gesicht und Jürgens Mundwinkel machten einen Knick nach unten. »He, das war ein Scherz.«

»Na dann.« Jürgens Gesicht hellte sich wieder auf.

»Was wolltest du denn jetzt eigentlich hier?«

»Einen Kaffee, was sonst. In der Touristinfo war nicht so viel los, das schafft Anja auch alleine.«

»Anja? Schon wieder eine neue Aushilfe?«

»Ja, sie ist noch Schülerin und verdient sich ein bisschen dazu.«

»Schülerin? Und da ziehst du so ein altes Wrack wie mich vor?«

Jürgen verkniff sich eine Antwort. Das wäre garantiert das nächste Fettnäpfchen gewesen.

»Wollen wir heute Abend nicht mal wieder zusammen zum Italiener?«, fragte er stattdessen.

»Gute Idee«, stimmte Eva zu. Sie dachte an ihren Bauch. Doch eine Pizza machte den Kohl da auch wohl nicht mehr fett.

Nach dem Kaffee ging Jürgen zurück zur Touristinfo und sie verabredeten sich für neunzehn Uhr.

Eva nutzt die Zwischenzeit, um die Küche einmal ordentlich aufzuräumen und zu putzen. Als sie am Ende verschwitzt vor der polierten Anrichte stand, war sie sich sicher, alt zu werden. Warum putzt man sonst am Sonntag wie eine Besessene? Das waren doch nur Frauen, die alt, fett und alleinstehend waren. Verdammt. Sie warf den Lappen in die Spüle. Das war das letzte Mal, dass ich das mache, schwor sie sich. Und wenn sich der Schimmel bis unter die Decke türmte, so ein Putzteufel wollte sie nicht werden.

Sie ging ins Schlafzimmer, zog den Jogginganzug, in dem sie an freien Tagen immer herumlief, aus, und stieg unter die Dusche. Da musste doch noch was zu machen sein aus ihr. Und Jürgen war ja nun auch wirklich keine schlechte Partie. Er war sogar jünger als sie. Am Ende durfte sie sich vielleicht sogar etwas darauf einbilden, dass er ihr ständig auf der Pelle hing. Das war vom ersten Tag an so gewesen. Doch bisher hatte sie ihn immer wie ein alter Kampfhund weggebissen. Warum eigentlich? In Wahrheit fand sie ihn sogar verdammt sympathisch und gutaussehend. Ja, sie fühlte sich sogar zu ihm hingezogen. Und trotzdem verhielt sie sich in der Regel abweisend, wenn er ihr Komplimente machte. War sie wirklich so gestört? Sie grübelte so lange darüber nach, während das Duschwasser auf sie herabprasselte, dass ihre Haut ganz schrumpelig wurde. Genau das war es. Sie war alt. Sie blickte an sich herunter, was sie in der Regel vermied. Da war er wieder, der Schmierbauch. Nur widerwillig fuhr sie mit der Hand darüber. Und gleich würde sie wieder Pizza essen. Doch auch wenn Jürgen sie hier jetzt nicht sah - Gott bewahre - so ließ sich ihre körperliche Verfassung auch im angezogenen Zustand erahnen. Er war ja nicht blöd.

Natürlich wusste er, dass sie einen Bauch hatte. Und einen viel zu großen Hintern noch dazu. Doch schreckte ihn das ab? Nein.

Und doch sie wusste auch, dass er sie im Eva-Kostüm nur bei totaler Mondfinsternis zu Gesicht bekommen würde. Denn genau das war es. Sie hatte Angst davor, dass er sie nackt sah. Sie seifte sich noch einmal ein und stellte das Wasser ganz heiß, dann eiskalt und dann stellte sie es aus und stieg aus der Dusche. Sie verhielt sich lächerlich. Doch sie ahnte auch, dass es vielen Frauen so ging. Sie musste dringend an ihrem Selbstbewusstsein arbeiten. Und sie ging nicht davon aus, dass das nächste Wochenende mit den Altherren aus dem Briefmarkenverein wesentlich dazu beitragen würde.

Jürgen ahnte von alldem nichts und begrüßte sie herzlich, als sie in der Pizzeria ankam.

»Gut siehst du aus«, sagte er und reichte ihr die Karte.

»Das scheint dich zu überraschen«, sagte Eva und ärgerte sich im gleichen Moment. Konnte sie vielleicht auch mal ohne schnippische Antworten auskommen? Auch daran würde sie arbeiten. Und das würde Schwerstarbeit.

Jürgen verdrehte nur die Augen und sah sich die verschiedenen Gerichte an, als ob er jemals was anderes essen würde als Pizza mit Salami, Schinken und doppelt Käse.

»Ich hab uns schon eine Flasche Chianti bestellt«, sagte er obenhin.

»Die kann ich heute auch wirklich gebrauchen«, meinte Eva und suchte nach einer kalorienreduzierten Pizza, die sie natürlich nicht fand.

Am Ende des Abends war Eva froh, dass es Jürgen gab. Er brachte sie bis vor ihre Tür und sie verabschiedeten sich mit einer Umarmung, die wohl der zweiten Flasche Chianti und dem Massala geschuldet war. Es fühlte sich gut an. Und dabei beließen sie es auch.

Vereinsleben

Dieter Wattjes schenkte sich noch eine Tasse Tee ein. Es war noch etwas Zeit, bis sein Vereinskollege Freerk ihn abholen würde. Die beiden Männer fuhren alleine nach Langeoog zu dem Treffen der Briefmarkenfreunde. Dieters Frau hatte einen Fahrradunfall gehabt und ihr gebrochener Arm war ein großes Handicap. Ihr war die Lust vergangen. Der Fahrer des Wagens, der sich nach dem Unfall unerkannt entfernt hatte, war immer noch nicht ermittelt worden. Die Chancen schwanden von Tag zu Tag. Freerks Frau hatte angeboten, zusammen mit Sabine in Moormerland zu bleiben und ihr ein wenig im Haushalt zur Hand zu gehen. Doch Sabine hatte abgewinkt. Sie wusste ja, wie sehr sich die neugierige Mathilde auf das Event freute. Nirgendwo sonst gab es so viel Tratsch wie auf großen Vereinstreffen.

»Hast du alles?«, fragte Sabine ihren Mann, als sie in die Küche kam.

»Doch ich glaube schon. Freerk wird wohl gleich da sein.« Er rührte in seiner Teetasse herum.

»Dann wünsche ich euch viel Vergnügen«, sagte Sabine und setzte sich mit an den Tisch.

»Du hättest aber ruhig mitkommen können. So ein gebrochener Arm ...« Weiter kam er nicht, denn Sabine schnitt ihm das Wort mit einer abwehrenden Handbewegung ab.

»Lass gut sein. Mir macht es nichts aus. Ich werde den neuesten Vereinsklatsch schon noch früh genug erfahren.« Sie selber sammelte keine Briefmarken, wie übrigens die meisten Ehefrauen der Vereinsmitglieder. Es war wie so oft auf dem Lande, dass Männer sich in Vereinen zusammenrotteten und die Frauen als Anhängsel dabei waren. Im Grunde war sie froh, an diesem Wochenende mal kein Anhängsel zu sein. Sie wollte die drei Tage genießen. Und zwar auf ihre Art.

»Ich glaube, da ist ein Wagen auf die Auffahrt gefahren«, sagte sie. Es würde also endlich losgehen und still werden im Haus.

Dann klingelte es auch schon an der Tür. Sabine machte auf.

Dieter kramte noch seine letzten Sachen wie Portemonnaie, Brieftasche und ein Paket Taschentücher zusammen und zog seine Jacke an.

Nach weiteren fünf Minuten schlug die Haustür zu. Sabine atmete auf.

Als Erstes lief sie in die Küche zurück und räumte den Tisch ab. Dann öffnete sie alle Fenster und ließ den Herbstwind durchpfeifen. Sie wollte den Geruch loswerden. Den abgestandenen Qualm, den Hauch von Bier. Insgeheim war sie unendlich glücklich in diesem Moment. Und Dieter ahnte von allem nichts. Natürlich nicht.

Er war ja auch viel zu sehr mit sich selber beschäftigt. Und mit dieser fremden Frau. Hatte er wirklich geglaubt, dass sie davon nichts mitbekommen hatte? Für wie dumm musste er sie halten. Ihre Ehe war zwar schon einen Tag älter, fast fünfzehn Jahre, um genau zu sein, aber trotzdem lief alles ganz harmonisch. Sie hatten sogar noch ab und zu Sex. Bis vor einem Jahr, als Dieter sich veränderte. Es kam schleichend. Doch für sensible Frauensensoren waren die ersten Anzeichen da, als immer mehr Überstunden anfielen. Dieter war der klassische Fremdgänger. Dann durchsuchte sie seine Sachen. Auch klassisch. Sie fand Kassenbons über Blumensträuße. Sie bekam nur welche zum Hochzeitstag, wenn er dran dachte. Und seit einem Jahr bekam sie sogar welche zum Geburtstag. Das war verdächtig. Aber die Blumen, die er zwischendurch bezahlt hatte, deren Belege sie gefunden hatte, waren außer der Reihe und nicht für sie gewesen.

Sie war erschrocken, wie gleichgültig es ihr im Prinzip gewesen war. Der spärliche Sex fand nur noch alle paar Monate statt. Und sie vermisste nichts. Manchmal war Dieter ihr sogar fremd, wenn er neben ihr am Frühstückstisch in seiner Zeitung las. Aus dem Augenwinkel heraus hatte sie ihn beobachtet und sich gewundert, wer da eigentlich neben ihr saß. Wo war der junge schüchterne Mann geblieben, der sie mit seinem ersten Opel abgeholt hatte? Die Ehe war kinderlos geblieben. Vielleicht war das jetzt ein Vorteil, wenn man sich trennte.

Langsam wurde es kühl in der Wohnung. Sabine schloss die Fenster wieder. Sie holte die Post aus dem Briefkasten. Es war nur Werbung.

Sie sah auf ihre Armbanduhr. Gleich war es elf. Dieter und Freerk waren also schon auf der Fähre Richtung Langeoog. Er hatte das Doppelzimmer, das sie für sie beide, als sie noch davon ausging, mitzufahren, gebucht hatte, nicht storniert. Ob er sich mit ihr dort vergnügte? Doch die Überstunden waren in der letzten Zeit weniger geworden und auch in den Jackentaschen fand sie keine Beweise mehr für seine Untreue.

Sie lief nach oben ins Schlafzimmer und zog ihre Reisetasche unter dem Bett hervor. Bald würde sie wissen, was Dieter auf Langeoog trieb. Ihre Fähre ging am Nachmittag.

Auf der Fähre nach Langeoog herrschte reges Treiben. Die meisten saßen unter Deck und ließen sich schon die ersten Kurzen kommen. Es würden drei tolle Tage werden und darauf stieß man an. Die Männer saßen zusammen und lachten laut, während die Frauen sich an Nebentischen mit Sorgen über Kinder und Enkelkinder sowie kaputte Waschmaschinen austauschten.

Einige standen auch in dicke Jacken gepackt an Deck und ließen sich die raue Seeluft um die Nase wehen. Das waren die, die wenig sprachen und denen es unten zu laut und stickig war.

Doch eines hatten alle gemein. Sie liebten Briefmarken und das gesellige Beisammensein unter Gleichgesinnten. Viele hatten ihre Alben in die Koffer gepackt, denn am Sonntagmorgen war eine Tauschbörse geplant.

Als das Schiff vor Langeoog anlegte, warteten Eva und Jürgen schon auf die Meute.

»Da sind sie ja«, maulte Eva, »ich erkenne sie schon an den alten Strickpullovern mit den Zopfmustern. Sicher alles selber gemacht.«

»He, nun reiß dich mal zusammen«, sagte Jürgen lachend. »Es sind doch auch nur Menschen.«

Er hatte sich mit dem Vorsitzenden darauf verständigt, dass es eine kleine Begrüßung bei der Ankunft geben sollte. Jürgen würde einen kleinen Abriss der Inselsehenswürdigkeiten liefern und Eva von ihrem Safe erzählen, in den auf Wunsch wertvolle Marken deponiert werden konnten.

Doch als die Gruppe an Land kam, war natürlich alles anders. Sie liefen schwatzend in Grüppchen auseinander und suchten nach ihren Hotels.

Ein groß gewachsener älterer Mann kam auf Jürgen zu.

»Moin, ich bin Wilfried Sievers, wir haben telefoniert«, sagte er und reichte Jürgen die Hand.

»Ja, das war's dann wohl mit unserem Plan«, meinte Jürgen und sah den Koffern und Rucksäcken nach.

»So sind die immer«, meinte der Vorsitzende lachend. »So oft kommen die ja nicht raus.«

Eva fragte sich, ob er das ernst meinte.

»Wie sieht denn ihre weitere Tagesplanung aus?«, fragte Jürgen.

»Tja, wir werden wohl die Insel ein bisschen erkunden und dann abends irgendwo essen. Das gemeinsame Dinner findet ja erst morgen statt. Heute können sich die Gruppen zusammenfinden, wie sie möchten. Es gibt da ja immer diese Cliquen, wissen Sie.«

Jürgen nickte. »Klar, das kann ich mir vorstellen. Dann gibt es von meiner Seite aus wohl nicht mehr viel zu tun im Moment. Und vielleicht kommt ja auch so der ein oder andere in meiner Touristinfo vorbei.«

»Und das mit dem Safe für die wertvollen Briefmarken?«, fragte Eva, die eigentlich am liebsten weit weg gewesen wäre.

»Ach ja«, meinte Jürgen. »Sie denken daran, es Ihren Freunden zu sagen. Wir sorgen hier auch für Sicherheit.«

»Alles schon erledigt«, sagte Wilfried Sievers. »Das habe ich auf der Fähre bekanntgegeben. Doch keiner hat was in der Richtung gesagt. Vielleicht haben die ihre Schätzchen zuhause gelassen.«

»Ich wollte es ja nur gesagt haben.« Eva machte ein mürrisches Gesicht. »Ich muss dann auch in meine Dienststelle.« Sie nickte den beiden Männern noch mal zu und verschwand.

»Sie meint es nicht so«, sagte Jürgen.

»Jo«, meinte der Vorsitzende. »Ich werd dann auch mal auf mein Zimmer gehen.«

In geheimer Mission

Sie hatte sich einen frischen Salat, ein Glas Champagner und ein Schälchen Erdbeeren aufs Zimmer bringen lassen. Wenn man seine Figur halten wollte, musste das als Mittagessen genügen.

Jetzt lag sie in Spitzenunterwäsche auf dem Bett und spielte mit ihren Zehen in der kühlen Satindecke. Zu dumm, dass sie jetzt alleine war. Die Stimmung wäre ideal, dachte sie und lächelte.

Doch im nächsten Moment verdunkelten sich ihre Gesichtszüge. Dieter war gar nicht so weit weg. Und doch weiter entfernt als jemals zuvor. Es gab ihr einen Stich ins Herz. Wieso hatte er sie von einem Tag auf den anderen abserviert? War seine Frau ihm auf die Schliche gekommen? Er hatte nichts weiter gesagt, sondern nur, dass es vorbei sein müsse.

Sie hatte drei Tage lang geweint und war nicht fähig gewesen, in ihre Kanzlei zu fahren. Es war ihr Schicksal, dass Männer sich mit ihr wohl keine dauerhafte Beziehung vorstellen konnten. Und dabei sah sie verdammt gut aus. Eine makellose Figur, lange Beine und welliges dunkles Haar, das geheimnisvolle Augen umrahmte. Und immer durfte sie nur die zweite Geige spielen. Die meisten Männer, mit denen sie eine Beziehung einging, waren verheiratet. War es nun so, dass diese Männer von ihr angezogen wurden, weil sie sich in ihrer Ehe langweilten, oder stand sie nur auf gebundene Exemplare, die sie nicht für sich allein haben konnte, weil sie Beziehungsängste hatte? In früheren Jahren hatte sie schon einmal versucht, dieses

Phänomen mit einem Therapeuten zu erörtern, den sie aufgesucht hatte, weil sie anfing zu trinken. Das hatte ihr Angst gemacht. Sie war eine erfolgreiche Anwältin und doch war sie alleine. Einsam.

Geplagt von diesen Gedanken schlief sie irgendwann ein.

*

Sabine Wattjes stellte den Wagen ab und sah sich um. Ob sie jemand in ihrer Verkleidung erkennen würde? Sie selber kam sich ziemlich albern vor mit der dunklen Perücke mit Pagenschnitt. Als sie diese zuhause aufgesetzt hatte, musste sie lachen. Sie war von Natur aus blond und erkannte sich nicht wieder. Doch das war ja genau ihr Ziel gewesen. Unerkannt bleiben. Nur ihr geschienter Arm machte ihr Sorgen. Er war ihr ja als Ausrede, nicht mit nach Langeoog zu dem Vereinstreffen fahren zu müssen, willkommen gewesen. So musste sie sich keine andere Lüge ausdenken. Denn sie hatte niemals vorgehabt, mitzufahren. Von Anfang an hatte sie dieses Treffen als willkommene Möglichkeit erkannt, ihren Mann zu beschatten. Sie wollte endlich wissen, woran sie war. Und wenn sie nicht mitfuhr, dann war das doch die Gelegenheit für ihn, sich mit seiner Geliebten zu amüsieren. Wie er das seinen Vereinskollegen verkaufen würde, wäre sein Problem. Doch sie war sich sicher, dass er auch dafür eine Lösung finden würde. Schließlich würden die ihn ja nicht auf sein Hotelzimmer begleiten. Sie stellte sich gerade vor, wie er sich mit dieser fremden, sicher viel schöneren und jüngeren Frau, in den Laken wälzte. Ja, es tat noch weh. Vielleicht liebte sie Dieter ja doch noch mehr, als sie sich eingestehen wollte.

Um ihren Arm zu kaschieren, hatte sie sich vor ein paar Tagen einen Poncho im Internet bestellt. Er war noch rechtzeitig eingetroffen und jetzt war sie froh, ihn zu haben, denn der Wind war ganz schön eisig.

Als sie auf die Fähre ging, suchte sie sich schnell ein schönes Plätzchen unter Deck. Den Poncho behielt sie an. Es war wichtig, dass niemand sich später an eine Frau mit einem Gipsarm erinnerte.

Der Safe

Eva hatte in der Dienststelle gerade die Beine auf den Schreibtisch gelegt, als die Tür aufging.

»Guten Tag«, sagte ein Mann, den sie nicht kannte.

»Gibt es ein Problem?« Eva zog ihre Füße vom Tisch und setzte sich aufrecht hin.

»Nein nein«, sagte der Fremde. »Es geht um meine Sammlung.«

Aha, dachte Eva, einer von diesen Spinnern.

»Sie meinen Briefmarken?«

Der Mann nickte. »Ich habe gehört, dass ich die bei Ihnen in einen Safe geben kann.«

»Ja, das ist richtig. Aber nur, wenn es sich wirklich um wertvolle Stücke handelt. Wissen Sie, es kann ja nicht sein, dass jeder hier ankommt, so groß ist der Safe nämlich nicht.«

Der Mann zog die Tür hinter sich zu und beugte sich verschwörerisch über den Schreibtisch. »Es ist eine ganz besondere Marke dabei«, flüsterte er fast. »Es weiß keiner, dass ich sie besitze. Die Bombe werde ich erst am Sonntag bei der Tauschbörse platzen lassen. Die werden Augen machen.«

Eva stand vom Tisch auf. Ihr war die ganze Situation unangenehm. Und außerdem roch der Mann aus dem Hals.

»Dann geben Sie das gute Stück mal her. Ich werde sie gleich einschließen, dann ist sie in Sicherheit.«

Der Mann sah sich um, als ob er noch jemanden im Raum vermutete. Dann zog er ein Kuvert aus seiner Jackentasche.

»Hier ist sie drin.« Er reichte Eva den Umschlag, auf dem sie einen Fettfleck entdeckte. Es gab schon verschrobene Typen.

»Sagen Sie mir dann bitte auch noch Ihren Namen? Ich muss Ihnen nämlich eine Quittung darüber ausstellen.« Eva nahm den Umschlag mit spitzen Fingern entgegen und trug ihn so zum Safe, der offenstand, da noch niemand sonst etwas abgegeben hatte bei ihr. Sie legte den Umschlag hinein und ließ die Tür zuklicken.

Der Mann beobachtete sie mit offenem Mund. »Ich bin Heinrich Gerlach«, sagte er dann tonlos.

»Gut Herr Gerlach.« Eva setzte sich an ihren Tisch und zog einen Quittungsblock zu sich heran. Sie füllte einen Zettel aus und unterschrieb ihn. Dann reichte sie ihn dem Mann. »Hiermit ist sichergestellt, dass Sie die Marke bei mir abgegeben haben. Wann möchten Sie sie denn wieder abholen? Sie sagten ja, dass Sie sie mit zur Tauschbörse am Sonntag nehmen möchten. Aber am Sonntag bin ich in der Regel nicht hier in der Dienststelle, es sei denn, wir machen einen Termin aus.«

Der Mann sah sie dümmlich an. Konnte er ihr etwa nicht folgen?

»Haben Sie verstanden, Herr Gerlach?«

»Ja ja …«, murmelte er. »Sonntag. Ich komme Sonntagmorgen wieder.«

»Aber um wie viel Uhr? Wir müssen da schon eine feste Zeit ausmachen.« Eva wurde langsam sauer.

»Zeit ausmachen … ja ja.« Der Mann wandte sich schon zum Gehen.

»Herr Gerlach, warten Sie!«, rief Eva.

Doch er schien sie gar nicht zu hören, öffnete die Tür und ging hinaus in die Dunkelheit.

»Das gibt es doch nicht«, schimpfte Eva vor sich hin. Sie hatte absolut keine Lust, diesem Trottel auch noch hinterherzulaufen. Typisch, diese Männer vom Lande. Wehe wurden sie mal losgelassen. So wie der sich benahm und roch, war er bestimmt ein Bauer, der alleine auf einem alten Hof lebte, nachdem seine Frau früh gestorben war. Alleine die abgewetzte Cordhose, die er trug, sprach dafür. Keine ältere Frau hätte ihren Mann so herumlaufen lassen.

Doch sie hatte jetzt keine Lust mehr, sich über ihn aufzuregen. Eigentlich hatte sie schon längst Feierabend. Sie wunderte sich, dass Jürgen sich noch nicht wieder bei ihr gemeldet hatte. Sie hatte Hunger. Warum rief er denn nicht an, um mit ihr essen zu gehen? Sie griff zum Telefon und schob es kurz darauf wieder zurück. Vielleicht war es auch ganz gut, wenn sie diesen Abend alleine in ihrer Wohnung verbrachte. Schließlich hatte sie morgen einen harten Tag vor sich, wenn sie zum Vereinsdinner musste.

Sie räumte die Sachen auf dem Schreibtisch zusammen und machte das Licht aus.

Als sie über einen kleinen Umweg am Strand zu ihrer Wohnung lief, meinte sie ein merkwürdiges Plätschern zu hören. So, als ob jemand mit den Armen wild im Wasser ruderte. Als sie aufs Meer hinaus sah, konnte sie aber nicht viel erkennen. Vor den Mond, der die raue See erhellte, schoben sich immer wieder dunkle schwere Wolken. Man sah dann praktisch die Hand vor Augen nicht. Und sie hatte jetzt auch keine große Lust mehr, Nachforschungen anzustellen. Sicher war es nur der Wind gewesen, der das Wasser aufgemischt hatte. Man musste ja nicht in alles zu viel hineininterpretieren.

Es war dann kurz vor neunzehn Uhr, als sie schließlich in ihrer Wohnung ankam. Es war eiskalt. War etwa ihre Heizung ausgefallen? Das hatte ihr gerade noch gefehlt. Sie machte Licht und ging zum Heizungsraum. Tatsächlich, da tat sich nichts mehr. Jetzt blieb ihr doch wohl nichts anderes übrig, als bei Jürgen anzurufen.

»Ja, hallo Jürgen«, sagte sie kurz darauf in den Hörer. »Du, meine Heizung ist kaputt. Es ist eiskalt in meiner Wohnung.«

»Hallo Eva, ich dachte schon, du rufst nie an«, lachte Jürgen fröhlich. »Ich bin gleich da.«

Hatte er etwa auf ihren Anruf gewartet? Sie legten auf.

Mit ein paar kurzen Handgriffen kehrte wieder Wärme in Evas Leben ein. Zumindest, was die Räumlichkeiten betraf.

»Danke Jürgen«, sagte sie aufrichtig.

»Kein Problem. Hast du denn heute schon etwas gegessen?«

»Ehrlich gesagt hängt mir mein Magen in den Kniekehlen«, gestand Eva. »Ich wollte mir gerade irgendwas Schnelles machen.«

»Und was hältst du vom Essen gehen?«, fragte Jürgen.

»Nicht so viel im Moment. Du weißt doch, dass die Insel jetzt von diesen Freaks bevölkert ist. Ich habe keine Lust, mir schon heute Abend die Ohren von diesem Briefmarkengefasel vollquatschen zu lassen.«

»Die scheinen dich ja mächtig beeindruckt zu haben«, foppte Jürgen. »Aber ehrlich gesagt habe ich auch genug für heute. Am Nachmittag haben mich noch einige von ihnen in der Touristinfo besucht. Aber sie sind nicht so schlimm, wie du denkst. Einige waren sehr nett und haben mir eine Menge über Briefmarken erzählt, von dem ich noch nie etwas gehört hatte.«

»Und? Hattest du es denn vermisst bisher?« Eva konnte es nicht lassen.

»Man wird jedenfalls nicht dümmer dabei.«

»Intelligenz lässt sich nicht messen«, meinte Eva.

»Nicht bei jedem«, erwiderte Jürgen.

Jetzt mussten beide herzlich lachen. Eva konnte endlich ihre Jacke ausziehen, weil es mollig warm in der Wohnung geworden war.

»Los, setz dich schon mal ins Wohnzimmer und mach den Fernseher an. Ich mach uns schnell ein paar Spiegeleier auf Brot«, sagte sie.

»Hast du denn auch noch ein Bierchen für uns da?«, fragte Jürgen.

»Aber sicher, hol doch schon mal die Gläser raus.«

Sie sahen sich einen Krimi an, bei dem Eva schon nach zehn Minuten ahnte, wer der Täter war. Doch das war in diesem Moment nicht wichtig. Es war einfach schön, hier mit Jürgen zu sitzen, etwas zu essen und das Gefühl von Zweisamkeit zu spüren.

»Ach übrigens«, sagte sie plötzlich. »Es hat heute noch jemand etwas in meinem Safe deponiert.«

»Tatsächlich? Nur einer? Ich hätte da schon mit etwas mehr gerechnet«, meinte Jürgen.

»Es war ein komischer Kauz. Ein gewisser Herr Gerlach, der mir einen verschmierten Umschlag zur Verwahrung gegeben hat. Darin soll eine besondere Briefmarke sein.«

»Und? Hast du reingeguckt?«

»Nein, das hat mich nicht interessiert. Er will das Ding am Sonntagmorgen wieder abholen, wenn die ihre Tauschbörse haben. Aber als ich mit ihm einen Termin dafür vereinbaren wollte, ist er einfach gegangen. Komisch, oder? Er war im Prinzip gar nicht mehr ansprechbar.«

»Das meinst du sicher nur. Vielleicht habt ihr auch aneinander vorbei geredet.«

Eva nahm einen Schluck von ihrem Bier und schüttelte den Kopf. »Nein, wirklich, er hat sich eigenartig benommen. So als höre er mir gar nicht mehr zu.«

»Na ja, was soll's. Am Sonntagnachmittag reisen die meisten ja wieder ab. Dann haben wir hier wieder unsere Ruhe.«

»Ehrlich gesagt kann ich's gar nicht mehr abwarten«, sagte Eva und trug die schmutzigen Teller in die Küche.

Jürgen und sie tranken noch jeder ein Bier und er verabschiedete sich dann mit einem Lächeln gegen dreiundzwanzig Uhr.

Auf dem Nachhauseweg kam er noch an einem Lokal vorbei, in dem es hoch herzugehen schien. Es wurde laut geredet und gelacht. Als er die Nase an die Fensterscheibe drückte, um hineinzusehen, sah er eine lustige Männerrunde, die viele Bier- und Schnapsgläser vor sich auf dem Tisch stehen hatte. Sicher gehörten sie alle zum Briefmarkenverein und fachsimpelten über ihr Hobby. Ob er noch hineingehen sollte? Warum eigentlich nicht, dachte Jürgen. Er war noch nicht wirklich müde und ein Schnäpschen könnte er auch noch vertragen.

Der Schatten

Sabine fror sich die Beine in den Bauch, als sie von einer geschützten Position aus den Eingang des *Nordseehotels Kröger* beobachtete. Jetzt war es gleich ein Uhr nachts und noch immer war Dieter nicht zurückgekehrt. Oder hatte sie ihn etwa verpasst? Nein, sie war sich ganz sicher, dass er noch unterwegs war. Sicher hing er mit seinen Kumpels irgendwo in einer Kneipe und ließ sich volllaufen, während sie hier wie eine dumme Gans auf ihn wartete. Wie war sie bloß auf diese blöde Idee gekommen, ihn auf Langeoog zu beschatten? Und dann um diese Jahreszeit. Der einzige Vorteil daran war, dass es früh dunkel wurde. Sie drückte sich weiter an die Buchsbaumhecke, um sich vor dem kalten Wind zu schützen. Wenn sie jetzt jemand hier so entdeckte, der musste sie für eine Irre oder eine Verbrecherin halten. Sie sah noch einmal auf die Uhr. Gleich halb zwei. Selbst wenn Dieter jetzt ins Hotel käme, wäre er sicher nicht mehr Manns genug, um sich noch einer Geliebten hinzugeben. Sie zog ihren Poncho fester an sich, damit die Kälte nicht darunter kroch.

Sie war kurz davor, wieder in ihr Hotel zurückzugehen, als sie eine dunkle Gestalt sah, die auf das Nordseehotel zusteuerte. War das Dieter? Nein, es war kein Mann. Das konnte sie jetzt im fahlen Licht des Eingangs deutlich erkennen. Es war eine große schlanke Frau, die einen dunklen Trenchcoat trug und ein großes Tuch um ihren Kopf geschlungen hatte. Sie trug eine dunkle Sonnenbrille. Warum das? Mitten in der Nacht, wo sowieso alles dunkel war. Ob das die Fremde war, mit der Dieter etwas hatte? Ging sie jetzt vielleicht mit seinem Zimmerschlüssel voraus in ihr gemeinsames Liebesnest?

In Sabine pulsierte es. Plötzlich war es ihr gar nicht mehr kalt. Sie wusste, dass Dieter das Zimmer 214 hatte. Und wenn da jetzt gleich das Licht anging, dann würde sie Gewissheit haben. Sie wartete. Drei Minuten ... vier Minuten ... und nach zehn Minuten wusste sie, dass sie sich geirrt hatte. Die Frau war nicht in Dieters Zimmer gegangen. Doch das beruhigte sie nur vage. Denn genauso gut konnte es ja sein, dass die schöne Unbekannte selber ein Hotelzimmer in diesem Hause hatte.

Völlig frustriert und durchgefroren lief Sabine eine halbe Stunde später zu ihrer Pension. Am nächsten Abend musste sie es einfach geschickter anstellen, wenn sie ihren Mann in flagranti erwischen wollte. Sie hatte ja keine Ahnung davon, dass Dieter an diesem Abend bereits um zwanzig Uhr frustriert seine Bettdecke über sich gezogen hatte und bereits wie ein Murmeltier schlief. Und so hatte er auch nicht mehr mitbekommen, dass um kurz nach eins zaghaft an seine Zimmertür geklopft worden war.

Die wertvolle Briefmarke

Eva war am Samstagmorgen schon vor ihrem Wecker, den sie auf acht Uhr gestellt hatte, wach. Heute war ja der große Tag der Briefmarkenfreunde. Jürgen hatte sie gebeten, eine kleine Rede zu halten. Und deshalb konnte sie schon seit zwei Stunden nicht mehr richtig schlafen. Was sollte sie denn zu dem Thema Briefmarken sagen? Sie hatte doch nicht den blassesten Schimmer. Frustriert stieg sie aus dem Bett, setzte einen Kaffee an und ging ins Bad. Eigentlich wollte sie duschen, doch plötzlich hatte sie keine Lust, um diese Zeit und dazu noch am Wochenende in der Küche zu hocken. Kein anderer Umstand machte einem so schonungslos deutlich, dass man alleine war.

Also putzt sie sich nur kurz die Zähne, schnitt sich im Spiegel eine Grimasse und lief ins Wohnzimmer. Dort schnappte sie sich ihren Laptop, ging in die Küche und schenkte sich den inzwischen fertigen Kaffee in einen Becher und kroch so gerüstet wieder unter ihre Bettdecke.

Kurz darauf tauchte sie auf *Wikipedia* in die Welt der Philatelisten ein.

Als sie die vielen Seiten gelesen und durchgeklickt hatte und dabei auch noch feststellte, dass es zahlreiche Briefmarkenvereine gab, war sie doch beeindruckt, dass das ganze Treiben bisher spurlos an ihr vorbeigegangen war. Von wegen, niemand sammelte mehr Briefmarken. Und wenn sie die Historie des Wertzeichens, als was es ja ursprünglich zur Beförderung von Briefen erfunden worden war, betrachtete, dann musste sie zugeben, dass das ganze tatsächlich seinen Reiz hatte. Sie träumte davon, die erste Marke, den *One Penny Black aus dem Vereinigten Königreich von 1840* zu besitzen, und damit die Truppe heute Abend zu beeindrucken. Ihr fiel dieser Gerlach wieder ein, der etwas in ihrem Safe deponiert hatte. Um welche Marke es sich bei seinem Schatz wohl handelte? Langsam wurde sie tatsächlich neugierig. Sollte sie vielleicht in die Dienststelle gehen und einfach nachsehen? Es juckte sie in den Fingern. Vielleicht später, dachte sie und kopierte sich einige Informationen aus dem Internet und sammelte sie auf einem neuen Dokument, um es später als Grundlage für ihre Rede auszudrucken.

Sie vertiefte sich so in das Thema, dass sie gar nicht merkte, dass es bereits halb zehn war, als es an ihrer Tür klingelte. Und sie lag immer noch im Bett, wenn auch nicht schlafend. Jürgen konnte es eigentlich nicht sein. Sie hatten sich erst für den Nachmittag auf einen Kaffee im Strandcafé verabredet. Also ließ sie es klingeln und stöberte weiter im Internet. Die erste offizielle Briefmarke gab es demnach tatsächlich im Jahr 1840. Doch dabei handelte es sich eher um einen Papierstreifen, der noch keine Klebefläche hatte. Er musste noch mit einer Klammer am zu transportierenden Brief befestigt werden. Da die Menschen nach Erfindung der Bahn immer mehr Briefe verschickten, erlebte die Briefmarke als einfachste Gegenleistung für das zu entrichtende Porto eine rasante Entwicklung in vielen Ländern. In Deutschland hielt mit der Marke der *Schwarze Einser* die Briefmarke im Jahr 1849 Einzug. Irgendwann erfand man dann die Klebefläche und die Perforation, um die Handhabung der Marken zu vereinfachen.

Eva war hin und her gerissen. Dass das Thema so spannend sein konnte, hätte sie nie gedacht. Schon in der Schule war ihr das Geschichtsfach ein Graus gewesen. Doch wenn man im wahren Leben mit den Themen aus der Vergangenheit konfrontiert wurde, hatte auch Geschichtliches seinen Reiz. Sie sah auf ihren Wecker. Gleich war es schon halb elf. Jetzt musste sie aber wirklich aus den Federn. Und ihr ging der Umschlag in ihrem Safe nicht aus dem Kopf. Sie musste einfach sehen, was darin war. So motiviert schlug sie die Bettdecke zur Seite und ging ins Bad.

Bereits eine halbe Stunde später drehte Eva Sturm an einem kleinen Rädchen in der Polizeidienststelle. Sie schob vorsichtig die Tür auf, als täte sie etwas Verbotenes. Da lag er, der mit dem Fettfleck verunzierte Umschlag. Sollte sie wirklich? Und ob. Jetzt war sie schon mal hier und wollte wissen, was los war. Sie zog den Umschlag vorsichtig heraus, als könne sie das kleine Stückchen Papier, das sie darin vermutete, zerquetschen. Sie setzte sich damit an ihren Schreibtisch und öffnete den Umschlag.

Doch anstatt einer Briefmarke enthielt der Brief nur einen abgerissenen Zettel von einem Schreibblock, worauf in krakeliger Schrift stand:

Bitte sucht nicht nach mir. Für mich hat das Leben keinen Sinn mehr. Meine Stella ist tot und der Hof geht zugrunde. Sagt meinen Kindern, dass es mir leidtut. Heinrich Gerlach, im Oktober 2015

Ach du heilige Scheiße, dachte Eva, nachdem sie die Sätze mindestens fünfmal gelesen hatte. Ein Selbstmord beim Sammlertreffen auf Langeoog. Sie sah die dicke Überschrift in der Zeitung schon vor sich. Was würde das wieder für einen Eindruck machen. Denn sie war sich sicher, dass dieser Gerlach sich umgebracht hatte. Das war nichts anderes, als ein Abschiedsbrief. Natürlich. Und sie erinnerte sich auch an das plätschernde Geräusch, als sie am Vorabend am Strand entlang zu ihrer Wohnung gelaufen war. Hatte dieser Trottel sich etwa vor ihren Augen in die Fluten gestürzt? Und die viel wichtigere Frage war: Hätte sie es verhindern können, wenn sie rechtzeitig reagiert hätte? Was sollte sie jetzt bloß machen? Sie überlegte kurz, den Brief einfach wieder in den Umschlag zu stecken und im Safe verschwinden zu lassen. Es wusste außer Jürgen doch niemand davon, dass Gerlach etwas bei ihr hinterlegt hatte. Und Jürgen würde sie schon so weit kriegen, den Mund zu halten. Aber dann fiel ihr diese blöde Quittung wieder ein, die sie Heinrich Gerlach übergeben hatte. Und wenn sie Pech hatte, dann fischte man ihn bald aus der Nordsee und fand das verräterische Papier, das direkt in ihre Dienststelle führte. Sie hatte nur noch eine Chance, sie musste den Selbstmörder vor den anderen finden. Und bei dem Sturm, der gestern Abend fegte, da konnte es gut sein, dass der Leichnam weit hinausgetrieben und schon untergegangen war. Wenn die Leiche zwei Tage unten blieb, dann würde sich auch die Quittung auflösen, zumindest die Tinte, mit der sie sie ausgefüllt hatte. Dachte sie hier gerade wie eine angehende Verbrecherin? Durchaus, stellte sie fest. Und im nächsten Augenblick schämte sie sich dafür. Doch nach so vielen Berufsjahren konnten schon mal die Pferde mit einem durchgehen.

Sie griff zum Telefon und rief Jürgen an. »Du musst sofort in die Dienststelle kommen«, sagte sie nur und legte wieder auf.

»Du kannst doch diesen Abschiedsbrief nicht einfach verschwinden lassen«, polterte Jürgen, als er die Zeilen gelesen hatte. »Was ist bloß los mit dir? Da hat sich ein Mensch das Leben genommen, weil er total am Ende war und du willst das vertuschen?« Fassungslos sah er sie an.

»Jürgen, nun sieh das Ganze doch mal pragmatisch«, sagte Eva emotionslos. »Wie sieht das denn aus, wenn über das große Treffen der Briefmarkensammler so ein Schatten schwebt. Die Presse wird sich darauf stürzen. Und wenn sie dann Wind davon bekommen, dass ich die Letzte war, die ihn gesehen hat, dann wird sich jeder fragen, warum ich nichts bemerkt habe.«

»Das frage ich mich allerdings auch.«

»Siehst du. Ich will doch nur, dass ein bisschen Gras über die Sache wächst.«

»Du hast echt einen Knall«, schimpfte Jürgen. »Du vergisst wohl völlig, dass an die achtzig Vereinsfreunde Heinrich Gerlach heute Abend beim Dinner erwarten. Glaubst du wirklich, dass nicht einer nach ihm fragen wird? Sag mal, wie naiv bist du eigentlich?« Jürgen schimpfte weiter wie ein Rohrspatz, und Eva wich zurück. War das jetzt das Ende ihrer guten Beziehung?

»Es stimmt ja alles, was du sagst«, gab sie schließlich zu. »Vielleicht ist es auch nur mein schlechtes Gewissen, das mich treibt. Ich glaube, ich hätte seinen Selbstmord verhindern können.«

»Wie bitte? Das wird ja immer schöner ...«

»Als ich gestern Abend nach Hause gelaufen bin, habe ich noch einen Umweg am Strand entlang gemacht und da habe ich etwas gehört. Es war so ein merkwürdiges Geräusch, aber ich habe es auf den Wind geschoben, der das Wasser aufmischt.« Sie machte ein betretenes Gesicht.

Jürgen beruhigte sich und sagte: »Ich vergesse jetzt einfach, was du mir gerade vorgeschlagen hast. Und jetzt werden wir die Küstenwache informieren, dass ein Mann Ende sechzig vermisst wird. Einverstanden?«

Eva nickte nur und wählte die Nummer.

Danach gingen sie gemeinsam zum Nordseehotel, um den Vereinsvorsitzenden zu informieren. Natürlich machte die Nachricht schnell die Runde und viele standen bestürzt oder weinend am Strand von Langeoog. Es war genauso, wie Eva es sich in ihren schlimmsten Vorstellungen ausgemalt hatte. Und natürlich wurden Fotos von der Lokalredaktion geschossen und Vereinsmitglieder befragt. Das Dinner am Abend würde garantiert keine Spaßveranstaltung werden.

Das große Dinner

Dieter Wattjes hätte schwören können, diese langen schlanken Beine zu kennen, die er kurz, bevor sich die Fahrstuhltür vor seiner Nase schloss, gesehen hatte. Doch er täuschte sich sicher. Weil er keine Lust hatte zu warten, ging er zum Treppenhaus, um die Stufen herunterzulaufen. Im letzten Moment konnte sich Sabine in einen Vorratsraum für Putzmittel retten, als Dieter plötzlich in ihre Richtung gelaufen kam. Eigentlich war er doch viel zu faul zum Treppen steigen. Sicher hätte er sie in ihrem Aufzug mit den schwarzen Haaren und der dicken Sonnenbrille nicht erkannt. Doch ihr Herz schlug ihr bis zum Hals, als sie hörte, wie er an ihr vorbeilief.

Die Stimmung war gedrückt, als Dieter im *Restaurant Verklicker* ankam. Fast alle waren schon da. Doch statt der schönen Feierstimmung hatte Trauer obsiegt über einen verlorenen Vereinskameraden, der freiwillig aus dem Leben geschieden war. Das Ereignis wurde mit viel Korn begossen, so dass die meisten schon um zweiundzwanzig Uhr einen sitzen hatten. Zumindest, was die Männer betraf. Aber auch die Frauen langten ordentlich zu, um ihren Gefühlen freien Lauf zu lassen.

Eva knüllte ihre ausgedruckte Rede, die vor ihr auf dem Tisch lag, mit den Fingern zusammen. Niemand wollte jetzt hören, was sie von Briefmarkensammlern hielt.

Der Vorsitzende lobte die Freundlichkeit und den ewigen Einsatz für den Verein von Heinrich Gerlach in den Himmel. Natürlich, jetzt waren alle geschlossen der Meinung, der

Verblichene sei die Stütze des gesamten Vereins gewesen. Und wieder prosteten sie sich zu, obwohl man die Leiche noch gar nicht gefunden hatte.

Eva stellte sich vor, dass plötzlich die Tür aufging und Gerlach leicht verwirrt den Raum betrat. Doch nicht einmal sie glaubte daran, dass das jemals geschehen würde. Also kippte auch sie einen Korn nach dem andern runter, so wie Jürgen, der betreten neben ihr saß. Er hatte es offensichtlich immer noch nicht ganz verwunden, dass sie versucht hatte, ihn in eine verbrecherische Verschwörung mit hineinzuziehen.

»Du Jürgen ...«, Eva stieß ihn am Arm.

»Was?«

»Es tut mir leid.«

»Hm ...«

»Jürgen?« Der Alkohol ließ sie hemmungsloser agieren.

»Was?« Er drehte sich zu ihr hin.

»Kannst du mir ... nochmal verzeihen?« Ihre Augen wurden feucht.

Jürgen musste das in der Beleuchtung gesehen haben. Plötzlich tat sie ihm leid.

»Schon gut, Eva. Vergessen wir den ganzen Scheiß.« Er hielt ihr noch einen Korn hin und sie stießen an.

»Ich mach das auch nie wieder, versprochen«, nuschelte sie ihm in den Hemdkragen.

»Das ist gut, sonst müsste ich dich nämlich übers Knie legen«, sagte Jürgen und grinste.

Sie lächelte nur und schenkte nach.

Um kurz vor Mitternacht torkelten die Ersten aus dem Restaurant. Heinrich Gerlach war gebührend verabschiedet worden und das Essen hatte allen geschmeckt. Irgendwann wurde auch die Stimmung dank des Alkoholpegels gelöster und einige rissen Witze. Das Vereinsleben ging weiter.

Eva und Jürgen verließen gemeinsam die Feier und gingen noch am Strand entlang, wo Eva sich dann übergab. Danach hakte sie sich bei Jürgen unter, der sie sicher zu ihrer Wohnung brachte.

»Willst du noch einen Kaffee?«, fragte Eva ernüchtert, als sie vor ihrer Haustür standen.

»Heute lieber nicht«, sagte Jürgen. »Ich muss morgen wieder früh raus.«

Er verabschiedete sich mit einem dahingehauchten Kuss auf die Wange und ging seiner Wege.

Gegen eins hatte auch Dieter Wattjes die Nase voll und ging von der Toilette direkt zum Fahrstuhl, um auf sein Hotelzimmer zu gehen. Irgendwie hatte er sich den Abend anders vorgestellt, nachdem er die schlanken Beine gesehen hatte. Mit Heinrich Gerlach hatte ihn nichts verbunden, ihm war dieser alte Mann egal. Er hätte sich lieber vergnügt. In diesem Moment fand er es schade, dass Sabine sich den Arm gebrochen hatte. Vielleicht wäre es eine gute Gelegenheit gewesen, mal außerhalb der eigenen vier Wände wieder eine schöne Nacht miteinander zu verbringen.

Doch jetzt stand er alleine vor seiner Zimmertür. Innen warf er zunächst einen Blick in die Minibar. Nach Sekt und Rotwein stand ihm nicht der Sinn. Aber es stand auch noch ein Fläschchen *Küstennebel* darin. Er schraubte den Deckel ab und stürzte den Schnaps herunter. Es brannte in seiner Kehle. Er warf sich aufs Bett. Fast wären ihm die Augen zugefallen, als er plötzlich meinte, ein Geräusch zu hören.

Klopfte da etwa jemand an seine Zimmertür? Er richtete sich auf und spitzte die Ohren. Tatsächlich. Das war hier. Er drehte sich vom Bett und machte auf.

Der Sonntag danach

Sabine Wattjes hatte rotgeweinte angeschwollene Augen, die sie hinter einer Sonnenbrille verbarg. Sie saß jetzt auf der ersten Fähre Richtung Bensersiel. Die ganze Nacht hatte sie geweint. Bis sie eingeschlafen war. Die Erkenntnis, dass sie recht gehabt hatte mit ihrer Vermutung, war so erleichternd wie traurig zugleich gewesen.

Sie setzte sich nicht unter Deck, obwohl die Sonne von dunklen Wolken verhangen war. Sie strafte sich mit dem peitschenden kalten Wind, der ihr über die Haut wie ein scharfes Messer strich. Sie wollte Schmerzen spüren. Andere als die in ihrem Herzen. Denn die taten noch viel mehr weh. Was würde sie als Erstes tun, wenn sie wieder zuhause in Moormerland war? Putzen? Kochen? Einkaufen? Es kam ihr absurd vor, ihr Leben wie bisher weiterzuführen. Sollte sie einfach ihre Sachen packen und verschwinden? Spurlos verschwunden sein? Doch sie wusste, dass sie das nicht konnte. Sie war der Typ Frau, der über alles reden musste. Sie brauchte klare Verhältnisse, auch wenn sie weh taten. Sie konnte doch nicht mit einem Mann zusammenleben, der sie betrog. Doch sie war auch nicht naiv. Die fünfzehn Jahre Ehe waren auch für sie nicht leicht gewesen. Wer konnte schon auf Dauer das Gefühl der Verliebtheit aufrechterhalten? Auch sie hatte mit anderen Männern geflirtet. Nur, soweit war sie nie gegangen. Wäre es leichter, wenn auch sie ein Verhältnis gehabt hätte? Aber was war eine Ehe denn noch wert, wenn man dem anderen nicht treu war? Viele Männer ihrer

Freundinnen waren nicht treu. Das war regelmäßig Thema bei den Nachmittagen bei Tee und Kuchen in der Nachbarschaft. Sabine hatte sich gerne daraus gehalten. Sie wollte an die Liebe glauben und nicht an etwas, das verging. Sie liebte Dieter doch. Warum konnte er ihr so etwas antun? Tränen liefen wieder über ihre Wangen und brannten auf der eiskalten Haut. Jetzt setzte auch noch ein leichter Regen ein. Sie entschied sich, doch unter Deck zu gehen und einen Kaffee zu trinken. Ihre Hände fühlten sich wie abgestorben an.

»Entschuldigung«, sagte eine Stimme neben ihr. Sabine sah nicht einmal auf. Irgendjemand hatte sie angerempelt. Es war ihr egal. Hätte sie ihren Blick gehoben, dann hätte sie sie vielleicht erkannt. Aber so ging sie gesenkten Hauptes einfach an ihr vorbei.

*

Auf Langeoog machten sich die ersten Vereinsmitglieder langsam auf den Weg zum Gruppenraum im Nordseehotel. Vielen brummte vom vielen Schnaps noch der Schädel. Um elf Uhr sollte es mit der Tauschbörse losgehen. Nach einem Mittagessen im Hotelrestaurant wollten sich die Ersten am Nachmittag bereits wieder auf den Weg zur Fähre machen, weil sie am nächsten Tag wieder arbeiten mussten.

»Wie geht es dir?«, fragte Eva, als sie die Tür zur Touristinfo öffnete.

Jürgen sah erstaunt auf. »So früh schon auf den Beinen?«, fragte er, ohne auf ihre Frage einzugehen.

Die Stimmung war eindeutig noch unterkühlt.

»Gibt es heute gar keine Käsebrötchen?«, fragte Eva lachend. Irgendwie musste Jürgen doch aufzutauen sein.

»Ne, wir waren ja heute nicht verabredet«, sagte Jürgen knapp.

Alter sturer Esel, dachte Eva.

»Na, ich geh dann mal in die Dienststelle«, sagte Eva schließlich, als er sie nicht weiter beachtete. Doch bevor sie zur Tür herausgehen konnte, wurde diese von außen aufgerissen.

»Es gibt einen Toten im Nordseehotel«, schrie eine junge Frau. »Sie müssen sofort kommen Eva.«

Eva kannte sie vom Ansehen. »Im Hotel?«, fragte sie ungläubig, denn ihr war sofort Heinrich Gerlach wieder eingefallen. Aber wie sollte der in das Hotel gekommen sein? Sein Zimmer war leer gewesen, als man nach ihm gesucht hatte. Und da er ihrer Meinung nach ins Wasser gegangen war, war es recht unwahrscheinlich, dass er jetzt tot im Hotel lag.

»Ja, es ist überall Blut. Der Chef hat gesagt, dass ich Sie suchen soll ... da ich Sie auf der Dienststelle nicht angetroffen habe ...« Sie atmete heftig vor Aufregung.

»Okay, dann sollten wir jetzt gehen«, sagte Eva und ging mit ihr wieder hinaus. Jürgen folgte ihnen. Seine Neugier war eindeutig größer als seine verletzten Gefühle.

»Er heißt Dieter Wattjes«, sagte die junge Frau, während sie neben Eva herlief.

»Der Tote?«

Die junge Frau nickte. »Ich wollte heute Morgen die Betten machen, da hab ich ihn entdeckt. Es war so schrecklich.«

In Evas Kopf arbeitete es fieberhaft. Erst ein Selbstmord und dann auch noch Mord. Und das alles hier auf ihrer kleinen Insel bei einem Vereinstreffen. Sie hoffte, dass das jetzt wirklich die letzte Hiobsbotschaft war, bevor die Gruppe wieder abreiste am Montag.

Im Hotel herrschte Aufregung. Viele Vereinsmitglieder waren im Foyer versammelt und tuschelten miteinander. Gerade die Frauen standen zusammen und nickten sich zu und schlugen die Hände vor den Mund.

»Frau Sturm, gut dass Sie kommen«, sagte der Hotelbesitzer. »Ich habe das Zimmer abschließen lassen, damit niemand hineingeht.«

»Das war eine gute Entscheidung«, lobte Eva. »Welche Zimmernummer?«

»Ich bringe Sie hin.« Der Hotelier lief voraus zum Fahrstuhl.

Dieter Wattjes lag halb bekleidet auf dem Bauch auf seinem Bett. Das Kissen, auf dem sein Kopf in unnatürlich verdrehter

Haltung lag, war tiefrot gefärbt. Offensichtlich hatte ihm jemand ordentlich eins über den Schädel gegeben.

»Bitte lassen Sie mich jetzt alleine«, sagte Eva. »Es sollten nicht allzu viele Menschen hier drin sein, bevor die Spurensicherung da war.«

»Natürlich.« Der Hotelier zog sich zurück.

Jürgen unterhielt sich derweil mit dem Vorsitzenden des Briefmarkenvereins in der Hotelhalle.

»Das sind ja wirklich traurige Umstände, unter denen Ihre Veranstaltung hier stattfindet«, sagte er mitfühlend.

»Tja, das werden wir alle wohl so schnell nicht vergessen«, meinte der Vorsitzende. »Und irgendjemand muss ja auch noch Sabine ... ich meine Dieters Frau informieren. Sie wollte ja eigentlich mit dabei sein, doch sie hatte einen Unfall und ist zuhause geblieben. Gut nur, dass die beiden keine Kinder haben.«

»Ja, wenn Kinder betroffen sind, ist es immer doppelt schlimm. Wie gut kannten Sie denn das Opfer?«

»Den Dieter? Ach, den kenne ich schon seit über zehn Jahren, als er in unseren Verein eingetreten ist. Er war ein feiner Kerl. Hat keiner Fliege was zuleide getan. Ich verstehe das alles nicht ...«

»Sie haben also keine Idee, wer ihn ermordet haben könnte?«, hakte Jürgen nach. Dann wurde er unsanft am Ärmel nach hinten gezogen.

»Führst du hier etwa gerade eine Zeugenbefragung durch?«, zischte Eva ihm zu.

»Ich wollte dir nur behilflich sein ...«

»Du weißt, dass ich dadurch in Teufels Küche kommen kann ...«

»Da fühlst du dich doch ganz wohl«, sagte Jürgen schnippisch.

»Jetzt reicht es aber wirklich. Wir sprechen uns noch.«

Eva wandte sich ab, bevor sie noch weitere Boshaftigkeiten ausspie.

Als sie sich umdrehte, war der Vereinsvorsitzende aus ihrem Blickfeld verschwunden.

Eine halbe Stunde später traf die Spurensicherung aus Aurich ein. Auch Gerichtsmediziner Ole Meemken war mit herübergeflogen. Als Dieter Wattjes in einem Zinksarg nach draußen getragen wurde, setzte Eva sich mit Ole Meemken an einen Tisch im Restaurant.

»Der Schädel des Opfers ist aufgeplatzt wie eine reife Melone«, sagte der Gerichtsmediziner.

Eva musste würgen. Was vielleicht auch am Korn lag, den sie gestern Abend in sich hineingeschüttet hatte wie Mineralwasser.

»Was könnte die Tatwaffe gewesen sein«, presste sie zwischen den Zähnen hervor.

»Hm ... auf jeden Fall etwas verdammt Schweres«, meinte Ole Meemken. »Für so eine Wucht reicht eine Weinflasche jedenfalls nicht aus. Denn sonst habe ich nichts anderes in dem Zimmer gefunden, was in Frage käme. Aber wie gesagt, es muss etwas anderes gewesen sein.«

»Vielleicht hat der Täter die Tatwaffe mitgenommen«, vermutete Eva.

»Davon gehe ich aus. Und vielleicht hatte er sie ja auch mitgebracht.«

»Das hieße dann Vorsatz.«

Ole Meemken nickte. »Wenn ich die abschließende Untersuchung durchgeführt habe, schicke ich dir sofort den Bericht.«

»Okay. Und prüfe bitte auch, ob er Sex gehabt hat.«

»Mach ich doch immer«, lachte Meemken, »Männer, die alleine in Hotelzimmern wohnen, ist sowas ja durchaus zuzutrauen.«

»Ja sorry. Ich meinte nur, weil er da halbnackt auf dem Bett lag.«

»Schon gut.«

Als die Menschenansammlung im Hotel sich langsam auflöste, weil es nichts Interessantes mehr zu sehen gab, entdeckte Eva, dass Jürgen bedröppelt alleine an einem Tisch im Foyer saß. Sie lief zu ihm herüber, als er sie entdeckte.

»Was für ein Mist, oder?« Sie setzte sich zu ihm.

»Kann man wohl sagen ... und dabei hatte ich alles so gut vorbereitet.« Jürgen schien wirklich geknickt. Dabei traf ihn sicher am allerwenigsten die Schuld an allem.

»Ich habe jetzt ein bisschen Leerlauf. Wollen wir zusammen zum Italiener gehen?«

Jürgen nickte und sie verließen das Hotel, nachdem Eva dem Vorsitzenden noch mitgeteilt hatte, dass sie alle Vereinsmitglieder um fünfzehn Uhr zu einer Befragung im Restaurant des Hotels erwarte.

Heute bestellte auch Eva sich eine Pizza mit doppelt Käse. Dazu eine große Flasche Mineralwasser. Sie hatte Nachdurst.

»Ich bin so froh, wenn die morgen alle wieder abreisen«, stöhnte sie, als sie halb aufgegessen hatte.

»Nie wieder ein Briefmarkenverein auf Langeoog«, maulte Jürgen. »Auf jeden Fall nicht mit meiner Unterstützung.«

»Nun hör aber auf. Du hast deine Sache gut gemacht. Aber ich frage mich, was hinter dem Mord stecken kann.« Sie wischte sich den Mund mit einer Serviette ab. »Ob dieser Wattjes eine wertvolle Briefmarke hatte?«

»Du meinst, man hat ihn wegen eines Papierschnipselchens den Schädel eingeschlagen?«

»Oh, du hast ja keine Ahnung, was die Dinger wert sein können. Ich hab mich ja näher damit beschäftigt. Es gibt Marken, die sind Millionen wert.«

»Ach, und du glaubst, dass ausgerechnet ein Ostfriese so einen Schatz mit nach Langeoog geschleppt hat in seinem Handgepäck? Hätte er dann nicht deinen Safe in Anspruch genommen?«

Eva überlegte kurz. »Du hast recht. Selbst wenn es nicht um Millionen ging, aber er hätte sie in Sicherheit gebracht. Dann bleibt wohl nur noch Eifersucht.«

»Oder Rivalitäten innerhalb des Vereins.«

»Oder alles zusammen«, meinte Eva. »Auf jeden Fall muss ich morgen aufs Festland rüber und die Frau von Dieter Wattjes befragen. Es sind schon zwei Beamte vom Festland zu ihr unterwegs, um ihr die schlechte Nachricht zu überbringen.«

»Dann komme ich mit«, sagte Jürgen.

»Wie? Nach Moormerland zu Frau Wattjes?«

»Genau.«

»Aber wieso? Und außerdem hast du doch deine Touristinfo.«

»Ach, das schafft Anja schon alleine. Ich hab da noch was gutzumachen bei dir.« Verschämt sah er auf seinen Teller.

»Das ist doch Quatsch. Du hast völlig richtig gehandelt, als du mich von diesem unsäglichen Plan abgehalten hast. Ich muss für einen Moment komplett den Verstand verloren haben.«

»Einen Moment, nun ja ...«, foppte Jürgen.

Es war wieder alles beim Alten, dachte Eva zufrieden. Insgeheim war sie froh, dass Jürgen sie begleiten würde.

»Es tut mir leid, dass ich dich vorhin vor dem Vereinsvorsitzenden so angefahren habe«, sagte sie mit vollem Mund.

»Ach schon gut. Du hast ja recht, du bist hier die Ermittlerin«, beschwichtigte Jürgen. »Es war sowieso nur Geplänkel. Sie kannten sich schon über zehn Jahre, aber von einer besonders wertvollen Marke hat er nichts gesagt. Und ich gehe mal davon aus, dass zumindest der Vereinsvorsitzende davon wüsste, wenn der Wattjes so etwas gehabt hat.«

»Na siehst du, das bringt uns doch schon ein gutes Stück weiter«, meinte Eva zufrieden.

Pünktlich um fünfzehn Uhr kehrte Eva zum Hotel zurück und knöpfte sich jedes Vereinsmitglied einzeln vor. Als sie mit der Befragung fertig war, war es fast zwanzig Uhr. Und es hatte sie kein Stück weitergebracht. Jeder war entsetzt, konnte sich nichts erklären und hoffte, dass man den Täter erwischte. Und niemand konnte sich vorstellen, dass Dieter Wattjes wegen einer Liebschaft umgebracht worden war. Und dass er besonders wertvolle Marken haben sollte, nein, davon hatte auch noch nie jemand was gehört.

Wieder zuhause

Als sie in ihre Wohnung kam, streifte sie als Erstes die dicken Schuhe ab. Sie war es nicht gewohnt, in solchen Klötzen durch die Gegend zu laufen. Doch da sie nicht davon ausging, dass Stöckelschuhe im Oktober auf einer ostfriesischen Insel unauffällig genug waren, hatte sie sich Boots mitgenommen. Und sie hatte es nicht bereut. Es war verdammt kalt gewesen auf der Rückfahrt. Und dann hatte es auch noch angefangen zu regnen.

Sie stellte ihre Tasche ins Gästezimmer, streifte ihren Trenchcoat ab und ließ ihn achtlos auf den dicken Teppich gleiten.

In der Küche holte sie eine Flasche Champagner aus dem Kühlschrank und goss sich ein Glas ein. Das Prickeln auf ihrer Zunge erinnerte sie an die letzte Nacht. Er war so heiß auf sie gewesen. Enthemmt durch den Alkohol hatte er ihr immer wieder die obszönsten Worte ins Ohr geflüstert, so dass ihr Nacken eine einzige erogene Zone mit aufgestellten kleinen Härchen war. Nein, so guten Sex hatte sie seit langem nicht gehabt. Sie war sich sicher, dass er es genauso empfunden hatte.

Beschwingt lief sie ins Bad und ließ Wasser in die runde Wanne laufen. Sie wollte sich entspannen und dann die Unterlagen für die ersten Mandanten am nächsten Tag vorbereiten.

*

Als Sabine Wattjes auf die Auffahrt fuhr, überkam sie ein Gefühl der Trostlosigkeit. Wie gelähmt saß sie in ihrem Wagen. Sie konnte doch jetzt nicht aussteigen und in das Haus gehen, das ihnen gemeinsam gehörte. Der Traum vom Eheleben war für immer ausgeträumt. Nie wieder würde sie ihm vertrauen können. Nie wieder. Regnete es oder waren es ihre Tränen, die ihr den Blick verschleierten. Ihre Hände hielten sich krampfhaft am Lenkrad fest, so dass es wehtat.

Plötzlich klopfte jemand an die Fensterscheibe.

»Frau Wattjes? Ist alles in Ordnung?«

Das war die Nachbarin von nebenan. Ausgerechnet die Frau, die den ganzen Tag an der Fensterscheibe klebte und vermutlich mehr über ihr Leben wusste als sie selbst. Sie konnte ihr in diesem Zustand unmöglich unter die Augen treten. Am nächsten Tag würde die ganze Straße darüber Bescheid wissen, dass sie mit rotgeweinten Augen in ihrem Auto vor dem Haus gesessen hatte. Und dass sie eine ganz bemitleidenswerte Frau war.

Sabine antwortete ihr nicht. Sie drückte den Türknopf herunter, startete den Wagen wieder und fuhr von der Auffahrt. Aus dem Augenwinkel heraus sah sie, wie die Nachbarin erschrocken zurücksprang. Selbst wenn sie ihr über die Füße gefahren war, es war ihr in diesem Moment vollkommen gleichgültig.

Sabine wusste nicht wie lange und wohin sie eigentlich gefahren war. Schließlich stand sie in Emden auf einem großen Parkplatz. Sie sah in den Rückspiegel. Die Schwellung der Augen war ein wenig zurückgegangen. Konnte sie es wagen, sich in ein Café zu setzen? Warum nicht, dachte sie, und stieg aus. Wer sollte sie hier schon kennen? Sie fuhr nur selten nach Emden und Verwandte gab es da auch nicht. So suchte sie sich einen freien Tisch in einem netten Lokal und bestellte sich ein Kännchen Kaffee. Sie wollte warten, bis es dunkel war, bevor sie erneut nach Hause fuhr. Nach Hause, dachte sie. Hatte das überhaupt noch eine Bedeutung?

Während sie in ihrem Kaffee rührte und grübelte, beantwortete ihre Nachbarin die Fragen zweier Beamter, die an ihrer Tür geklingelt hatten. Ja, sie habe Frau Wattjes heute schon gesehen, sagte die Nachbarin aus. Sie habe sich irgendwie eigenartig benommen. Habe auf ihrer Auffahrt in ihrem Wagen gesessen und sei nicht ausgestiegen. Als sie an ihre Scheibe geklopft habe, um sich zu erkundigen, ob alles in Ordnung sei, da habe sie einfach Gas gegeben und sei davongebraust. Ob denn etwas passiert sei? Die Beamten sagten nichts von dem Mord an Dieter Wattjes. Sie trugen der Nachbarin nur auf, dass sie sie sofort informieren sollte, falls Sabine Wattjes wieder auftauchte. Die Nachbarin steckte zerknirscht die Visitenkarte ein und versprach, anzurufen. Mit einem Kännchen Tee und ein paar Scheiben Brot mit Schmalz und Grieben machte sie es sich an ihrem Küchenfenster gemütlich und wartete.

Als Sabine um neunzehn Uhr auf ihre Auffahrt fuhr, wurde die Tür im Nebenhaus ungeduldig aufgerissen.

»Frau Wattjes ... warten Sie«, rief die Nachbarin aufgeregt und kam herübergerannt.

So ein Mist, dachte Sabine. Warum konnte diese Person sie nicht einfach in Ruhe lassen.

»Die Polizei war da«, rief die Nachbarin außer Atem, als sie vor Sabine stand.

»Die Polizei?« Sabine wurde hellhörig. »Warum? Was wollten sie von mir?«

»Das weiß ich nicht. Aber ich habe hier eine Karte mit der Nummer, wo Sie anrufen sollen. Das heißt, eigentlich haben Sie mich gebeten anzurufen, falls sie wieder nach Hause kommen. Aber eigentlich können ja auch Sie selbst ...«

Sie reichte Sabine die Karte.

»Danke. Dann werde ich mich am besten gleich dort melden«, sagte Sabine und machte Anstalten, ins Haus zu gehen.

Die Nachbarin stand wie angewurzelt da. Natürlich war Sabine klar, dass sie jetzt zur Belohnung alles wissen wollte. Doch sie wusste ja selber noch nicht, worum es ging und würde sich ganz bestimmt nicht dieser Person anvertrauen.

»Danke nochmals für Ihre Hilfe«, sagte Sabine und verschwand im Haus. Als sie durch das Flurfenster nach draußen sah, war die Nachbarin verschwunden.

Sie stellte ihre Tasche ab und zog Jacke und Schuhe aus. Sie war so unendlich müde und erschöpft. Am liebsten hätte sie jetzt ein Bad genommen und wäre einfach ins Bett gekrochen. Doch was wollte die Polizei von ihr? Es war sicher ihre Pflicht, sich dort jetzt zu melden. Selbst um diese Uhrzeit noch.

Also griff sie zum Telefon und wählte die Nummer auf der Visitenkarte. Es meldete sich ein Mathias Sanders von der Polizeistation in Leer. Als er wusste, mit wem er es zu tun hatte, erklärte er, dass er gleich noch vorbeikäme.

Komisch, dachte Sabine. Es musste wohl etwas Schlimmeres passiert sein.

Eine halbe Stunde später sackte sie ohnmächtig in ihrem Wohnzimmer zusammen.

Eva und Jürgen in Moormerland

»Weißt du Jürgen, ich finde es ja nett, dass du mich immer begleitest, aber so langsam komme ich mir wie eine Schwerbehinderte vor.«

Sie saßen auf der ersten Fähre nach Bensersiel, um der Witwe von Dieter Wattjes einen Besuch abzustatten.

»Ich weiß nicht, was du immer hast ...« Jürgen rührte in seinem Kaffee.

»Oh, das weißt du sehr wohl. Ich meine, traust du mir eigentlich nicht zu, dass ich einen Fall auch alleine lösen kann?« Eva schien gereizt.

»Das hat doch damit nichts zu tun. Und wenn du dich genau zurückerinnerst, dann warst doch du es, die mich im Fall des Ringmörders in die Ermittlungen hineingezogen hat.«

Da musste sie ihm allerdings recht geben.

»Aber das war doch nur, weil ich es nie im Leben geschafft hätte, alle Standesämter alleine abzutelefonieren.« Sie sah aus dem Fenster und schaute den brechenden Wellen zu. »Aber jetzt ist es doch etwas ganz anderes. Ich werde gleich eine Witwe eines Mordopfers befragen. Als was soll ich dich denn vorstellen? Meinen Chauffeur?«

»Sag doch einfach Kollege.« Jürgen atmete tief ein und aus. Sicher ging ihm diese Diskussion gewaltig auf die Nerven.

Eva erwiderte nichts mehr, bis die Fähre anlegte. Und auch Jürgen nahm keinen neuen Anlauf für eine Unterhaltung.

»Wollen wir auf dem Rückweg vielleicht noch bei Klara Tee trinken?« Eva wollte das Gespräch gerne wieder in Gang bringen.

Jürgen zuckte mit den Achseln. »Wenn du dafür noch Zeit findest bei deinem aufregenden Job.«

»He, nun sei nicht eingeschnappt«, maulte Eva. »Ich meine es doch nicht böse. Außerdem könnten wir vielleicht wieder Klaras Wagen für die Fahrt nach Moormerland nutzen.«

»Du verstehst es ja wirklich, die Leute für dich einzuspannen«, erwiderte Jürgen knurrig.

Eindeutig eins zu null für ihn, dachte Eva. War es wirklich so, dass sie andere Menschen gerne für ihre Zwecke ausnutzte? Sie musste unbedingt einmal darüber nachdenken, wenn sie Zeit hatte. Doch das war jetzt nicht der Fall. Sie winkte ein Taxi heran und nannte Klara Bertschoos Adresse in Esens.

Die alte Dame freute sich wie ein Schneekönig über den unerwarteten Besuch. Sie ließ es sich nicht nehmen, die beiden mit einer leckeren Tasse Ostfriesentee mit Wulkje zu verwöhnen. Die Spannung zwischen Eva und Jürgen verflüchtigte sich und alles schien wieder in bester Ordnung, als sie in den alten Opel stiegen und Richtung Moormerland fuhren. Auf der A31 wurde wieder gebaut und sie war nur einspurig befahrbar, so dass sie schließlich gegen Mittag bei Sabine Wattjes eintrafen. Vorsichtshalber hatte Eva sie bereits von Esens aus angekündigt, damit sie sie auch antrafen. Doch so, wie Sabine aussah, wäre sie nie im Leben aus dem Haus gegangen. Als sie am Vorabend ohnmächtig zusammengeklappt war, nachdem Mathias Sanders aus Leer ihr die schlimme Nachricht übermittelt hatte, stand sie unter Schock und Beruhigungsmitteln.

»Guten Tag, ich bin Eva Sturm«, stellte sie sich vor. »Und das ist Jürgen ... mein Kollege.«

Sabine Wattjes bekam sicher nur die Hälfte mit und bat die beiden ins Haus. Das eingefallene Gesicht war rotfleckig und die Augen angeschwollen. Vorsichtig wie auf Glatteis lief sie voraus ins Esszimmer, wo sie auf einen großen runden Holztisch mit sechs Stühlen zeigte.

»Möchten Sie etwas trinken, vielleicht einen Kaffee?«, fragte Sabine mit matter Stimme. Eva hatte den Eindruck, dass sie noch immer unter schweren Medikamenten stand.

»Nein danke, wir haben gerade Tee getrunken«, antwortete sie. »Es tut uns sehr leid, das mit ihrem Mann.«

Sabine Wattjes schluchzte und setze sich hin.

»Wir müssen Sie leider dazu befragen, wann Sie Ihren Mann zuletzt gesehen haben ...«

Die Witwe schüttelte sich und zog ihr Taschentuch hervor. Es musste sie schwer getroffen haben, dachte Eva. Ob auch Kinder im Haus waren?

»Lassen Sie sich ruhig Zeit«, sagte sie. Betreten sah Eva zu Jürgen, der den Kopf auf seine Hand gestützt hielt. Er sah gelangweilt aus. Das war so typisch. Konnte er denn nicht ein wenig Mitleid empfinden?

»Es war am Freitag.« Die Stimme von Sabine klang belegt. »Er ist doch zu diesem Vereinstreffen nach Langeoog gefahren ... eigentlich wollte ich ja auch mit.« Sie schüttelte sich wieder.

»Und warum sind Sie nicht mitgefahren?«, fragte Eva.

»Wegen dem hier«, sie hob ihren geschienten Arm in die Höhe. »Ich hatte vor einiger Zeit einen Fahrradunfall und da habe ich mich entschieden, lieber nicht mitzufahren. Aber wenn ich mitgefahren wäre, vielleicht ...« Sie vollendete den Satz nicht und weinte wieder.

Jürgen atmete hörbar aus. Vielleicht ist es besser, wenn er rausgeht, dachte Eva. »Kann mein Kollege sich vielleicht mal ein wenig im Haus umsehen?«

Jürgen sah erschrocken auf. Meinte sie das ernst? Er sollte ein fremdes Haus durchsuchen?

»Ja sicher«, seufzte Sabine. »Das Arbeitszimmer von ... Dieter ... es ist unten im Flur geradeaus und dann die erste Tür rechts.«

Eva stieß Jürgen unterm Tisch an und er trottete davon.

»Hat Ihr Mann Sie denn von Langeoog aus nochmal angerufen?«, fragte Eva weiter.

Sabine schüttelte den Kopf. »Nein, das hat er nicht. Aber das war auch nicht ungewöhnlich. Wir sind ja auch schon fünfzehn Jahre verheiratet ... gewesen.«

Na, wenn man dann so abstumpfte, dann war Eva froh, dass ihr das bisher erspart geblieben war. Was sollte sie jetzt noch fragen? Offensichtlich hatte es sich bei den Wattjes um ein Paar gehandelt, das sich nicht mehr füreinander interessierte.

»Haben Sie auch Briefmarken gesammelt?«

»Nein, das hat mich nie interessiert. Ich bin nur hin und wieder zu Vereinsveranstaltungen mitgefahren.«

»Wissen Sie denn, ob Ihr Mann auch wertvollere Marken besitzt?«

Sabine nickte. »Doch, es waren bestimmt einige Exemplare dabei, wofür man schon ein wenig Geld bekommen konnte von eingefleischten Sammlern, das hat Dieter jedenfalls immer gesagt. Aber wie gesagt, ich kenne mich da nicht aus.«

»Am gestrigen Sonntag war auf Langeoog auch eine Tauschbörse geplant. Da wäre es ja durchaus denkbar, dass er zu diesem Anlass Briefmarken von größerem Interesse mitgenommen hatte …«

»Ich weiß es nicht, tut mir leid. Aber in dem Arbeitszimmer, wo ihr Kollege jetzt ist, da ist auch seine Sammlung. Sie können gerne alles mitnehmen, wenn das weiterhilft.«

Sehr großzügig, dachte Eva. Vielleicht ein bisschen zu sehr.

»Verzeihen Sie, wenn ich das frage«, sagte sie, »aber wie war Ihre Beziehung zu Ihrem Mann?«

»Beziehung? Wie meinen Sie das?«

»Nun, Sie sagten ja eben selber, dass sie nicht miteinander telefoniert haben, als er für ein paar Tage weg war. Deshalb frage ich mich natürlich, ob sie einander noch sehr verbunden waren nach fünfzehn Jahren Ehe.«

Irritiert sah Sabine auf.

»Es war da mal was ... ich glaube, er hatte eine andere Frau.«

Aha.

»Sie wissen es also nicht hundertprozentig?«

»Doch, eigentlich schon. Aber er hat es nie zugegeben. Es war nur so ein Gefühl.«

Dass Frauen wohl öfter befällt, dachte Eva.

»Haben Sie Ihrem Mann denn noch vertraut?«

»Ich habe mir Mühe gegeben ...«

»War das Misstrauen vielleicht auch der Grund, warum Sie nicht mit nach Langeoog gefahren sind?«

»Nein, auf keinen Fall«, sagte Sabine entschlossen. »Denn wenn ich ihm nicht getraut hätte, wäre es doch wohl sinnvoller gewesen, einfach mitzufahren.«

Ja, da hatte sie wohl recht. Wo blieb Jürgen eigentlich?

»Ich werde mal gucken, was mein Kollege macht«, sagte sie und verschwand ebenfalls im Flur.

Sabine fuhr sich durchs Haar. Hatte sie alles richtig gemacht? Sie war noch nie besonders gut im Lügen gewesen. Doch die ganze Situation spielte ihr sicher in die Hände. Man würde ihr nicht auf die Schliche kommen und herausfinden, dass sie auf Langeoog gewesen war.

»Was zum Teufel machst du hier solange?«, fragte Eva unwirsch, als sie Jürgen über den Schreibtisch gebeugt vorfand.

»Nun guck dir das mal an ... alles akribisch festgehalten. Jede Marke ist nummeriert und in dieser Liste hier aufgeführt mit Albennummer und Seitenzahl.« Fasziniert hielt er ihr die Liste hin.

»So machen Sammler das wohl«, sagte Eva obenhin. »Steht denn auch dabei, was die einzelnen Marken für einen Marktwert haben unter Sammlern?« Neugierig schielte sie zu ihm herüber.

»Und ob«, sagte Jürgen triumphierend. »Und ich suche gerade nach der Marke, die mit dem größten Betrag in der Liste geführt wird.«

»Nach dem System dürfte das ja wohl ein Kinderspiel sein«, sagte Eva.

»Ja ja ... ich bin ja gleich so weit.« Jürgen blätterte weiter und weiter. »Da«, rief er plötzlich aus. Da ist eine Lücke. Die Marke ist nicht mehr da.«

»Verdammt. Von welcher Summe sprechen wir hier?«

»Fünfzigtausend Euro«, sagte Jürgen mit leuchtenden Augen. »Eine Menge Holz, wenn du mich fragst. Dafür lohnt es sich schon, jemandem eins über den Schädel zu geben.«

»Wow ... wir müssen die Alben beschlagnahmen. Ich werde gleich Frau Wattjes Bescheid sagen.«

Sie packten die Alben in eine große Tasche, die ihnen Sabine gegeben hatte.

»Sie bekommen alles zurück«, versicherte Eva. »Und Sie haben wirklich nichts davon gewusst, dass Ihr Mann diese teure Briefmarke mitgenommen hatte?«

»Nein, wirklich nicht. Wie gesagt, mich hat das Thema nie interessiert.«

Eva fragte sich, ob es dem Ehepaar so gut gegangen war, dass sie es nicht nötig hatten, diese Marke zu verkaufen. Und noch viel mehr interessierte sie, wo und mit welchem Geld Dieter Wattjes diese Marke erstanden hatte. Doch es schien sinnlos, seine Frau weiter danach zu fragen.

»Eine Frage habe ich noch Frau Wattjes«, sagte Eva, als sie mit Jürgen bereits in der Tür stand. »Wo waren Sie am Sonntagnachmittag?«

Sabine machte ein fragendes Gesicht. »Ich glaube hier«, sagte sie.

»Leider nein«, sagte Eva, »denn zwei Beamte aus Leer haben versucht, Sie zu erreichen, um Ihnen die traurige Nachricht zu überbringen. Doch das gelang ja erst, als sie am späten Abend wieder nach Hause kamen. Erinnern Sie sich gar nicht daran, dass Sie bei der Polizei angerufen haben?«

»Doch natürlich«, versicherte Sabine. Mist, das hatte sie nicht bedacht, dass man schon am Nachmittag bei ihr gewesen sein könnte. Hatte etwa auch die neugierige Nachbarin schon geplaudert und von ihrem merkwürdigen Verhalten berichtet? »Ich war noch bei einer guten Freundin. Wir haben Kaffee getrunken und geredet«, sagte sie schließlich.

»Aha. Und da sind Sie mit dem Wagen gefahren? Trotz ihres gebrochenen Arms?«

Also wussten sie bereits alles, dachte Sabine verärgert.

»Ja, es ging mehr schlecht als recht. Es ist ja auch der linke Arm, so kann ich ja noch schalten.«

»Aber Sie wissen schon, dass das im Grunde zu gefährlich und auch verboten ist?« Eva machte ein ernstes Gesicht.

»Mir fiel einfach die Decke auf den Kopf.«

»Wie spät kamen Sie denn wieder nach Hause?«

Sabine überlegte kurz. »Vielleicht so gegen siebzehn Uhr. Aber ich habe nicht auf die Uhr gesehen.«

»Sie hätten ja auch Ihren Mann anrufen können, wenn Ihnen langweilig war«, mischte sich Jürgen ein.

»Na ja, wie dem auch sei, Sie müssen sich zu unserer Verfügung halten, falls wir noch Fragen haben. Bitte verreisen Sie nicht.«

Eva und Jürgen liefen zum Wagen.

»Da guckt uns jemand durchs Fenster zu«, murmelte Jürgen.

»Wo?«

»Da drüben. Das muss eine Nachbarin sein. Soll ich sie nochmal kurz befragen?«

»Untersteh dich«, sagte Eva. Sie stieg aus dem Wagen und klingelte bei dem Haus.

Jürgen beobachtete, wie eine Frau um die Fünfzig öffnete. Eva unterhielt sich kurz mit ihr und zeigte mehrmals zu dem Haus der Wattjes.

»Danke«, sagte sie knapp, als sie wieder in den Wagen stieg. »Deine Vermutung war richtig, diese Frau hat die Augen und Ohren überall. Und sie konnte mir sagen, wann Sabine Wattjes nach Hause gekommen war mit ihrem Wagen. Und es war nicht um siebzehn Uhr.« Sie machte große Augen, als sie in Jürgens Richtung sah.

»Also lügt sie uns an«, stellte Jürgen fest. »Das habe ich mir doch gleich gedacht, dass diese Frau etwas zu verbergen hat.«

»Ach ja?«

»Natürlich. Zeig mir doch mal eine Frau, die nicht wüsste, wie es um die finanziellen Verhältnisse steht. Es gibt doch für Frauen nichts Wichtigeres als das Geld des Ehemannes.«

»Du übertreibst mal wieder ...«

»Und auch wenn sie sich nicht für Briefmarken interessiert, so bin ich mir doch sicher, dass sie wusste, welche Schätze da in den Alben schlummern. Sie brauchte ja nur mal reinzusehen und zu googeln, wenn ihr Mann bei der Arbeit war.«

»Vielleicht hast du recht«, meinte Eva. »Aber zunächst werden wir jetzt mal bei der Spurensicherung nachfragen, ob wir mal einen Blick in die Briefmarkenalben werfen dürfen, die im Hotelzimmer sichergestellt worden sind.«

Bald darauf blätterten die beiden in der Asservatenkammer der Dienststelle Aurich die Alben durch. Während Jürgen blätterte und sich die Marken genau ansah, hielt Eva die Liste griffbereit. Da es fünf Alben mit mindestens gefühlten Millionen Marken waren, entschieden sie sich, in Esens bei Klara zu übernachten. Nach einem kurzen Telefonat war alles geregelt. Klara wollte für die beiden zum Abendbrot Kartoffelpfannkuchen machen. Eva lief das Wasser jetzt schon im Mund zusammen.

Gegen neunzehn Uhr hatten sie Marken aus aller Welt gesehen, doch das gesuchte wertvolle Exemplar war nicht darunter.

»Ich tippe, der Mörder hat sie mitgenommen«, sagte Jürgen verschwörerisch.

»Kann sein, aber dann frage ich mich, warum er sich die Mühe gemacht hat, sie aus den Alben herauszusuchen. Warum hat er nicht einfach alle mitgenommen?«

»Vielleicht war die Marke ja gar nicht in einem dieser Alben«, mutmaßte Jürgen. »Wenn die wirklich so teuer war, dann hatte dieser Wattjes sie bestimmt an einem sichereren Ort aufbewahrt.«

»Aber leider nicht bei mir im Safe«, beklagte Eva. »Denn dann wäre er sicher noch am Leben.«

»Du meinst, er war mit dem Mörder verabredet, weil er die Marke unter Hand kaufen wollte ... und dann hat er ihn einfach umgebracht?«

»Geniale Idee«, stimmte Eva zu. »Genauso könnte es gewesen sein. Und jetzt lass uns fahren, die Kartoffelpuffer warten.«

Die Menschen sind schlecht

Er empfand große Genugtuung, als er spät in der Nacht den Schlüssel in seine Haustür steckte und aufschloss. Sein Kater William kam ihm entgegengelaufen. Er war ein Streuner und kannte es schon, dass sein Herrchen tagelang nicht da war. Es machte ihm nichts aus, so lange genügend Futter bereitstand und er nachts auf die Jagd gehen konnte. Vielleicht hatte er das mit seinem Herrchen gemein.

Es roch muffig. In so einem alten Haus wurde es schnell feucht, wenn man nicht genügend lüftete. Er machte in der Küche Licht und lief von einem Zimmer zum anderen und stellte die Fenster auf kipp. Draußen war es totenstill. Nur ein Vogel saß in einem der großen Obstbäume und gab krächzende Laute von sich.

William stand neben dem Küchentisch und maunzte. Er wollte seine Belohnung dafür, dass er alleine die Stellung gehalten hatte. Der Mann ging zum Kühlschrank und zog einen Teller mit Frischwurst heraus, den er vor William auf den Boden stellte. Der Kater fraß schnurrend.

Der Mann nahm seine Tasche mit den wenigen Habseligkeiten und ging nach hinten ins Schlafzimmer. Er stellte sie auf dem Stuhl mit der abgewetzten Sitzfläche ab und sah ratlos auf das große Doppelbett aus dunklem Holz, in dem schon seine Großeltern gelegen hatten.

Er war nicht müde. Er fühlte eigentlich nichts. William kam hereinspaziert und fläzte sich auf die bunte selbstgestrickte Tagesdecke. Daran hatte sie vier Monate gearbeitet, als sie noch lebte, dachte der Mann bekümmert. Immer, wenn er an Stella dachte, zog sich sein Herz zusammen. Sie hatte nie jemandem etwas getan, und doch war sie an einem bösen Tumor gestorben vor einigen Jahren. Es traf immer die Falschen. Und damit es auch mal die Richtigen traf, musste man eben manchmal etwas nachhelfen.

Ja. Es hatte den Richtigen getroffen, als Dieter Wattjes in seinem Zimmer tot aufs Bett geplumpst war wie ein nasser Sack.

So beflügelt ging der Mann wieder in die Küche und nahm sich ein Bier aus dem Kühlschrank. Er setzte sich damit in den alten Ohrensessel vor dem Fenster im Wohnzimmer und sah in die Nacht hinaus.

Sie

Sollte sie wirklich einfach so zum Alltag zurückkehren? Sie räkelte sich nackt auf ihrem Seidenlaken und spielte an einer langen Haarsträhne. Dieter konnte sie jetzt abschreiben. Sie empfand Trauer. Ja, sehr sogar. Und dass, obwohl er sie so einfach abserviert hatte. Männer waren wohl so. Und sie war es ja gewohnt, dass diese sich an ihrem makellosen Körper gütlich taten, bis sie das schlechte Gewissen plagte. Bis sie wieder heim zu ihren Frauchen gingen. Reue empfand sicher keiner von ihnen. Und natürlich vermissten sie den Sex mit ihr. Doch auch Ehemänner konnten darben, wenn es die Situation erforderte. Sie lächelte in sich hinein. Sie würde schon wieder einen Verehrer finden, daran hatte sie keinen Zweifel. Doch mit Dieter, ja, da hätte es mehr werden können, wenn er sich von dieser Frau hätte trennen können. Sie hatte nie verstanden, warum das eigentlich so ein großes Problem sein sollte. Sie hatten ja nicht einmal Kinder. Und jetzt war diese Frau doch sowieso allein. Das hätte der Trottel ja wirklich einfacher haben können.

Sie lachte, richtete sich auf und trank noch einen Schluck Champagner.

Kartoffelpuffer

»Das Essen war wirklich wieder köstlich liebe Klara«, lobte Eva ihre Freundin und rieb über ihren Bauch. »Sie entfernen mich aber wieder um Lichtjahre von meiner Traumfigur.«

»Ich weiß nicht, was du immer hast«, rügte Klara. »Du hast so ein schönes Gesicht. Wer guckt denn da schon auf den Bauch?«

Die beiden Frauen lachten. Jürgen war gerade für kleine Königstiger und bekam von allem nichts mit.

»Wie steht es denn jetzt um euch beide?« Klara beugte sich verschwörerisch zu Eva rüber. »Habt ihr euch endlich geküsst?«

»Also Klara, ich bitte dich. Das ist Jürgen, ein guter Freund, sonst nichts ...«

»Einer alten Frau wie mir kannst du da nichts vormachen«, kicherte Klara. »Ich sehe es an deinen Augen, dass er dir viel bedeutet.«

»Ach ja?« Eva kniff demonstrativ die Augenlider zusammen. »Und jetzt?«

»Jetzt hast du dich verraten.«

Jürgen kam zurück. Schade, dachte Eva. Sie hätte zu gerne von Klara erfahren, wie es denn um seine Augen bestellt war.

»Wollen wir noch eine Runde scrabbeln«, fragte Klara, die ganz vernarrt in dieses Spiel war und viel zu selten Gelegenheit dazu bekam, es zu spielen.

Eva war zwar hundemüde, konnte ihr den Gefallen aber nicht abschlagen. Jürgen willigte ein, dabei zu sein.

Am Ende hatte Klara mit über vierhundert Punkten gewonnen und Eva an Erfahrung, denn immer wieder sah sie ein verschmitztes Lächeln in Jürgens Gesicht, während seine Augen strahlten. Sie dachte an die Worte von Klara und schlief später selig ein.

Am nächsten Morgen machten sich Eva und Jürgen sehr früh auf den Weg, um die erste Fähre nach Langeoog zu nehmen.

»Was haben wir denn jetzt eigentlich konkret herausgefunden«, fragte Eva und zog einen Notizzettel hervor, als sie sich mit einem Becher Kaffee an einen freien Tisch gesetzt hatten.

»Dass Sabine Wattjes lügt wie gedruckt«, meinte Jürgen und Eva notierte sich etwas.

»Und weiter?«

»He, bin ich bei der Polizei oder du?«

»Ich bilde dich gerade aus«, sagte sie lachend. »Das ist deine erste Zwischenprüfung.«

»Okay, ich spiele mit. Weiterhin wissen wir, dass es mit dieser Marke ein starkes Motiv gibt.«

»Wenn er sie denn mitgenommen hatte. Das wissen wir ja im Prinzip gar nicht genau. Wir vermuten es.«

»Vermutungen stellen die im *Tatort* doch andauernd an«, sagte Jürgen geknickt. »Ich kann dir doch nicht gleich den Täter auf dem Silbertablett servieren als Anfänger.«

»Schon gut ... mach weiter.«

»Interessant könnte die Frage werden, ob Dieter Wattjes Sex hatte, bevor er erschlagen wurde ...«

»Ja stimmt. Die Frau könnte dann die Letzte sein, die ihn lebend gesehen hat.«

»Und sie kommt als Täterin infrage ...«

»Auch das. Eifersucht ist ja immer das stärkste Mordmotiv, versteh ich gar nicht. Es würde mir im Traum nicht einfallen, jemanden aus Eifersucht umzubringen.«

»Du bist ja auch anders.«

»Was soll das heißen, anders?«

»Wenn sich ein Mann für dich interessiert, dann verjagst du ihn doch schon vom Hof, bevor er überhaupt markiert hat.«

»Pah ... was für ein blöder Spruch. Ich kann ja nichts dafür, wenn Männer nicht meinen Ansprüchen genügen.«

»Die da wären?« Jürgen sah neugierig aus.

»Lassen wir das jetzt.« Eva lief dunkelrot an. »Wir sind hier mitten in einer Mordermittlung, also los.«

Die beiden fachsimpelten noch ein wenig über Täter, Motive und Briefmarken und liefen als Erstes zur Touristinfo, als die Fähre anlegte. Anja hatte alles zu Jürgens Zufriedenheit im Griff gehabt. Eva verabschiedete sich bald und lief zur Polizeistation. Sie war neugierig, ob der abschließende Obduktionsbericht von Ole Meemken bereits eingegangen war.

Auf ihrem Anrufbeantworter fand sie drei Nachrichten vor. Eine informierte sie darüber, dass man Heinrich Gerlach immer noch nicht gefunden hatte. Vermutlich war er dank der Stürme der letzten Tage sehr weit auf die Nordsee getrieben worden. Dann hatte jemand aus Aurich angerufen, dass man den Safe wieder benötigte, falls sie ihn entbehren könnte. Und dann war da noch ein Anruf, den sie nicht einordnen konnte. Jemand sagte in gebrochenem Deutsch: *Er hat gelogen*. Mehr nicht. Nur diese drei Worte. Dann war wieder aufgelegt worden. Was hatte das zu bedeuten? Eva hörte sich die Nachricht noch mindestens zehnmal an, um vielleicht die Stimme zu erkennen. Doch es blieb ihr ein Rätsel, um was es dem Anrufer gegangen sein könnte. Und irgendwie war sie sich sicher, dass es in direktem Zusammenhang mit dem Mord an Dieter Wattjes stehen musste.

Als sie ihren Rechner hochfuhr, fand sie auch den Obduktionsbericht von Ole Meemken in einer E-Mail vor. Gefaxt wurden die schon lange nicht mehr. Daraus ergab sich, dass Dieter Wattjes jede Menge getrunken und gegessen hatte. Und dass er nur durch einen heftigen Schlag auf den Kopf infolge eines Schädeltraumas sofort tot gewesen sein musste. Und er hatte Sex gehabt. Ohne Kondom, da war sich Ole Meemken ganz sicher. Also musste er die Frau doch gekannt haben.

Verdammt, dachte Eva. Alles wäre so einfach, wenn der Wattjes eine Geliebte mit nach Langeoog genommen hätte, und ihn seine Frau dann einfach in Rage umgebracht hätte. Mit ihrem Beauty Case oder womit auch immer. Jetzt allerdings mussten sie den Fall ganz neu denken. Sie dachte schon im Plural, stellte sie belustigt fest, denn sie hatte automatisch

Jürgen in die weiteren Ermittlungen gedanklich mit einbezogen. Ja, sie beide waren schon ein gutes Team. Und er hatte so verdammt glücklich ausgesehen, als sie mit Klara Scrabble gespielt hatten. Sie spürte, dass es ihr ganz warm ums Herz wurde, wenn sie an ihn dachte. Wenn das nur gutging. Schnell lief sie zum Fenster und ließ frische Luft herein.

Den Blick aufs Meer gerichtet musste sie wieder an Heinrich Gerlach denken. Hätte sie an dem Abend schneller geschaltet, als er ihr den speckigen Umschlag übergeben hatte, dann wäre vielleicht alles anders gekommen.

Die Tür ging auf und Jürgen kam herein.

»Da bist du ja endlich«, sagte Eva. »Es gibt spannende Neuigkeiten.«

Sie schilderte in knappen Sätzen den Obduktionsbericht.

»Wenigstens noch Sex vor dem Tod«, sagte Jürgen trocken. Eva sah ihn fragend an. »Na, das gönnst doch sicher auch selbst du ihm so als Abschluss. Und jetzt steht ja auch das Motiv Eifersucht auf sicheren Beinen. Vielleicht ist er von seiner Frau beim Schäferstündchen überrascht und erschlagen worden vor Wut. Aus die Maus.«

Eva sah Jürgen nachdenklich an. Das meiste von dem, was er gerade gesagt hatte, war wohl seinem typisch männlichen Ego geschuldet. Aber da war eine Sache, die ganz interessant war. Was war, wenn Sabine Wattjes auch auf Langeoog gewesen war?

»Und wenn sie doch da war?«, sagte sie laut.

»Wer war wo?«

»Na, die Sabine Wattjes. Stell dir doch mal vor, sie ist auch auf Langeoog gewesen.«

»Wie jetzt? Sie hat doch diesen kaputten Arm.«

»Na und? Das hat sie ja auch nicht davon abgehalten, ihre Freundin zu besuchen. Angeblich jedenfalls. Und genauso gut kann sie doch auch heimlich hier nach Langeoog gekommen sein, um zu gucken, was ihr Göttergatte hier so treibt.«

Jürgen schaltete langsam. »Verstehe. Aber ich verstehe dann trotzdem nicht, warum sie ihm das Licht ausknipst, wegen dem bisschen Sex ... wirklich bedauerlich.«

Eva rollte mit den Augen. Männer war doch alle gleich.

»Und wenn sie ihn gar nicht des Fremdgehens überführen wollte, sondern die teure Briefmarke an sich genommen hat?«

»Lächerlich ... die hätte sie doch zuhause in Moormerland jederzeit aus dem Album nehmen können.«

»Schon. Aber wen hätte Dieter Wattjes wohl als Erstes verdächtigt, wenn sie weg gewesen wäre? Na? Klingelt es?« Eva machte kreisende Bewegungen mit den Fingern neben ihrer Schläfe.

»Dann sollten wir ... Pardon, dann solltest du wohl mal ihre Finanzlage checken«, meinte Jürgen pragmatisch.

»Genau.« Sie klopfte ihm anerkennend auf den Oberarm. »Und jetzt habe ich noch etwas Spannendes für dich, das du dir unbedingt anhören musst.« Sie lief zu ihrem Anrufbeantworter und spielte die letzte Nachricht ab.

»Was soll das denn bedeuten?«, fragte Jürgen. »Er hat gelogen. Das kann doch alles oder nichts sein. Das kann sogar ein Kinderstreich sein.«

»Ist das nicht ein bisschen weit hergeholt?«, meinte Eva.

»Du müsstest mal dabei sein, wenn die Kids bei mir im Rudel in der Touristinfo auftauchen. Die haben nichts als Blödsinn im Kopf und der geht weit über unsere Klingelstreiche von früher hinaus.«

Eva ging zu ihrem Schreibtisch und setzte sich. Waren sie jetzt genauso schlau wie vorher? Vielleicht verwirrte Jürgen sie auch nur mit seinen ewigen Schwarzmalereien.

»Was ist?«, fragte Jürgen, der ihr Schweigen nur schwer ertrug.

»Ich denke nach.«

»Kannst du das nicht laut tun?«

»Dann müsste ich ja vor mich hinbrabbeln ... und du sagst jetzt besser nichts.«

Gegen Abend gingen sie noch gemeinsam zu ihrem Italiener, doch Eva hielt sich beim Chianti zurück.

Die Früchte ernten

Der Mann wachte am nächsten Morgen in aller Herrgottsfrühe auf und ging für eine Katzenwäsche ins kalte Badezimmer. Dann kochte er Wasser für einen schönen starken Ostfriesentee. Als er am Tisch saß, sah er William dabei zu, wie dieser seine Extraportion Katzenfutter verschlang. Das Tier sah immer wieder misstrauisch zu ihm auf. Es stimmte, Tieren konnte man nichts vormachen. Sie hatten einen sechsten Sinn und sicher wusste William auch, dass dies das letzte gemeinsame Frühstück sein würde.

Als er alles Nötige zusammengepackt hatte, stieg er in seinen alten Opel Kapitän und ließ sein bisheriges Leben hinter sich. Auf dem Küchentisch hatte er eine Nachricht hinterlassen, dass man William, den schwarzen Kater, doch bitte zu einem Nachbarhaus einen Kilometer südlich bringen sollte, falls er sich fangen ließe. Als er in den Rückspiegel sah, hatte er Tränen in den Augen.

*

Sie fand, sie hatte es verdient. Sie drehte sich vor dem großen Spiegel in ihrem Ankleidezimmer hin und her. Hatte sie etwa zugenommen? Doch was spielte das im Moment für eine Rolle, sie hatte ihren Fisch am Haken. Dieser alte Trottel glaubte doch tatsächlich, dass sie vielleicht mit ihm wegging. Wie blöd musste der eigentlich sein? Wenn ein Mann mit dem wichtigsten Stück dachte, war er doch leicht um den Finger zu wickeln.

Sie musste sich beeilen, sie waren um fünfzehn Uhr bei der alten Scheune in Dunum verabredet. Einem Kaff, in dem sie noch nie vorher gewesen war. Dort wollte er ihr die Briefmarken übergeben. Und sie hatte sie wahrlich verdient. Nur was sie mit dem Trottel machte, darüber hatte sie sich noch gar keine Gedanken gemacht. Ihr Blick wanderte zum Besteckkasten. Sollte sie vielleicht ein Brotmesser mitnehmen? Oder doch besser das scharfe Steakbesteck?

Der Tote in Dunum

Eva hatte schon zweimal auf die Schlummertaste gedrückt. Jetzt wurde es aber langsam Zeit, dass sie aufstand. Ihr schwirrte der Kopf von den vielen Diskussionen mit Jürgen. Sie hatte kaum noch die Gelegenheit, eigene Gedanken zu verfolgen. Doch sie musste zugeben, dass er sich gar nicht dumm anstellte bei der Tätersuche. Wie dem auch sei, sie musste sich jetzt los.

Als sie in der Polizeistation ankam, blinkte der Anrufbeantworter. Der Kollege Okko Schuster aus Wittmund bat um ihren Rückruf. Es ginge um den Briefmarkenfall. Eva wählte sofort die Nummer.

»Hallo Okko, du hast angerufen?«

»Moin Eva. Jo. Du hast doch diesen Fall mit den Vereinsleuten und eben haben wir eine Leiche reingekriegt, die dich interessieren könnte.«

Der Kollege machte es wieder verdammt spannend.

»Tatsächlich?«

»Jo. Es ist ein Wilfried Sievers aus Papenburg. Er lag mit mehreren Stichverletzungen in Dunum in einer Scheune. Verblutet das arme Schwein.«

»Wilfried Sievers ... das sagt mir im Moment gar nichts.«

»Ne? Aber das ist doch der Vorsitzende des Briefmarkenvereins Ostfriesland-Papenburg. Und da dachte ich, das könnte dich auch interessieren.«

Verdammt, den hatte sie gar nicht mehr auf dem Schirm gehabt.

»Das ist ja ein Ding«, sagte sie. »Das muss ich gleich mit Jürgen besprechen.«

»Mit wem?«, kam es vom anderen Ende.

»Ach egal ... Okko, kannst du mir bitte alles rüberschicken, was du zu dem Toten hast?«

»Geht klar.«

»Danke.«

»Jo.« Okko legte auf.

Eva wählte Jürgens Nummer. »Du musst sofort kommen«, sagte sie. »Der Vereinsvorsitzende ist umgebracht worden.«

Lauernd stand sie vor dem Faxgerät und wartete auf Okkos Berichte. Aber sie wusste ja, dass das noch eine Weile dauern konnte, wenn er sich so bewegte, wie er sprach.

Ein weiterer Toter. Wenn man Heinrich Gerlach mitzählte, waren es sogar schon drei, obwohl dieser ja freiwillig aus dem Leben geschieden war. Aber es war schon eine merkwürdige Anhäufung von Todesfällen unter Briefmarkenfreunden. Zum Glück war sie nie ein Vereinsmensch gewesen. Die Tür wurde aufgestoßen und Jürgen kam herein.

»Ein weiterer Toter?«, fragte er atemlos.

Eva nickte. »Mein Kollege aus Wittmund hat mich informiert. Wilfried Sievers ist erstochen worden in irgendeiner Scheune am Ende der Welt.«

»Und wo genau dort?«

»In Dunum, einem kleinen Dorf in der Nähe von Esens.«

»So langsam komm ich da nicht mehr mit.«

»Frag mich mal. Wir haben jetzt drei Tote mit Heinrich Gerlach, und das innerhalb einer Woche.«

»Hat man Gerlach denn jetzt auch gefunden?«

»Noch nicht.«

»Hm ... Was willst du jetzt machen?«

»Ich warte auf den Bericht aus Wittmund. Und dann müssen wir ... ähm, ich meine, ich muss das Leben von Sievers durchleuchten.«

»Willst du nicht mal eine Skizze aller Beteiligten machen?«, schlug Jürgen vor und zeigte auf das Flipchart.

»Eine gute Idee.« Eva schrieb ganz oben den Namen Dieter Wattjes hin und verzweigte zu den anderen Namen, die bisher im Spiel waren.

Jürgen hatte in der Zwischenzeit einen Kaffee gemacht und jetzt saßen sie vor dem Ergebnis und schwiegen.

»Hilft uns das jetzt weiter?«, fragte Eva resigniert.

»Ich finde schon«, meinte Jürgen. »Allerdings hättest du ja eigentlich Heinrich Gerlach ganz oben hinsetzen müssen, denn mit dem fing alles an.«

»Aber er ist ja nicht ermordet worden«, hielt Eva dagegen.

»Das kannst du ja eigentlich gar nicht genau wissen. Der Abschiedsbrief kann ja auch ein Fake gewesen sein.«

»Vergiss nicht, dass er ihn selber abgegeben hat. Insofern halte ich den Brief schon für echt.«

»Ja okay, das stimmt natürlich. Aber eine Leiche gibt es noch nicht.«

»Aber er war auch Briefmarkenfan. Und du musst zugeben, dass wir das Motiv da suchen müssen.«

»Du wolltest doch auch noch die finanziellen Verhältnisse von Sabine Wattjes durchleuchten ...«

»Ja, mach ich noch.« Ihr rauchte schon wieder der Kopf. Wenn nur endlich der blöde Bericht aus Wittmund käme. Warum hatte sie Jürgen bloß angerufen? Sie wollte doch endlich mal in Ruhe nachdenken können.

Das Telefon auf ihrem Schreibtisch klingelte.

»Ja, hallo, Polizeistation Langeoog, Eva Sturm am Apparat.«

»Er hat gelogen.«

Dann wurde aufgelegt.

»Was ist?«, fragte Jürgen, als er Evas Miene sah.

»Das war schon wieder dieser anonyme Anrufer. Er hat gelogen, hat er gesagt und wieder aufgelegt.«

»Komisch.«

Eva lief zum Flipchart und schrieb *anonymer Anrufer* dazu. Diesen verzweigte sie mit Heinrich Gerlach, Dieter Wattjes und Wilfried Sievers. Denn er konnte alle drei gemeint haben. Einer von diesen Männern hatte offensichtlich nicht die Wahrheit gesagt. Wobei sie bei Dieter Wattjes ein Fragezeichen in Klammern setzte, denn mit ihm hatten sie ja nie persönlich gesprochen. Allerdings konnte er natürlich jemand anderen belogen haben. Es war schon ein verdammt verzwickter Fall.

Das Fax sprang an und Eva schrak hoch.

»Na endlich«, sagte sie und zog das Endlospapier heraus. Es hörte gar nicht auf, zu drucken.

Sie überflog die Informationen.

»Mindestens zehn Messerstiche und davon fünf tödlich«, murmelte sie.

»Wow«, sagte Jürgen. »Da war wohl jemand verdammt wütend.«

»So kann man es auch sagen. Fast würde ich behaupten, dass es eine Frau gewesen sein muss.«

»Warum das denn?«

»Erfahrungsgemäß töten Männer gezielt und stochern nicht so in ihren Opfern herum.«

»Na, das ist jetzt aber ein bisschen weit hergeholt oder?«

»Ich weiß nicht, mein Gefühl sagt mir, dass eine Frau verdammt sauer und enttäuscht von diesem Sievers gewesen sein muss.«

»Denkst du dabei etwa an Sabine Wattjes? Meinst du, sie hatte ein Verhältnis mit dem Sievers?«

»Wäre eine Möglichkeit. Auf der anderen Seite kann es auch um die Briefmarken gegangen sein. Vielleicht hat sie ihren Mann umgebracht, die Marken an sich genommen und der Vorsitzende hat etwas mitbekommen und sie erpresst.«

»Und warum hat sie ihn dann ausgerechnet in diesem Kaff umgebracht? Wie hat sie ihn denn da hingelockt?«

»Frauen schaffen sowas, glaub mir.«

»Da bin ich mir sicher«, murmelte Jürgen. Er sprang ja auch, wenn sie pfiff.

»Ich glaube, ich muss noch einmal mit Sabine Wattjes sprechen. Willst du mitkommen?«

Jürgen überlegte kurz, dann schüttelte er den Kopf. »Ich glaube, ich bleibe mal hier. Ich kann Anjas Gutmütigkeit ja auch nicht überstrapazieren.«

Nanu, dachte Eva, das waren ja ganz neue Töne. Was war mit Jürgen los? Hatte sie etwas Falsches gesagt, getan oder gedacht?

»Okay«, sagte sie. »Dann fahre ich alleine rüber. Es ist ja noch früh genug für die nächste Fähre.«

Als sie sich später einen Platz unter Deck suchte, saß Jürgen schon da. Ihr Herz machte einen Satz.

»Du bist hier? Ich dachte, du wolltest nicht mitkommen.«

»Ich hab's mir eben anders überlegt«, sagte er verschmitzt. »Und außerdem gehe ich davon aus, dass du wieder bei Klara Kartoffelpuffer isst, das wollte ich mir nicht entgehen lassen.«

Nach dem dritten Klingeln machte Sabine Wattjes endlich auf. Aus dem Augenwinkel bemerkte Eva die Nachbarin hinter der Gardine. Sie würde sie im Anschluss befragen.

»Guten Tag Frau Wattjes, wir hätten da noch ein paar Fragen.«

»Kommen Sie herein.« Sabine Wattjes wirkte teilnahmslos und ungepflegt. Sah so eine brutale Mörderin aus? Sie ging ins Esszimmer voraus, wo sich Geschirr der letzten Tage auf dem Tisch stapelte.

»Wie geht es Ihnen, Frau Wattjes?«, fragte Eva mit Blick auf das Chaos.

Die Frau zuckte mit den Schultern. »Wie soll es einem schon gehen, wenn man den Mann verliert? Ich stehe vor dem Nichts.« Sie machte ein trauriges Gesicht.

»Wir haben herausgefunden, dass zwei Alben Ihres Mannes in der Sammlung fehlen«, sagte Eva.

»Ach ja? Das wusste ich nicht.«

»Da Ihr Mann alles sehr akribisch in einer Liste aufgeführt hat, konnte mein Kollege«, sie zeigte auf Jürgen, der erstaunt aufsah, »das feststellen. Es waren darin Marken mit einem Sammlerwert von rund hunderttausend Euro enthalten. Und Sie haben davon nichts gewusst?«

Sabine Wattjes klappte die Kinnlade runter, was sie noch armseliger aussehen ließ. »Ich schwöre es, ich habe das nicht gewusst, dass mein Mann so ein Vermögen in seinem Arbeitszimmer bunkert. Wir kamen immer gut zurecht, mein Mann hatte einen guten Job als Ingenieur. Das Haus hier ist dank einer Erbschaft seiner Eltern fast abbezahlt. Das Einzige, war wir nicht hatten, waren Kinder ...« Die Schultern der Frau zitterten, als sie das sagte. Eva war sich sicher, dass sie nichts mit dem Tod an ihrem Gatten zu tun haben konnte.

»War es schwer für Sie … ich meine, dass Sie keine Kinder haben?«, fragte sie mitfühlend.

»Wir haben es uns so gewünscht«, sagte Sabine Wattjes schluchzend. »Doch es hat einfach nicht geklappt.«

»Woran hat es gelegen? An Ihnen oder Ihrem Mann?«

»Das weiß ich nicht. Wir waren bei tausend Ärzten. Eigentlich hätten wir beide können … aber irgendwie harmonierten wir wohl nicht zusammen.«

»Sie hätten ein Kind adoptieren können.«

»Ja. Vielleicht hätten wir das tun können. Aber wissen Sie, irgendwann ist die Enttäuschung über das eigene Versagen so groß, dass man keine Kraft mehr hat, sich um ein fremdes Kind zu kümmern.«

»Verstehe.« Eva nickte. Ihr ging das Schicksal dieser Frau tatsächlich an die Nieren. Jürgen zählte derweil offenbar die Kacheln der Fußbodenfliesen, stellte sie entrüstet fest. »Und irgendwann wuchs in Ihnen dann wohl der Verdacht, dass er eine Geliebte haben könnte, oder?«

»Ach, das ist doch jetzt alles nicht mehr wichtig. Dieter ist tot. Ich weiß nicht, wie es weitergehen soll.«

»Also war es nur so ein Gefühl oder gab es konkrete Hinweise, Frau Wattjes«, bohrte Eva nach. Schließlich hatte sie hier einen Mordfall aufzuklären.

»Vielleicht habe ich Gespenster gesehen, aber er hat Blumen gekauft, die ich nicht bekommen habe.«

»Haben Sie ihn darauf angesprochen?«

»Nein, natürlich nicht. Ich habe Quittungen gefunden.«

»Die hätten aber auch für Kolleginnen oder sonstige Belange in der Firma gewesen sein können.«

»Das glaube ich nicht. Das hätte doch irgendeine Sekretärin erledigt. Nein, er hatte sicher eine andere Frau, aber … es ist doch jetzt alles egal.« Sie weinte. Jürgen stieß hörbar den Atem aus.

»Gut Frau Wattjes, dann werden wir uns für heute verabschieden.«

Als die Haustür ins Schloss fiel, lief Eva schnurstracks zur Nachbarin, die, als sie merkte, dass die beiden zu ihr rüberkamen, verschämt die Gardine fallenließ, die dann hin und her schaukelte.

Die Frau öffnete, ohne dass sie überhaupt klingeln musste. Auf dem Land hatten die Wände Ohren und die Scheiben Augen.

»Ich hab mir schon gedacht, dass sie irgendwann wieder zu mir kommen werden«, sagte die Frau ohne Umschweife. »Das ist ja auch zu komisch mit den Wattjes.«

»Was meinen Sie damit?«

»Kommen Sie.« Die Frau sperrte die Tür weiter auf und lockte Eva und Jürgen ins Haus. »Es muss doch nicht jeder alles mitbekommen.«

Wie wahr, dachte Eva, die das Gefühl hatte, dass jetzt zig weitere Fenstervorhänge hin und herschaukelten.

Sie folgten der Frau in ein biederes Wohnzimmer, wo grün die vorherrschende Farbe schien.

»Was können Sie uns denn jetzt über das Ehepaar Wattjes sagen?«, begann Eva.

»Ich habe schon lange gewusst, dass da etwas nicht stimmt«, sagte die Frau und schob einen Untersetzer aus Kork, der auf dem Tisch lag, hin und her. »Und jetzt, wo der Dieter tot ist, da wundert mich ja gar nichts mehr.«

»Was genau meinen Sie damit? Was war denn nun so merkwürdig?«, fragte Jürgen ungeduldig.

»Als die Sabine am Sonntagnachmittag auf die Auffahrt gefahren ist und gar nicht ausstieg, da hab ich gedacht, die hätte einen Herzanfall.« Die Frau schlug sich theatralisch gegen die Brust. »Aber dann hat sie mich angeguckt ... wie einen Geist. Ich habe sie gefragt, ob ich helfen kann, aber da ist sie einfach davon gebraust. Fast wäre sie mir über die Füße gefahren.«

»Tatsächlich?«, entfuhr es Eva. Das Ganze wurde ja immer mysteriöser, in der Tat. Dann war Sabine Wattjes also nach Hause gekommen, und weil die Nachbarin sie erwischt hatte, war sie einfach weggefahren. Von wegen, sie war bei ihrer guten Freundin. Die Frau log ja wie gedruckt. Und irgendetwas schien sie am Sonntag ganz besonders aufgeregt und aus der Fassung gebracht zu haben. Wusste sie da etwa schon, dass ihr Ehemann tot war?

»Und wissen Sie denn auch, wann Sabine Wattjes anschließend wieder nach Hause gekommen ist?«

Die Frau überlegte kurz und rollte mit den Augen. »Tja, das muss gegen neunzehn Uhr gewesen sein. Ich habe ihr dann ja die Nachricht von dem Polizisten aus Leer gegeben, dass sie dort anrufen soll.«

»Tja, das war's dann auch fürs Erste«, sagte Eva und erhob sich. »Wir müssen dann mal weiter.«

»Und ich habe auch Dieter gesehen, als er mit einer anderen Frau unterwegs war«, sagte die Frau, als wolle sie das Ganze spannend gestalten.

»Eine Frau? Wo und wann?«

»Es ist noch gar nicht so lange her. Ich kam gerade mit dem Fahrrad vom Einkaufen, als ich die beiden in einer Seitenstraße gesehen habe. Es war ein roter Sportwagen. Es war eine junge Frau, das habe ich genau gesehen.«

»Und sie sind ganz sicher, dass Dieter Wattjes mit im Wagen saß?«

»Aber natürlich. Ich habe ihn ja kurz darauf durch mein Küchenfenster ins Haus laufen sehen.«

»Haben Sie sich vielleicht zufällig das Kennzeichen des Wagens gemerkt?«, fragte Jürgen.

Die Frau schüttelte den Kopf. »Ne, daran hab ich in der Aufregung nicht gedacht. Aber der Wagen hatte am Heck einen großen Aufkleber, da stand eine Werbung einer Anwaltskanzlei drauf.«

»Welche?«, fragte Eva.

»Meerbusch und Walter, die sitzen in Loga.«

»Danke, das hat uns wirklich sehr geholfen«, sagte Eva.

»Ich helfe gerne«, sagte die Frau mit stolzem Unterton. »Man will ja wissen, mit wem man es in der Nachbarschaft zu tun hat.«

Sie brachte die beiden zur Tür, nicht ohne noch einmal einen prüfenden Blick auf das Haus von Sabine zu werfen.

»Und jetzt?«, fragte Jürgen, als sie wieder im Wagen saßen.

»Tja«, machte Eva. »Am liebsten würde ich jetzt ja zu Klara fahren und Tee trinken. Aber ich denke, da wir schon mal hier auf dem Festland sind, sollten wir auch noch die Witwe des Vereinsvorsitzenden besuchen.«

»Muss das sein?«, quengelte Jürgen. »Noch mehr Tratsch?«

»Irgendwann müssen wir sowieso mit ihr sprechen.«

»Aber das haben wir doch schon, als wir auf Langeoog alle befragt haben.«

»Stimmt auch wieder«, pflichtete Eva bei. »Aber da war ihr Mann ja noch nicht tot.«

»Sie sagt jetzt bestimmt nichts anderes aus«, wehrte Jürgen ab. »Sie wird ihn ja wohl nicht umgebracht haben.«

»Weiß man's?«, fragte Eva und gab die Adresse von Wilfried Sievers in das Navi ein.

Doch die Befragung brachte sie in der Tat kein Stückchen weiter. Grete Sievers schien recht gefasst, als sie an der Tür in Papenburg klingelten. Sie bewohnte dort ein schönes Landhaus direkt am Kanal. Hinter dem Haus gab es viel Land, wovon ein Teil auch ihr gehörte. Hier schien eine Menge Geld im Spiel zu sein, denn auch ein großes Wohnmobil stand unter einem Carport. Und doch gab das alles nichts her, wenn man nach einem Mordmotiv suchte.

Anschließend steuerten sie die Anwaltskanzlei in Loga an, um nach der Besitzerin des Sportwagens zu suchen.

Flüchtig verdächtig

»Schöne Gegend hier«, sagte Jürgen anerkennend, als sie in Loga ankamen.

»Ja, hier wohnen Leute mit Geld«, sagte Eva.

Die Anwaltskanzlei befand sich in einer alten Villa mit einem wunderschönen Erker. Eine halbrunde breite Steintreppe führte zur schweren Eingangstür, die beim Herunterdrücken der Klinke zaghaft quietschte. Nach einem kleinen Vorflur standen sie dann, als sie durch die Tür mit buntem Ornamentglas gegangen waren, auch schon vor dem Empfangstresen.

Eva stellte sie beide vor und kam auch gleich zur Sache.

»Wir suchen eine Mitarbeiterin beziehungsweise Anwältin aus Ihrer Kanzlei, die einen roten Sportwagen fährt.«

Die junge Frau mit blondem Pferdeschwanz und Brille nickte. »Das ist Verena ... ähm ich meine Verena Ferdinand.«

»Ist Frau Ferdinand im Haus?«

»Ja, aber sie hat gerade einen Mandanten. Aber es wird wohl nicht mehr lange dauern. Sie können gerne in unserem Besucherzimmer warten.« Sie zeigte den Flur entlang.

»Ist das nicht alles ein bisschen zu einfach?«, fragte Eva, als sie durch die hohen Sprossenfenster in den rückwärtigen Garten sah, der von einem großen alten Baumbestand verdunkelt wurde.

»Noch haben wir sie ja nicht überführt«, wandte Jürgen fachmännisch ein. Er bekam Routine in der Ermittlungsarbeit und Eva fragte sich, ob wohl bald der Zeitpunkt gekommen war, wo sie ihr Gehalt würde teilen müssen.

»Kann ich Ihnen einen Kaffee oder auch Wasser bringen?« Die Blondine steckte ihren Kopf herein.

»Ein Wasser vielleicht«, sagte Eva und Jürgen nickte zustimmend.

Die Angestellte erfüllte den Wunsch und meinte, es würde nicht mehr lange dauern.

»Sie wollen zu mir?« Eine großgewachsene schlanke Frau öffnete die Tür.

Sie trug ein dunkelblaues Kostüm mit einer weißen Seidenbluse und dazu passende Pumps, die ihre ohnehin schlanke Figur lasziv streckten.

Eva fühlte sich im gleichen Moment wie ein Mehlsack, als sie Jürgens nicht uninteressierten Blick registrierte.

»Sie sind Frau Ferdinand?«, fragte Eva. Die Frau nickte.

»Wir sind von der Polizei Langeoog.« Pah wir. »Und wir hätten ein paar Fragen an Sie zu einem, oder besser gesagt zwei, Mordopfern.«

»Wenn ich helfen kann, mache ich das doch gerne. Kommen Sie bitte mit in mein Büro.«

Auch von hinten machte Verena Ferdinand eine gute Figur. Nie wieder Kartoffelpuffer und Tee mit Kluntje und Sahne.

»Bitte, nehmen Sie Platz.« Verena Ferdinand setzte sich hinter ihren Schreibtisch und wies Eva und Jürgen zwei schwere

Ledersessel zu. »Worum geht es denn? Sie machen mich neugierig.«

Dir wird das Grinsen schon noch vergehen, dachte Eva. Und eigentlich meinte sie beide damit.

»Es geht um die Ermordung von Dieter Wattjes. Sagt Ihnen der Name etwas?«

Das Zucken um Verena Ferdinands Mundwinkel war Eva nicht entgangen.

»Ja, ich kenne ihn«, sagte die Schöne und zog eine weiße Zigarette aus einem silbernen Etui. »Sie auch?«

Eva lehnte ab. Für beide. Aus dem Augenwinkel sah sie, dass Jürgen wie ein Honigkuchenpferd grinste.

»Und woher kannten Sie Herrn Wattjes?«

»Er war mein Geliebter«, sagte sie ohne Umschweife und warf Jürgen einen vielsagenden Blick zu.

»War er das bis zu seinem Tod?«, fragte Eva.

»Nein, leider nicht. Er hat vor ein paar Monaten mit mir Schluss gemacht. Können Sie sich das vorstellen?« Ihr Blick wanderte wieder zu Jürgen, dem kleine Herzchen aus den Augen sprangen. Na, der konnte was erleben, wenn sie wieder auf Langeoog waren. Der konnte seine Pizza mit doppelt Käse essen, mit wem er wollte, aber nicht mit Eva Sturm.

»Warum hat er sich von Ihnen getrennt?«

»Tja, er war verheiratet«, seufzte sie. »Das ist mein Schicksal, ich treffe immer auf Männer, die schon gebunden sind.«

»Und Sie sind nicht verheiratet?«

Die Frau hob ihre Hände in die Höhe. »Kein Ring, wie Sie sehen. Ich bin noch frei.«

»Das ist schön für die Männerwelt, nehme ich an«, sagte Eva knapp. »Wann haben Sie Dieter Wattjes zuletzt gesehen, tot oder lebendig.«

»Sie haben Humor, Frau Kommissarin«, lachte Verena Ferdinand. »Es ist schon eine Weile her, dass ich mit Dieter zusammen war. Und da war er noch verdammt lebendig. In jeder Beziehung.«

Wenn Jürgen jetzt noch anfängt zu sabbern, dann fliegt er raus, dachte Eva.

»Und waren Sie gar nicht sauer, dass er sie verlassen hat? Ich meine, das kratzt doch am Ego jeder Frau, wenn ein Mann einen verlässt.«

»Nur, wenn man keine anderen kriegen kann«, konterte die Anwältin.

»Wo waren Sie gestern?«

Verena Ferdinand überlege kurz. »Hm … also ab neun Uhr war ich hier in der Kanzlei und hatte einen Mandanten nach dem anderen … zur Beratung.«

»Ich nehme an, dass Ihre Mitarbeiterin das bestätigen kann.«

»Moment.« Sie drückte mit ihren langen Fingern auf eine Gegensprechanlage. »Mirjam, kommen Sie bitte kurz?«

Die Tür ging im nächsten Moment auf. Der Pferdeschwanz baumelte hin und her.

»Mirjam, was habe ich gestern gemacht. Sie führen ja meinen Kalender.«

»Gestern? Da haben Sie ab neun Uhr Mandanten gehabt und ich glaube ... ja, das ging bis siebzehn Uhr durch. Das war wirklich ein harter Tag.«

»Ja. Danke Mirjam.«

Die Tür schloss sich wieder.

Den Sievers also nicht, notierte Eva im Stillen.

»Und am letzten Wochenende? Da werden Sie ja wohl nicht gearbeitet haben, hoffe ich für Sie.«

»Letztes Wochenende? Da hatte ich tatsächlich ab Freitagabend frei. Und ... ja, jetzt erinnere ich mich. Ich habe mit einer Freundin das Kino besucht und mir ein nettes Wochenende gemacht. Wir sind shoppen gegangen und abends auf die Piste in Oldenburg.«

»Und diese Freundin hat sicher auch einen Namen?«

Verena Ferdinand notierte etwas auf einem Zettel. »Hier. Ich habe Namen und Adresse aufgeschrieben.«

»Danke. Dann hätte ich gerne noch ein Foto von Ihnen, wenn es möglich ist.«

»Ein Foto? Wozu?«

»Für eine Befragung. Es erleichtert die Sache einfach, wenn ich da nicht mit einer Kohlezeichnung aufkreuze.«

Eva stellte sich vor, wie sie ihr dabei eine dicke Warze direkt auf die Nase setzen würde.

»Na, meinetwegen.« Verena Ferdinand zog Aufnahme aus einer Schublade, auf der sie die langen Haare offen trug und mit der Sonne um die Wette lächelte.

»Danke. Das war dann auch alles ... aber Moment, eine Frage hätte ich noch. Wussten Sie, dass Dieter Wattjes eine wertvolle Briefmarkensammlung besaß?«

»Briefmarken?« Sie sagte das Wort, als bisse sie gerade auf eine Zitrone. »Nein, seine Briefmarkensammlung hat er mir nicht gezeigt. Dafür blieb wohl keine Zeit.« Sie lächelte wieder.

Eva und Jürgen verabschiedeten sich, wobei Verena Ferdinand ihm eine Visitenkarte zusteckte. Das hatte Eva genau gesehen. Sie sagte aber nichts dazu, sondern dachte an lange einsame Winterabende auf Langeoog.

»Ich brauche dich wohl nicht zu fragen, was du von ihr hältst«, sagte sie ohne Umschweife, als sie wieder im Wagen saßen.

»Bist du eifersüchtig?«

»Worauf? Etwa auf die langen schlanken Beine? Ich bitte dich.« Sie warf den Wagen an, legte den Gang ein und das Getriebe jaulte auf.

»Eva, hör auf. Das hast du wirklich nicht nötig.«

Noch ein Wort und ich schmeiß ihn raus. An der Ausfahrt nahm sie eine von den Geranien mit. Sie fuhr Richtung Spierkreuzung.

»Und jetzt? Fahren wir nach Esens?« Jürgen hielt sich am Sitz fest.

»Keine Ahnung.« Bei Dunkelorange ging die Fahrt weiter in die Bremer Straße.

»Kannst du bitte mal anhalten.« Jürgen klang genervt. Eva fuhr rechts auf den Streifen für den Busverkehr und sah stur aus dem Seitenfenster.

»So schlimm?«, fragte Jürgen. »Guck mal, ich bin doch auch keine Schönheit.«

»Das weiß ich«, brummte Eva. »Darum geht es doch auch gar nicht.«

»Sondern?«

»Ach lass uns die Sache einfach vergessen.« Sie drehte sich zu ihm. »Es tut mir leid. Das war albern.«

»Eben.«

»Und jetzt?«

»Jetzt gucken wir uns noch den netten Hof von Heinrich Gerlach an.«

»Heinrich Gerlach? Wie kommst du denn jetzt auf den?«

»Keine Ahnung. Aber wenn man schon mal hier ist ...«

»Hast du denn die Adresse dabei?«

»Jo.« Jürgen zog einen zerknitterten Zettel aus der Jackentasche. »Ich hab mir mal die Mühe gemacht, die Adressen der Opfer rauszusuchen.«

»Das nenn ich mal harte Ermittlungsarbeit. Und wo müssen wir hin?«

»Nach Ditzumerhammrich«, las Jürgen vor und ergänzte noch die Straße für das Navi.

»Aber du weißt schon, dass der Mann alleine lebte. Wen willst du denn da befragen? Er ist tot.«

»Vermisst, liebe Eva. Tot ist man erst, wenn man mausetot auf dem Seziertisch liegt.«

Eva gab sich geschlagen und sie fuhren über die Autobahn durch den Emstunnel ins Rheiderland. Erst kurz vor den Niederlanden fuhren sie ab.

»Hier sagen sich Hase und Igel aber auch gute Nacht«, meinte Jürgen.

»Mindestens.« Eva nahm die schmale kurvige Straße übers platte Land mit dem alten Opel von Klara, als führe sie auf rohen Eiern.

Dann endlich kamen sie bei dem alleinstehenden Hof von Heinrich Gerlach an. Bis zur Scheune führte sie nur ein Schotterweg und zum Haupthaus ein kleiner Gehweg aus Pflastersteinen. Ein halb abgetragener Misthaufen war eingetrocknet und roch nicht mehr. Fenster und Türen waren verschlossen.

»Dass hier noch jemand wohnt«, meinte Eva. Sie drückte ihre Nase an ein kleines Fenster und sah durch den Spalt, den eine blauweiß karierte Gardine freigab.

»Wir müssen da rein«, sagte Jürgen pragmatisch. »Sonst war die ganze Kurverei ja umsonst.«

»Ja. Aber wie?«

»Lass mich man machen.« Er ging ums Haus herum und es dauerte gute fünf Minuten, bis er den Haupteingang öffnete. Die schmale Holztür war abgeblättert und quietschte, als Jürgen die Klinke herunterdrückte.

»Gespenstisch«, sagte Eva. »Ich komme mir vor, wie ein Einbrecher.«

»Du bist ein Einbrecher.«

»Dass hier jemand ganz alleine lebt ... und auch noch Briefmarkensammler ist.« Eva lugte in das kleine Wohnzimmer mit den grünen Polstermöbeln und einem kleinen Fernseher auf einer schwarzen Kommode.

Jürgen war in die Küche gelaufen.

»Guck mal Eva, hier liegt etwas.«

Schnell war sie bei ihm. »Fass ja nichts an«, sagte sie, als sie den Zettel auf dem Küchentisch sah. »Was steht drauf?«

»Dass sich jemand von den Nachbarn um den schwarzen Kater kümmern soll. Mein Gott, der hat ja wirklich an alles gedacht, als er geplant hat, sich umzubringen«, meinte Jürgen.

»Tja, oder auch nicht«, sagte Eva und sah düster auf den Kassenbon eines Einkaufscenters, der auch auf dem Tisch lag.

»Was meinst du?«

»Da.« Sie zeigte auf den Schnipsel.

»Er hat eingekauft«, sagte Jürgen. Er beugte sich vor. »Unter anderem Katzenfutter für William.«

»Tja, aber guck mal auf das Datum.«

Jürgen las vor: »Fünfzehnter Oktober 2015.«

»Na klingelt's?«

»Oh man, da war er ja schon tot.«

»Oder eben auch nicht«, sagte Eva triumphierend. »Ich glaube, der Heinrich Gerlach hat uns ganz schön an der Nase herumgeführt.«

Updrögt Bohnen

Eva und Jürgen saßen mit Klara im Wohnzimmer und stießen mit einem Klaren an.

»Das Essen war wieder vorzüglich«, lobte Jürgen. »Es ist schon verdammt lange her, dass ich Updrögt Bohnen gegessen habe.«

»Oh danke, junger Mann«, sagte Klara. »Aber es ist doch eigentlich ein ganz einfaches Gericht. Nur heute macht sich keiner mehr die Mühe, grüne junge Bohnen aufzufädeln, trocknen zu lassen und dann stundenlang zu kochen. Die jungen Frauen heutzutage lernen sowas ja gar nicht mehr.« Sie seufzte und ließ ihren Blick ins Innere wandern.

»Ja, du hast recht Klara«, stimmte Eva zu. »Ich hab mich auch immer vorm Kochen gedrückt. Und so gut wie du würde ich ostfriesische Gerichte sowieso nicht hinbekommen. Die Mettwurst und der Speck werden mir noch lange auf den Hüften in Erinnerung bleiben.«

»Ach Eva, du machst dir viel zu viele Gedanken um dein Äußeres«, meinte Klara und schenkte noch einen Korn ein.

»Sag ich auch immer«, stimmte Jürgen zu. »Es kommt auf die inneren Werte an. Und die verfeinere ich jetzt mal mit einem Schnäpschen.« Er prostete den Frauen zu.

Sie erzählten sich noch Geschichten, wobei am meisten Klara aus der Vergangenheit berichtete. Eva hörte ihr gerne zu. Straßen, die eigentlich noch Wege waren, wo man als Kind im gelben Sand mit Autos gespielt hatte, indem man Straßen und

Burgen baute. Dann waren sie durch Wälder gestreift, auf Bäume geklettert und hatten stundenlang damit zubringen können, Frösche in Teichen zu beobachten. Wo war diese Zeit geblieben? Klara war ganz wehmütig, als sie den beiden eine gute Nacht wünschte. Eva ging zu ihr und drückte sie noch mal.

»Ich mag deine Freundin«, sagte Jürgen, als sie alleine waren.

»Ja, sie ist eine ganz besondere Frau.« Evas Stimme hatte einen melancholischen Klang. »Hoffentlich bin ich auch so glücklich, wenn ich alt bin.«

»Du könntest ja schon jetzt damit anfangen.« Jürgen schenkte noch mal nach.

»Das ist dann jetzt aber auch der Letzte, sonst fange ich noch an zu heulen.«

»Dass Frauen immer sentimental werden müssen, wenn sie Alkohol trinken, habe ich noch nie verstanden.«

»Musst du auch nicht. Lass uns über den Fall sprechen. Da haben wir doch einiges geschafft heute. Und trotzdem sind wir so schlau wie zuvor.«

»Man muss das Ganze nur richtig ordnen. Ich fand die Anwältin ja ganz interessant.«

»Das habe ich gesehen.« Eva kniff den Mund zusammen.

»Ich kann mir schon vorstellen, dass sie irgendwas mit der Sache zu tun hat. Aber auf der anderen Seite frage ich mich, warum sie es nötig haben sollte, einen Lover, der sie nicht mehr will, umzubringen. Die kann doch an jedem Finger zehn haben. Die braucht doch bloß ...«

»Ist ja gut, ich hab's jetzt auch verstanden«, schnitt ihm Eva das Wort ab. »Aber wer hat dann Dieter Wattjes ermordet? Und Wilfried Sievers. Wie hängt das bloß zusammen?«

»Auf jeden Fall sind wohl Briefmarken das Bindeglied für alles.« Jürgen hatte sich klammheimlich noch einen eingeschenkt und seine Stimme wurde breiter.

»Natürlich hängt alles damit zusammen. Aber ich verstehe noch nicht, warum deswegen zwei Männer sterben müssen. Und einer uns praktisch seinen Tod vortäuscht. Hast du dir etwa noch einen eingeschenkt?«

»Manche Dinge kann man nur noch im Suff ertragen.« Jürgen kicherte diebisch.

»Dann werde ich von dir heute Abend wohl keine großartigen Hinweise mehr erwarten dürfen.«

»Du kannst doch nicht immer nur an die Arbeit denken, liebe Eva.« Er zwinkerte ihr zu.

»Und wenn doch alles nur ein blöder Zufall ist? Ich meine, es könnte doch wirklich sein, dass die beiden Morde unabhängig voneinander geschehen sind. Nur leider trafen sie zeitlich so ein, dass wir meinen, es muss derselbe Mörder sein. Nun denk doch mal nach.«

Jürgen räusperte sich und richtete sich aus seiner halb liegenden Position im Sofa auf. »Das könnte natürlich sein, dass die Morde gar nichts mit Briefmarken zu tun haben. Oder wenigstens einer. Sabine Wattjes könnte ihren Mann ja auch aus Eifersucht umgebracht haben.«

»Du meinst, die war auch auf Langeoog, obwohl sie uns was anderes erzählt hat?«

Jürgen nickte. »Warum denn nicht. Vielleicht wollte sie ihren Mann endlich mal inflagranti erwischen und zur Rede stellen. Es ist doch klar, dass ein Ehebrecher so einen mehrtägigen Ausflug ohne seine Ehefrau dafür nutzt, sich mit seiner Geliebten zu vergnügen.«

»Tja, und dann hat sie ihn erwischt und erschlagen vor lauter Wut, anstatt sich zu unterhalten. Das leuchtet mir ein. Würde eigentlich jede Frau so machen. Aber dass sie dann auch noch Wilfried Sievers umbringt, ist unwahrscheinlich. Auf den war sie ja gar nicht müde.«

»Was?«

»Ach ... ich meinte wütend. Mir fallen schon die Augen zu. Wollen wir nicht lieber schlafen gehen.«

»Ja, du hast recht. Wir fahren doch morgen wieder rüber, oder?«

»Ich weiß noch nicht. Aber wahrscheinlich wohl. Vielleicht ist in der Dienststelle ja noch was eingegangen.«

Es wurde für beide eine unruhige Nacht. Für Jürgen, weil er, sobald er die Augen zumachte, eine Anwältin sah, die sich lasziv auf ihrem Bürotisch räkelte. Und für Eva, weil sie einfach nicht dahinter kam, was eigentlich in Jürgen vorging. Warum lief er wie ein kleiner Hund hinter ihr her, wenn er doch nur andere

Frauen im Kopf hatte? Waren es nur Beschützerinstinkte, oder empfand er etwas für sie? Und wenn nicht, wovor wollte er sie bewahren? Immer wieder drehte sie sich im Bett hin und her, stand wieder auf, sah aus dem Fenster in die Nacht, wo alles still war in Esens. Sie hatte doch tatsächlich Heimweh nach ihrer kleinen Insel. Ihr fehlte das Rauschen des Meeres direkt in ihrer Nähe. Man konnte sich wirklich an alles gewöhnen und lieben lernen. Beseelt von diesem Gedanken schlief auch Eva irgendwann ein.

Gerade, als sie von Sonne, Strand und Meer träumte, wurde sie von ihrem Handy unsanft geweckt. Es klingelte nur kurz, also war eine SMS eingegangen. Sie sah auf den elektronischen Wecker. Es war kurz vor sechs. Wer um alles in der Welt? Sie drehte sich aus dem Bett und lief zur Kommode.

Ich möchte eine Aussage machen. Wenn Sie noch in Esens sind, kommen Sie doch später auf einen Kaffee vorbei. Sabine Wattjes

Was um alles in der Welt hatte das nun wieder zu bedeuten? Sollte sie Jürgen wecken? Aber dafür war es wirklich noch ein bisschen zu früh. Also kroch sie wieder ins Bett und starrte an die Decke. Was hatte Sabine Wattjes ihr so wichtiges mitzuteilen? Warum wollte sie plötzlich reden, wo sie doch vorher kaum den Mund aufgekriegt hatte? Irgendwas war hier oberfaul. Sie sah noch einmal auf den Wecker. Gleich war es sieben. Also so langsam konnte man aber wirklich aufstehen. Da hörte sie auch schon, wie Klara in der Küche hantierte und offensichtlich das Frühstück vorbereitete.

Eva lief ins Bad und sprang unter die Dusche. Vielleicht brachte der Tag ja endlich die ersehnte Lösung für all ihre Fragen.

»Guten Morgen Klara«, begrüßte sie ihre Freundin. »Das duftet immer so herrlich, wenn du Kaffee machst. Bei mir riecht das nie so.«

»Das denkst du nur. Aber es ist immer schöner, wenn man woanders frühstückt, ich weiß genau, was du meinst. Vielleicht liegt es daran, dass man dann alles viel intensiver wahrnimmt.«

Da mochte sie recht haben. Wer stellte sich schon in seine eigene Küche und sog bewusst den Duft ein, wenn er etwas zubereitete? Sie würde es mal versuchen auf Langeoog, nahm sie sich vor.

»Wie lange wart ihr denn noch auf?«

»Ach … gar nicht so lange. Wir haben uns noch über den Fall unterhalten.«

»Ja ja.« Klara lächelte vielsagend. »Willst du deinen Partner mit dem zauberhaften Lächeln dann mal wecken?«

»Klara, also wirklich. Da ist nichts zwischen Jürgen und mir. Wir sind Freunde, mehr aber auch nicht.«

»Sicher.«

Eva ging in den Flur und klopfte an Jürgens Tür.

»Komme gleich«, rief er. Offensichtlich war er schon aufgestanden.

Fast fühlte es sich richtig an, dass sie hier zusammen mit ihm bei Klara war. Aber auch nur fast.

»Sabine Wattjes hat mir in aller Frühe eine SMS geschickt, dass sie eine Aussage machen möchte«, erzählte Eva.

»Dann willst du da heute sicher nochmal hin, nehme ich an«, sagte Jürgen.

Eva nickte. »Es macht ja keinen Sinn, wenn ich erst zur Insel rüberfahre. Aber du kannst gerne die nächste Fähre nehmen, ich kann auch alleine nach Moormerland fahren.«

»Ach was. Ich komme mit. Wo ich doch schon mal in dem Fall drin bin.«

Klara lugte zufrieden über ihre Zeitung.

Die Schlinge zieht sich zu

Gegen elf Uhr kamen sie schließlich wieder in Moormerland an und klingelten an Sabine Wattjes Haustür.

»Kommen Sie herein, ich habe Sie schon erwartet.«

Sie machte auf Eva einen überaus disziplinierten Eindruck und auch das Jämmerliche mit den rotgeweinten Augen war verschwunden. Eigentlich sah sie gar nicht mehr wie die Sabine Wattjes aus, mit der sie so viel Mitleid empfunden hatte bei ihrem ersten Besuch.

»Sie möchten also eine Aussage machen«, sagte Eva. Sabine nickte und bat die beiden, am Esszimmertisch Platz zu nehmen.

»Ich will Sie gar nicht lange aufhalten«, begann sie. »Es geht um diese Frau, mit der mein Mann ein Verhältnis gehabt hat. Ich habe gelogen, als ich sagte, dass ich nicht wüsste, um wen es ginge.«

»Sie kennen sie also?«

»Kennen wäre zu viel gesagt. Aber ich weiß, dass es sich um eine Anwältin handelt, die in Loga arbeitet. Sie heißt Verena Ferdinand.«

»Das wissen wir bereits«, mischte sich Jürgen ein. »Wir haben schon mit ihr gesprochen.«

Sabine machte ein erschrockenes Gesicht, das Eva noch nicht zu deuten wusste. »Davon haben Sie aber bisher nichts gesagt.«

»Wir müssen Sie nicht über unsere Ermittlungsarbeit auf dem Laufenden halten, Frau Wattjes«, sagte Eva bestimmt. »Aber Ihre Pflicht ist es schon, uns alles zu sagen, was Sie wissen. Und ich frage mich jetzt, warum Sie die Sache bisher verschwiegen haben.«

»Woher wissen Sie denn, dass es diese Anwältin ist?«

»Von Ihrer Nachbarin ...«

»Das hätte ich mir ja denken können. Aber trotzdem verstehe ich nicht, wie sie ...«

»Sie hat den Wagen von Frau Ferdinand beobachtet hier in der Nähe und gesehen, dass Ihr Mann ausgestiegen ist. Da hat sie dann wohl eins und eins zusammengezählt.«

»Dann wusste es bestimmt die ganze Siedlung. Wie peinlich.«

»Solche Dinge sind immer unappetitlich. Aber woher wussten Sie denn eigentlich, um welche Frau es ging? Doch wohl nicht von Ihrer Nachbarin?«

Sabine Wattjes schluckte. Ihr schien die ganze Angelegenheit immer noch nahe zu gehen. Doch Eva kam das ganze Verhalten etwas aufgesetzt vor. Was spielte diese Frau für ein Spiel?

»Nein, es war nicht die Nachbarin.« Sabine lachte höhnisch auf. »Die reden zwar über aber nicht mit einem. Nein, ich habe es mit eigenen Augen gesehen, als ich Dieter nach Langeoog gefolgt bin.«

»Sie waren auf Langeoog?«, fragte Eva erstaunt und Jürgen machte ein selbstzufriedenes Gesicht. Er hatte den Verdacht ja selbst unter Alkoholeinfluss geäußert.

»Ja, ich war dort. Ich bin ihm nachgefahren, ohne dass er davon wusste. Ich wollte einfach Klarheit haben, ob er sich dort mit einer anderen Frau trifft.«

»Und? Hat er?«

Sabine Wattjes nickte. »Ja. Es war diese Verena Ferdinand. Ich habe gesehen, wie sie in das Hotel zu ihm aufs Zimmer gegangen ist. Es hat mich zutiefst verletzt. Ich bin dann in mein Hotel gegangen und sofort mit der nächsten Fähre wieder zurück gefahren. Ich hatte genug gesehen.«

»Okay. Das leuchtet mir ein«, sagte Eva, »dass Sie dann als Erstes den Wunsch verspürt haben, einfach wegzulaufen.«

»Das würde wohl jeder Frau so gehen …«

»Vielleicht. Aber es gibt auch einige, die dann eine enorme Wut entwickeln und Dinge im Affekt tun, zu denen sie sonst nie fähig wären.«

»Sie glauben doch wohl nicht, dass ich meinen Mann ermordet habe?«

»Es wäre doch nur zu verständlich, wenn Ihnen die Sicherungen durchgebrannt wären«, meinte Jürgen.

»So war es aber nicht. Ich bin ins Hotel gegangen und dann abgefahren. Ich wollte nur noch weg. Wenn Dieter wieder nach Hause gekommen wäre, hätte ich ihm gesagt, dass ich mich scheiden lassen werde. Aber dazu ist es ja leider nicht mehr gekommen.« Sie drückte eine Träne aus dem Augenwinkel.

Eva glaubte ihr diese Gefühle nicht so recht. Es war etwas in ihrem Blick, das anders war als bei ihren letzten Gesprächen. Irgendetwas war geschehen mit Sabine Wattjes. Aber was?

»Wissen Sie Frau Wattjes, ich glaube Ihnen nicht«, sagte Eva. »Sie haben uns erzählt, wie sehr Sie unter dem Verhalten Ihres Mannes gelitten haben. Und dann noch die Sache mit der Kinderlosigkeit. Sie hegen den Verdacht, dass Ihr Mann Sie betrügt, und ertappen ihn auf frischer Tat. Und dann wollen Sie mir erzählen, dass Sie sich so im Griff haben, dass Sie einfach gehen? Das ist doch recht unwahrscheinlich.«

Sabine Wattjes zuckte mit den Schultern und sah ihr kalt ins Gesicht.

»Ich erzähle Ihnen jetzt mal, was ich glaube. Sie haben Ihren Unfall als willkommene Ausrede gesehen, nicht mit nach Langeoog fahren zu müssen. Dann entwickelten Sie den eiskalten Plan, Ihren Mann zu beschatten. Und erzählen Sie mir nicht, dass Sie nicht wütend waren, als Sie sahen, wie diese fremde Frau auf sein Hotelzimmer ging. Und dann sind in Ihnen alle Emotionen, alle Verletzungen der letzten Jahre wieder hochgekommen. Sie haben Wut gespürt. Sie haben gehasst. Dieser Mann, wegen dem Sie auf alles verzichtet haben, hintergeht sie schamlos. Vergnügt sich mit einer anderen und vor allem viel attraktiveren Frau. Zeigen Sie mir eine Frau, die dann nicht die Nerven verliert.« Eva warf einen Blick Richtung Jürgen, der zusammenzuckte.

»Und dann haben Sie gewartet, bis diese Frau das Hotelzimmer Ihres Mannes wieder verlassen hat. Quälende Stunden, in denen Sie sich vorgestellt haben, was die beiden da treiben. Sie sahen die nackten Leiber vor sich, die sich in Ekstase liebten. Sich küssten und streichelten. Ihr Mann liebte eine andere Frau, und das konnten Sie nicht länger ertragen. Sie haben dann, als er endlich wieder alleine war, an seine Tür geklopft. Er war überrascht, hat Sie aber, bevor Sie eine Szene machen konnten, mit ins Zimmer gezogen. Und dann hat er versucht, mit Ihnen zu reden. Vielleicht hat er gesagt, dass alles ganz anders ist. Dass er diese Frau nicht liebt, dass er damit aufhören wird, sie zu treffen. Aber Sie, Frau Wattjes, Sie waren bis ins Mark enttäuscht und verletzt. Sie fühlten nur noch Verachtung für ihn. Sie wollten nicht mehr reden. Und dann haben Sie nach etwas gegriffen, vielleicht eine Lampe oder eine Weinflasche und dann haben Sie zugeschlagen.«

Sabine Wattjes zeigte kaum eine Regung. Seelenruhig hatte sie Eva zugehört. Und jetzt saß sie da, als ginge sie das Ganze nicht das Geringste an. Als habe man Sie gerade nicht des Mordes an ihrem Mann beschuldigt. Sie wirkte unbeteiligt.

»Ich kann mich da nur wiederholen«, sagte sie schließlich. »Sie irren sich, ich habe meinen Mann nicht getötet. Warum hätte ich Sie dann heute hierher gebeten wegen einer Aussage? Wäre das nicht ziemlich dumm von mir gewesen, Frau Kommissarin?«

Ja, das wäre es wohl, dachte Eva. Aber auf der anderen Seite könnte das genau zu deinem Plan gehört haben, du durchtriebenes Miststück.

»Ich denke, Sie haben uns heute hierher bestellt, um uns auf eine falsche Fährte zu locken, Frau Wattjes. Und deshalb verhafte ich Sie hiermit wegen des dringenden Tatverdachts, Ihren Mann Dieter Wattjes kaltblütig erschlagen zu haben.«

»Sie machen einen Fehler«, sagte Sabine Wattjes nur. »Aber bitte, nehmen Sie mich mit. Lassen Sie die wahre Täterin gerne davonkommen. Sie haben ja keine Ahnung, wozu diese Verena Ferdinand imstande ist. Glauben Sie etwa, Dieter war der Einzige, der ihren Spielchen auf den Leim gegangen ist. Da waren noch andere.«

»Was wollen Sie damit sagen? Haben Sie Frau Ferdinand etwa beobachtet?«, fragte Eva neugierig.

»Ja, das habe ich. Über Monate bin ich ihr gefolgt. Glauben Sie denn, dass ich blind bin. Wenn schon meine Nachbarin meinen Mann mit der Schlampe im Wagen sieht, warum sollte ich dann ahnungslos geblieben sein? Natürlich wusste ich schon lange, dass es dieses verdammte Miststück auf meinen Mann abgesehen hat. Und natürlich ist er auf sie hereingefallen. Sie sieht ja auch verdammt gut aus. Viel besser als eine alte Ehefrau, mit der man schon seit über fünfzehn Jahren tagein tagaus am Frühstückstisch sitzt. Natürlich braucht man einen Mann dann nicht lange zu überreden.«

Eva schielte zu Jürgen. Doch er hielt sich mit zustimmenden Äußerungen wohlweislich zurück. Zum Glück bekam sie sein Kopfkino nicht mit.

»Und Sie haben Verena Ferdinand auch mit anderen Männern gesehen? Wollen Sie das damit sagen?«

Sabine nickte. »Ja. Es waren andere Männer im Spiel, während sie meinem Mann schöne Augen machte.«

»Das wäre doch die Gelegenheit für Sie gewesen, Ihrem Mann die Augen zu öffnen. Sie hätten ihm davon erzählen können und vielleicht hätte er dann Schluss gemacht mit ihr.«

»Die Blöße wollte ich mir nun wirklich nicht geben, Frau Kommissarin. Erst verfolge ich ihn und dann auch noch seine Geliebte. Am Ende wäre ich wieder die hysterische Ehefrau gewesen. Nein danke.«

»Da haben Sie wohl lieber monatelang gelitten und sind den beiden dann in ihr Liebesnest auf Langeoog gefolgt, verstehe.«

Sabine Wattjes nickte. »Es muss doch nicht immer alles rational erklärbar sein, wenn es um Gefühle geht.« Sie weinte und diesmal wirkten ihre Tränen echt.

»Nein, sicher nicht. Kennen Sie denn jemanden von den anderen Herren, mit denen die Anwältin noch etwas am Laufen hatte?«, fragte Jürgen.

»Einen auf jeden Fall. Es war Wilfried Sievers.«

»Der Vorsitzende des Briefmarkenvereins?«, fragte Eva erstaunt. Sie konnte sich ja vieles vorstellen, aber das Verena Ferdinand auf den Abfuhr nun wahrlich nicht. Der war doch viel zu alt und hatte eine Halbglatze. Manche Reize schlummerten anscheinend sehr im Verborgenen.

»Ja, genau dieser«, sagte Sabine und schnäuzte sich. »Offensichtlich hat sie es mit dem halben Verein getrieben.«

Vielleicht hat deshalb die Witwe von Sievers so gleichgültig reagiert, dachte Eva. Wenn sie davon wusste, dass ihr Mann fremdging, dann war es durchaus erklärlich.

»Und Sie wollen uns jetzt sicher erzählen, dass Verena Ferdinand auch Wilfried Sievers umgebracht hat, richtig?«

»Wäre das so abwegig?«, meinte Sabine.

»Und ein Motiv haben Sie sicher auch schon parat.«

»Vielleicht hat der Wilfried etwas davon mitbekommen, dass auch Dieter ... also ich meine, stellen Sie sich doch mal vor, der Wilfried hat sich so richtig Hoffnungen gemacht auf die Ferdinand. Dann kriegt er mit, dass auch Dieter etwas mit ihr hat. Vielleicht wollte er nur was mit meinem Mann trinken und hat nochmal an seine Zimmertür geklopft. Und dann kriegt er etwas von dem Treiben der beiden mit. Er wartet ab, bis sie fertig sind und Verena Ferdinand rauskommt. Dann will er die beiden zur Rede stellen. Aber da ist Dieter längst tot. Und der Wilfried ist Zeuge. Also muss sie ihn doch noch aus dem Weg räumen, oder?«

»Das klingt ja alles sehr spannend, Frau Wattjes. Aber die Frage ist doch, warum Verena Ferdinand dann noch gewartet hat, bevor sie Wilfried Sievers umgebracht hat. Ist das nicht merkwürdig?«

»Ich habe keine Ahnung. Aber das sind ja auch nur meine Gedanken, die ich Ihnen mitgeteilt habe. Ich zermartere mir seit Tagen den Kopf, wie alles passiert ist. Was ich vielleicht hätte verhindern können ...« Sie schluchzte.

»Sie haben doch beobachtet, dass Verena Ferdinand in das Zimmer Ihres Mannes ging. Wäre es da nicht denkbar, dass Sie dann auch gesehen haben könnten, wie auch Wilfried Sievers zu Ihrem Mann ging?«

»Ich sagte doch, dass ich einfach weggelaufen bin. Das ist die Wahrheit. Mehr brauchte ich doch nicht zu wissen, als die Tatsache, dass mein Mann mich betrügt.«

Sie konnte ja mit allem recht haben, dachte Eva. Und sie hatte nicht wirklich etwas in der Hand, um diese Frau festzunehmen. Sie hatte ja sogar freiwillig ausgesagt. Aber warum? Das war doch eigentlich die viel spannendere Frage. Warum war sie ausgerechnet jetzt mit der angeblichen Wahrheit herausgerückt?

»Gut Frau Wattjes, wir beenden das Ganze mal an dieser Stelle. Ich werde Sie jetzt nicht verhaften, aber ich muss Sie dringend bitten, nicht zu verreisen und zu unserer Verfügung zu stehen.«

»Aber natürlich, Frau Kommissarin. Ich will doch mit dazu beitragen, dass die schreckliche Geschichte endlich ein Ende hat.«

Das glaube ich dir sogar. Und ich werde auch noch rausfinden, warum du es jetzt so eilig hast, dachte Eva.

»Nochmal zu Frau Ferdinand, nehme ich an.« Jürgen hatte die Wagenschlüssel an sich genommen und lief zur Fahrertür.

»Ja, macht doch Sinn oder?« Eva war noch immer in Gedanken.

»Dann steig ein.«

Sie führen über die A31 nach Leer.

»So blöd klang das gar nicht, was die Wattjes uns da gerade erzählt hat«, meinte Jürgen, als sie durch eine kilometerlange Baustelle fuhren.

»Nein, sicher nicht. Und vielleicht klang alles viel zu gut. Ich meine, wir waren doch schon bei ihr gewesen. Aber da wusste sie angeblich von nichts und hat uns angelogen. Und plötzlich fällt ihr dann eine passende Geschichte ein, wo uns die Täterin auf dem Silbertablett serviert wird. Wie passt das denn zusammen?«

»Das könnte der Schock gewesen sein«, meinte Jürgen und fädelte sich wieder auf die freie Fahrbahn ein. »Und wer lügt denn nicht, wenn er merkt, dass er unter Tatverdacht steht?«

»Kann ja sein, dass du recht hast. Und trotzdem kommt mir das Ganze zu konstruiert vor.«

»Vielleicht, weil du nicht selber drauf gekommen bist.«

Warum eigentlich nicht?, fragte sich Eva. Denn die Story klang wirklich zu schön, um wahr zu sein. Ein bisschen zu schön.

Jürgen hielt vor der Kanzlei. Der rote Sportwagen stand vor der Tür.

»Wir müssten nochmal zu Frau Ferdinand«, sagte Eva zum Pferdeschwanz, der heute offen getragen wurde.

»Sie haben Glück«, sagte die junge Frau, »Frau Ferdinand ist gerade frei.«

Sie führte die beiden zu ihrem Büro.

»Sie schon wieder?«, fragte Verena Ferdinand erstaunt, als sie Eva und Jürgen sah.

»Wir hätten noch ein paar Fragen«, sagte Eva.

»Möchten Sie etwas trinken?«

»Nein danke, es dauert sicher auch nicht lange.«

Die junge Frau verschwand.

»Was kann ich denn noch für Sie tun?« Verena Ferdinand lehnte sich zurück, so dass ihre Bluse spannte. Jürgen riskierte einen Blick, den Eva sehr wohl registrierte.

»Wir haben der Frau Ihres Geliebten gerade einen Besuch abgestattet und sie hat gemeint, dass Sie als Täterin infrage kommen.« Eva war gespannt, ob sie über diese Falle stolpern würde.

Verena Ferdinand sah sie misstrauisch an. »Ich soll Dieter ermordet haben?«, fragte sie.

»Den, oder vielleicht auch Wilfried Sievers ... oder am besten gleich beide. Was halten Sie von dieser Theorie?«

»Wilfried wen? Der Name sagt mir nichts. Wer soll das sein?«

»Das ist das zweite Opfer aus dem Briefmarkenverein, wir hatten Ihnen doch schon davon erzählt.«

»Ach so, der. Ja, aber der Name war mir wohl entfallen, entschuldigen Sie.«

»Sie kannten Wilfried Sievers also nicht persönlich?«

»Es kann sein, dass Dieter mal von ihm gesprochen hat. Vielleicht habe ich ihn auch gesehen, als ich auf Langeoog war.«

»Aha, Sie waren also auch auf Langeoog? Das haben Sie uns das letzte Mal aber verschwiegen.«

So ein Mist, dachte Verena. Wie konnte ihr dieser Faux Pas bloß passieren?

Jetzt musste sie die Wahrheit sagen, bevor alles noch schlimmer wurde.

»Ja, ich habe Sie angelogen«, gab sie zu. »Ich war auf Langeoog, um mich mit Dieter zu treffen.«

»Und dann? Was ist dann passiert?«

»Sie meinen, warum Dieter tot ist? Das weiß ich nicht. Ich war auf seinem Zimmer, nachdem er das Gala-Dinner verlassen hatte. Wir waren da verabredet ... und haben, nun ja, Sie wissen schon.«

Jürgen fuhr sich mit der Zunge über den Mund. So ein Schwein, dachte Eva.

»Ja, wir können uns denken, was da los war«, sagte Eva barsch. »Wie ging der Abend denn zu Ende?«

»Ich bin vielleicht so gegen drei Uhr gegangen. Dieter fand das besser, dass mich niemand aus dem Verein am Morgen aus seinem Zimmer kommen sieht, deshalb.«

»Und als Sie das Zimmer verließen, ist Ihnen niemand begegnet?«

Verena Ferdinand schüttelte den Kopf. »Unten in der Hotelhalle waren noch Leute, die wohl auf ihre Zimmer wollten. Aber ich kannte sie nicht.«

»Und Wilfried Sievers haben Sie nicht zufällig getroffen?«

»Ich sagte doch schon, dass ich diesen Mann eigentlich nicht kenne.«

»Nun, Frau Wattjes hat aber ausgesagt, dass Sie ein Verhältnis mit Wilfried Sievers hatten.«

»Wie bitte?« Verena Ferdinand setzte sich wieder gerade hin und zog ihren Blazer zusammen. »Wie kommt diese Frau denn darauf?«

»Weil Sie sie eine ganze Weile beobachtet hat, weil Sie wusste, dass Sie ein Verhältnis mit ihrem Mann hatten. Sie ist Ihnen gefolgt und hat gesehen, dass Sie sich auch mit Wilfried Sievers getroffen haben.«

Die Anwältin drückte einen Knopf an der Gegensprechanlage.

»Bringen Sie mir bitte einen starken Kaffee«, sagte sie.

»Und? Stimmt es jetzt, was Sabine Wattjes behauptet?«, fragte Eva eindringlich.

»Da war mal was … aber nur kurz«, gab Verena Ferdinand schließlich zu. Der Kaffee wurde gebracht.

Ja lügen denn hier alle?, fragte Eva sich. Was war nur mit diesen Frauen los? Und was war mit ihr los? Warum führte sie ein so verdammt stinklangweiliges Leben? Vielleicht sollte sie doch etwas mit Jürgen … das wäre schon mal ein guter Anfang.

Aber jetzt wieder zu den Verdächtigen. Sollte sie Verena Ferdinand festnehmen? Oder doch lieber Sabine Wattjes? Ihr schwirrte der Kopf. Oder einfach beide? Es war ganz sicher, dass eine von beiden das Blaue vom Himmel log. Wer hatte hier wen und warum umgebracht? Sie hoffte inständig, dass jetzt nicht auch noch die Witwe von Sievers als Täterin ins Spiel kam. Und von Heinrich Gerlach ganz schweigen. Um den Abtrünnigen musste sie sich ja auch noch kümmern.

Aber jetzt musste sie zunächst das Rätsel Verena Ferdinand lösen. Sie hatte nur Verdachtsmomente. Und natürlich hätte sie ein Motiv gehabt, Dieter Wattjes zu töten. Wenn es zum Beispiel ganz anders gewesen war, als sie hier vorgab. Was, wenn Dieter Wattjes gar nicht so begeistert gewesen wäre von Ihrem plötzlich Auftauchen in seinem Hotelzimmer? Hatte er sie nicht abserviert um des lieben Friedens willen mit seiner Frau? Das konnte schon am Ego so eines Vamps nagen, auch wenn sie noch so viele Männer haben konnte. Was, wenn sie nur diesen einen gewollt hatte?

»Geben Sie es zu«, sagte Eva plötzlich, »Sie haben Dieter Wattjes geliebt. Ich meine richtig und nicht nur als Zeitvertreib, wie es sonst wohl so üblich zu sein scheint. Und dann konnten Sie es nicht ertragen, dass er sie verlassen hat wegen seiner Frau. Einer Frau, die er gar nicht mehr liebt. Sie wollten, dass er Sie und nur Sie liebt. Aber dazu war er nicht bereit. Er hat es geschafft, sich von Ihnen zu trennen. Männer können so was. Aber bei Ihnen war das anders. Es nagte an Ihnen wie ein spitzer Stachel. Sie wollten ihn zurück mit Haut und Haar. Sie sind ihm ohne sein Wissen nach Langeoog gefolgt, weil Sie dachten, dass Sie ihn dann wieder rumkriegen können. Doch das hat dann nicht geklappt. Sie haben an seine Tür geklopft und er war nicht gerade begeistert, Sie zu sehen. Natürlich hätte er in diesem Moment nichts lieber getan, als mit Ihnen ins Bett zu gehen.

Aber er wusste, dass dann alles wieder von vorne anfangen würde. Also hat er sie schweren Herzens abgewiesen. Und Sie, die Sie ihm doch nur Ihre wahre Liebe geben wollten, Sie sind daraufhin unglaublich enttäuscht und wütend gewesen. So wütend, dass Sie nach etwas gegriffen haben und damit zuschlugen. Vielleicht wollten Sie Dieter Wattjes ja gar nicht töten, aber dann lag er plötzlich da auf seinem Bett in dem ganzen Blut. Und vor lauter Panik sind Sie aus dem Zimmer gerannt. Dabei ist Ihnen womöglich Wilfried Sievers über den Weg gelaufen. Er hat sich vielleicht gewundert, Sie dort zu treffen. Aber geschaltet hat er wohl erst, als er seinen Vereinskameraden tot vorgefunden hat.«

»Sie sind ja völlig verrückt geworden.« Verena Ferdinand war aufgesprungen. »Das ist doch eine absurde Geschichte, die Sie mir hier unterschieben wollen.«

»Sie können sich ja einen Anwalt nehmen«, meinte Jürgen.

»Sehr witzig«, erwiderte sie giftig.

»Wann haben Sie beschlossen, auch Wilfried Sievers umzubringen?«, fragte Eva dazwischen. »Hat er Sie vielleicht erpresst?«

»Womit sollte der mich denn erpressen?«, fragte die Anwältin verächtlich und setzte sich wieder. »Dieser alte Trottel war doch viel zu dämlich für so etwas.«

»Na, da bin ich mir nicht so sicher. Es könnte doch sein, dass er Sie zwingen wollte, wieder etwas mit ihm anzufangen. Dafür würde er dann den Mund halten. Und da Sie das nicht wollten, haben Sie ihn in einen Hinterhalt in der Scheune in Dunum gelockt und kaltblütig erstochen.«

»Da haben Sie sich ja schön etwas zusammengereimt, Frau Kommissarin. Aber haben Sie auch nur den geringsten Beweis für Ihre Unterstellungen?« Verena Ferdinand schien wieder völlig gefasst.

Irgendwie habe ich wohl den Moment verpasst, in dem sie alles ausgeplaudert hätte, dachte Eva. Jetzt war sie wieder völlig zugeknöpft und hatte sich unter Kontrolle. Und sie hatte recht. Es gab nicht den geringsten Beweis. Ihnen fehlten in beiden Fällen die Tatwaffen. Dass sie in dem Hotelzimmer gewesen war, das hatte sie ja zugegeben. Doch was nützte das so?

»Darf ich mich vielleicht in Ihrer Wohnung umsehen, Frau Ferdinand?«, fragte Eva.

Die Angesprochene antwortete mit einem Lächeln und nickte. »Tun Sie sich keinen Zwang an, ich habe nichts zu verbergen.«

Dass ich nicht lache, dachte Eva.

Sie fuhren hinter Verena Ferdinand her, die sie bereitwillig in ihre Wohnung führte. Alles war hell und modern eingerichtet. Genauso, wie man es in diesen vielen Anwaltsserien immer sah. Sie setzte sich entspannt ins Wohnzimmer und sah der Ermittlerin dabei zu, wie diese ein Zimmer nach dem anderen inspizierte. Eva hatte Jürgen unter fadenscheinigen Gründen gebeten, noch einmal nach Leer zur dortigen Dienststelle zu fahren. Sie wollte auf keinen Fall, dass ihr Hobbyermittler bei dieser cleveren Frau herumschnüffelte. Wenn die nämlich herausbekam, wer Jürgen wirklich war, dann war es aus für sie und die schönen Tage auf Langeoog.

Es gab nicht viel, was Eva in dieser Wohnung auffiel. Offensichtlich hatte Verena Ferdinand ein Faible für Swarovski Kristallfiguren, die in einer Glasvitrine glitzerten. Dann ein Bücherregal mit Fachliteratur und dem einen oder anderen Liebesroman. In ihrem Schlafzimmer, das mit weißen Möbeln in Echtholz ausgestattet war, fand sie in der Nachttischschublade einen Vibrator. Diese Frau konnte offensichtlich nicht genug bekommen. In einer anderen Lade lagen fein säuberlich sortiert Höschen und Büstenhalter aus Seide und anderen frivolen Materialien. Was hatte sie erwartet? Dass hier ein Brecheisen und ein Schlachtermesser nur auf sie warteten, damit sie diese Frau überführen konnte. Und dann fand sie unter Satinbettwäsche noch einen Stoffbeutel. Als sie ihn anhob, war er schwerer, als sie gedacht hatte, weil sie Socken oder Ähnliches darin vermutet hatte. Aber als sie die Kordel aufzog, sag sie Münzen. Pfennige noch aus D-Mark-Zeiten. Zweier und einer. Komisch, das passte so ganz und gar nicht zu dieser schicken Frau. War das etwa Geld für Brautschuhe gewesen? So etwas wurde früher ja gemacht. Aber dafür war Verena Ferdinand eigentlich viel zu jung. Das ergab keinen Sinn.

»Sie haben eine wirklich schöne Wohnung«, sagte Eva, als sie wieder zu ihrer Verdächtigen ins Wohnzimmer kam.«

»Danke, ich weiß ihr Lob durchaus zu schätzen«, sagte Verena Ferdinand obenhin. »Haben Sie denn etwas gefunden? Hat sich das Ganze für Sie gelohnt?«

Eva dachte an den Vibrator.

»Sie haben Münzen gesammelt?«, fragte Eva.

»Münzen? Was meinen Sie?«

»Ich habe Pfennige in Ihrer Wäsche gefunden«, sagte Eva und war gespannt, denn es hatte um die Augenwinkel von Verena Ferdinand gezuckt.

»Ach das?«, sagte Verena Ferdinand schnell. »Das stammt noch von meiner Mutter. Sie hat Geld für Brautschuhe für mich gesammelt, als ich noch ein kleines Mädchen war.«

»Aber gebraucht haben Sie es bisher wohl nicht«, stellte Eva fest. Irgendwie hatte ihr Gegenüber einen traurigen Gesichtsausdruck.

»Nein«, lachte Verena Ferdinand. »Und mittlerweile müsste ich dafür ja auch Euros ausgeben.«

»Wenn Sie denn den Richtigen treffen«, meinte Eva.

Die Anwältin nickte und sah aus dem Fenster, als sehe sie dort etwas, was Eva verborgen blieb.

»Mit Dieter Wattjes hätte es etwas werden können, habe ich recht?«, fragte sie in die entstandene Stille hinein.

»Ich habe ihn geliebt«, sagte Verena Ferdinand mit belegter Stimme. »Ich habe ihn wirklich geliebt.« Dann liefen erste

Tränen über ihr Gesicht und ließen die feine Haut in der hereinfallenden Sonne glänzen.

»Sagen Sie mir jetzt, was sich wirklich zugetragen hat in der fraglichen Nacht, als Dieter Wattjes starb.«

Verena Ferdinand stand auf und lief zu einer kleinen Vitrine, aus der sie eine edel aussehende Flasche mit bernsteinfarbenem Inhalt nahm.

»Auch einen?«, fragte sie und Eva nickte. Sie hatte ja schließlich einen Fahrer dabei.

Die Anwältin kam mit zwei Schwenkern zurück und stellte einen vor Eva, bevor sie sich wieder setzte.

»Es war so, wie ich gesagt habe, ich bin nach Langeoog gefahren, weil ich noch einmal mit Dieter allein sein wollte.«

»Woher wussten Sie denn, dass er alleine fahren würde?«

»Ich habe dafür gesorgt.«

»Wie?«

»Seine Frau, der Unfall. Ich habe Sie angefahren.«

Eva fuhr vor Schreck zusammen. Das hätte sie jetzt nicht gedacht.

»Das hört sich für Sie sicher brutal an, aber ich sah irgendwie keine andere Möglichkeit mehr. Dieter hatte es abgelehnt, sich noch einmal in Leer oder Moormerland oder sonst wo in Ostfriesland zu treffen, weil er davon ausging, dass seine Frau etwas ahnte. Vielleicht wusste er sogar, dass sie ihm nachspionierte. Auf jeden Fall wollte er das nicht mehr. Und als der Ausflug anstand, habe ich gedacht, dass ich dem Schicksal vielleicht etwas nachhelfen könnte.«

»Sie hätten Frau Wattjes umbringen können«, sagte Eva entrüstet. »War das die Sache wirklich wert?«

»Haben Sie noch nie geliebt, Frau Kommissarin? Und sie hat es ja überlebt.«

»Wohl wahr. Dafür aber ihr Mann nicht. Erzählen Sie weiter.«

»Dieter hat eingewilligt, mich auf Langeoog zu treffen, als ich ihm eine SMS geschickt hatte. Aber es durfte auf keinen Fall herauskommen, das war seine Bedingung. Also verabredeten wir, dass ich ihn in der Nacht nach dem Gala-Dinner, wo die meisten sich sowieso betrinken würden, auf seinem Zimmer aufsuchen würde.«

»Was ist dort passiert?«

»Wir haben uns geliebt. Es war so schön. Und auch für Dieter war es einmalig, das habe ich genau gespürt. Eine Frau spürt so etwas doch, oder?«

Da war Eva wirklich überfragt. Sie musste einiges nachholen.

»Und? Konnten Sie Dieter Wattjes überreden, sich wieder mit Ihnen einzulassen?«

Eva ahnte die Antwort schon.

»Nein. Nachdem er seinen Spaß gehabt hatte, erklärte er mir, dass das eine einmalige Sache bleiben würde. Wenn wir wieder zu Hause wären, wollte er mich nicht mehr sehen. Er war so gemein. Ich habe geweint, ihn angefleht. Ich habe ihm gesagt, dass ich ohne ihn nicht leben kann ... doch er, er hat mich einfach vor die Tür gesetzt, als es ihm zu viel wurde.«

Die Tränen auf Verena Ferdinands Gesicht waren getrocknet. Der Glanz war verschwunden. Auch aus ihren Augen.

»Haben Sie Dieter Wattjes umgebracht, Frau Ferdinand?« Eva sah die Beschuldigte eindringlich an. Ja, fast hatte sie Mitleid mit ihr.

Verena Ferdinand sagte nichts, sie nickte nur.

»Wie?« Eva schluckte.

»Ich hatte mich wieder angezogen und ging zur Tür. Für Dieter war die Sache damit wohl erledigt. Doch in mir brodelte es. Ich war verletzt und fühlte mich benutzt und schmutzig. Als er wieder zum Bett ging, weil er dachte, es wäre endlich Ruhe, da bin ich wieder zurückgegangen und habe ihm ... ich ...« Sie schüttelte sich.

»Was haben Sie?«

»Ich habe ihm den Geldbeutel über den Kopf ...« Sie stöhnte auf. »Es war so ein furchtbares Geräusch. Es knackte. Dieter fiel sofort nach vorne. Er hat sich nicht mehr bewegt. Aber das wollte ich doch gar nicht. Er sollte nur etwas spüren von meinen Verletzungen, verstehen Sie?«

»Sie meinen die Pfennige? Sie haben Dieter Wattjes mit ihrem Brautschuhgeld umgebracht?«

Verena Ferdinand nickte wieder. »Ja. Ich hatte es mitgenommen, weil ich Dieter damit zeigen wollte, wie ernst es mir mit ihm ist. Ich wollte ihn überraschen.«

»Das ist Ihnen ja auch wohl gelungen«, sagte Eva matt. Was für ein erschreckendes Ende einer großen Liebe, dachte sie. Vielleicht sollte sie ihre geplanten Aktivitäten mit Jürgen doch noch einmal in aller Ruhe überdenken.

»Ich muss Sie festnehmen, Frau Ferdinand«, sagte sie.

»Schon gut ...« Die Anwältin rieb sich übers Gesicht.

»Und was ist mit Wilfried Sievers?«

Verena Ferdinand schüttelte heftig den Kopf.

»Nein, den habe ich nicht auf dem Gewissen. Das müssen Sie mir glauben. Ich habe ihn auf Langeoog auch gar nicht gesehen. Der kann nichts davon gewusst haben, dass ich bei Dieter auf dem Zimmer war.«

Eva fragte sich, warum sie jetzt noch lügen sollte. Einen Mord hatte sie bereits gestanden. Da wäre es auf einen weiteren auch nicht mehr angekommen. Also sagte sie wohl die Wahrheit. Aber wer hatte dann zugestochen in Dunum? In ihr keimte ein Verdacht, der nur vage und doch greifbar war.

Sie rief die Kollegen in der Dienststelle in Leer an, damit man einen Wagen schickte, um Verena Ferdinand nach Aurich zu bringen.

Zurück auf Langeoog

Jürgen hatte darauf bestanden, dass sie noch am gleichen Tag zurück zur Insel fuhren. Er war ein wenig maulig, weil er nicht mit in die Wohnung von Verena Ferdinand gedurft hatte. Doch er verstand Evas Beweggründe schon. Zur Entschädigung lud sie ihn am Abend zu ihrem Lieblingsitaliener ein. Doppelt Käse half in solch schwierigen Situationen immer.

»Das war doch ein erfolgreicher Tag«, meinte Jürgen und schmatzte.

»Ja durchaus«, stimmte Eva zu und trank von ihrem Chianti.

»Aber so richtig zufrieden siehst du nicht aus.«

»Ich hab noch eine überzählige Leiche, vergiss das nicht. Mir fehlt dazu ein passender Mörder.«

»Oder Mörderin«, schob Jürgen nach.

»Aber ich glaube Verena Ferdinand, dass sie Sievers nicht umgebracht hat.«

»Das ist ja auch okay. Du hast ja noch eine Kandidatin.«

»Du meinst doch wohl nicht Sabine Wattjes. Warum um alles in der Welt hätte sie den Sievers umbringen sollen?«

»Keine Ahnung. Aber schließlich hat sie dich doch auf die Spur von Verena gehetzt. Und zwar mit Ansage. Sie hat doch darauf gedrungen, noch einmal auszusagen, schon vergessen?«

»Nein, natürlich nicht«, sagte Eva brummig. Dass aber auch immer Jürgen die Fäden zusammenführte.

»Siehst du«, sagte Jürgen triumphierend, »wenn du mich nicht hättest.« Sie musste schon wieder an den Vibrator denken. Hoffentlich bekam sie ihn bald wieder aus ihrem Kopf.

»Du hast ja recht, ich hab auch schon daran gedacht«, log sie schamlos. »Doch welches Motiv sollte Sabine Wattjes gehabt haben, Wilfried Sievers umzubringen?«

Jürgen schnippelte seine Pizza weiter auseinander und schob sich Stück für Stück genüsslich in den Mund.

»Das ist eine sehr spannende Frage«, sagte er und kippte den ersten Massala herunter. »In dem Fall könnte es doch auch um Dieter gegangen sein.«

»Wie meinst du das?«

»Nun, wenn diese Ferdinand auch was mit dem Sievers gehabt hat, wenn auch nur kurz, so kann doch Sabine Wattjes ... ach, ich weiß auch nicht. Irgendwie rede ich jetzt wohl gerade Blödsinn.«

Wie so oft, dachte Eva.

»Ja, scheint mir auch der falsche Ansatz zu sein«, sagte sie laut. »Aber wie wäre es denn, wenn es in dem Fall wirklich um Briefmarken und nicht um Sex ging?«

»Wie langweilig«, sagte Jürgen lachend.

»Nun denk doch mal nach ... oder versuche es wenigstens. Es sind doch immer noch die wertvollen Marken von Dieter Wattjes verschwunden.«

»Du meinst, der Sievers ...?«

»Vielleicht. Denn es könnte doch sein, dass Sievers davon wusste, dass Dieter Wattjes welche mit nach Langeoog nehmen wollte. Uns hat er aber erzählt, dass er praktisch von nichts wusste.«

»Und dann hat dich jemand angerufen und gesagt, er hat gelogen.«

Auch Eva fiel jetzt der Anruf wieder ein.

»Stimmt, jemand hat gesagt, er hat gelogen. Damit könnte doch Sievers gemeint gewesen sein.«

»Tja, wenn wir jetzt noch wüssten, wer da angerufen hat.«

»Und wenn es Sabine Wattjes war ...?«

»Aber die Stimme klang doch eher ... also, das glaube ich nicht. Es klang nicht wie jemand von hier.«

»Das kann man doch alles verstellen. Vielleicht wollte sie uns von Anfang an verwirren in der ganzen Sache.«

»Aber warum? Sie hat doch ihren Mann gar nicht umgebracht.«

»Nein, das nicht. Aber sie hat vielleicht die Gelegenheit geschickt genutzt, und die Marken an sich gebracht.«

»Aber das macht doch keinen Sinn, wenn der Sievers sich die Dinger unter den Nagel gerissen hat.«

»Oh, vielleicht doch. Denn wenn Sabine Wattjes gar nicht so ahnungslos war, was die Sammlung ihres Mannes betraf, dann war es für sie doch ein leichtes, Kontakt zu dem Vorsitzenden aufzunehmen und von dem Verlust zu erzählen.«

»Hm ... und dieser fühlte sich ertappt, weil er die Marken an sich genommen hatte, als er Dieter Wattjes tot aufgefunden hat, so dass er ihr alles gestanden hat.«

»Bingo. Und sie hat ihn erpresst. Vielleicht wollte sie sogar mit ihm teilen. Oder auch nicht. Aber sie hat ihn nach Dunum gelockt, da bin ich mir jetzt ziemlich sicher.«

»Das wäre ja ein Ding, wenn die Wattjes den Sievers ... also wirklich.« Jürgen sah auf sein Messer und stellte sich vor, wie sie ihm ein ähnliches in den Leib gerammt hatte. Frauen konnten so brutal sein.

»Jetzt müssen wir es ihr nur noch nachweisen«, sagte Eva verschwörerisch. »Ich glaube, wir müssen nochmal nach Moormerland.«

»Ich hab's befürchtet«, seufzte Jürgen. »Wann wollen wir los?«

»Gleich morgen mit der ersten Fähre«, sagte sie verschmitzt.

Mörderin

Sie wusch sich ausgiebig das Gesicht und spülte mit kaltem Wasser nach. So langsam ging die Schwellung der Augen zurück. Endlich. Sie sah so hässlich mit den rotgeweinten Augen aus, fand sie. Aber wenigstens hatten sie ihr abgenommen, dass sie am Boden zerstört war. Und jetzt musste sie Ordnung in ihr Leben bringen. Nicht mehr das Einerlei des Alltags spüren. Nicht mehr überaus neugierige Nachbarinnen ertragen, denen sie am liebsten den Hals umgedreht hätte. Niemals hätte sie sich träumen lassen, dass sie zu so aggressiven Gefühlen fähig war. Doch ihr Mann hatte sie eines besseren belehrt. Warum musste er auch was mit anderen Frauen anfangen? Nur, weil sie keine Kinder bekommen konnte? Es war doch nicht ihre Schuld, wenn es mit ihnen beiden nicht funktionierte. Hätte man nicht glücklich sein können, ohne? Sie hatte es versucht. Aber er hatte sich immer mehr in dieses blöde Hobby verstrickt. Ausgerechnet Briefmarken. Wenn er wenigstens Motorbootfahrer geworden wäre. Dann hätte man zusammen rausfahren können und nette Leute kennen lernen. Ab und zu mal eine kleine ostfriesische Insel ansteuern. Viele machten das. Doch ihn hatte es nicht interessiert, als sie ihm einmal einen Werbeprospekt unverfänglich auf den Tisch gelegt hatte. Wasser sei nichts für ihn, hatte er gemeint und das Ding in den Müll geworfen. Stattdessen hatte er sie mit zu diesen unsäglichen Menschen gezerrt, die den ganzen Tag mit dicken Lupen über irgendwelchen Papierschnipselchen fachsimpelten. Und unterhalten konnte sie sich mit den Frauen auch nicht. Die meisten dumm wie Bohnenstroh. Immer nur den Mann, sein Essen und den Klatsch der Nachbarn zum Thema. Was sollte sie mit denen anfangen? Sie wäre fast verzweifelt daran.

Sie versuchte, eine Arbeit zu finden, um auf andere Gedanken zu kommen. Doch mit Mitte dreißig war sie einigen zu jung, da sie noch Kinder kriegen konnte und den anderen schon wieder zu alt, weil ihr wichtige PC-Kenntnisse fehlten. Ihr Selbstwertgefühl war immer weiter in den Keller gesackt.

Und dann hatte Dieter auch noch angefangen Frauen, zu sammeln. Gerade, als es ihr so schlecht ging, hatte sie die ersten Quittungen gefunden. Hatte es sie wirklich überrascht? Gingen nicht alle Männer fremd? Vielleicht. Aber sie wollte das einfach nicht zulassen. Wollte sich nicht mit den ständigen Gedanken plagen müssen, wen er gerade im Arm hielt und liebkoste.

Sie konnte heute gar nicht mehr sagen, wann es zu dem teuflischen Plan gekommen war. Aber irgendwann war sie mit dem Vorsitzenden ins Gespräch gekommen. Er hatte sie erst einmal darüber aufgeklärt, was ihr Mann, der Dieter, doch für ein interessantes und noch dazu lukratives Hobby betrieb. Seine Sammlung sei schon einiges wert mittlerweile. Und das war Sabine nicht mehr aus dem Kopf gegangen. Sie hatte sich schlaugemacht. Hatte im Internet recherchiert, sich Sammlerbücher bestellt und alles genauestens aufgelistet. Und am Ende wusste sie, dass in ihrem Haus ein kleines Vermögen lag, von dem sie bisher nichts geahnt hatte. Und jetzt gehörte es ihr ganz allein. Sie musste jetzt nur noch alles geschickt zu Ende bringen.

Sie wollte gerade anfangen, ihren zweiten Koffer zu packen, als es an der Tür klingelte. Wer konnte das sein um diese Zeit? Sie erwartete niemanden. Und es passte ihr auch nicht. Unschlüssig ging sie zur Tür und machte kurz vorher Halt. Sie musste doch nicht öffnen.

Es wurde wieder geklingelt. Offensichtlich war es ein hartnäckiger Mensch. Bevor wieder ihre neugierige Nachbarin die Sache in die Hand nahm, öffnete Sabine dann doch.

»Guten Morgen Frau Wattjes. Ich hoffe, wir kommen nicht ungelegen?« Eva registrierte, dass die Frau vor ihr keineswegs gerade aus dem Bett kam oder unter der Dusche war. Also warum hatte es so lange gedauert, bis sie aufgemacht hatte?

»Sie? Ist denn noch was? Ich habe eigentlich keine Zeit.« Fahrig strich sich Sabine durchs Haar.

»Es dauert nicht lange. Nur noch ein paar Routinefragen.« Eva setzte bereits in den ersten Fuß ins Haus. »Wollen Sie verreisen?«

»Was? Ich ... nein.«

»Ich dachte nur, weil ich da eine Reisetasche sehe. Polizisten entgeht nichts, leider.«

»Ach das. Also ja, es stimmt schon. Ich wollte mir eine Luftveränderung gönnen.«

»Aber wir hatten sie gebeten, nicht wegzufahren.«

»Ich dachte nach dem letzten Gespräch, dass alles so weit klar wäre. Sie haben die Anwältin doch verhaftet, oder? Jedenfalls hat mir das meine Nachbarin erzählt.«

»Ja, die lieben Nachbarn. Es stimmt, wir haben Verena Ferdinand festgenommen. Und sie hat sogar gestanden, Ihren Mann getötet zu haben.«

Über Sabines Gesicht flackerte ein kurzes Lächeln.

»Ich habe es Ihnen ja gesagt ... also, was kann ich denn jetzt noch für Sie tun?« Sie lief entspannter voraus ins Esszimmer. »Soll ich vielleicht einen Kaffee machen?«

»Wir dachten, Sie hätten es eilig. Aber ja, gerne.« Eva ließ sie nicht aus den Augen. Wähnte sie sich jetzt in Sicherheit? Auf jeden Fall waren ihre Bewegungen sicherer.

Jürgen warf, bevor er in die Küche folgte, noch einen Blick in das Arbeitszimmer von Dieter Wattjes. Ein Gefühl sagte ihm, dass da etwas nicht stimmte. Vorsichtig öffnete er die Tür.

»Was machen Sie da?«, hörte er plötzlich Sabine Wattjes hinter sich.

»Ein Routinecheck«, erwiderte Jürgen. »Haben Sie ein Problem damit?«

»Sie haben doch schon alles durchgeschnüffelt. Aber tun Sie sich keinen Zwang an.« Sie drehte auf dem Absatz um und lief wieder zu Eva in die Küche.

»Mein Kollege kann's nicht lassen«, sagte Eva entschuldigend. »Manchmal sucht er einfach nach der berühmten Nadel im Heuhaufen.«

Sabine schenkte Kaffee ein und setzte sich zu Eva.

»Ich bin so froh, dass endlich alles vorbei ist.«

»Ja, das glaube ich Ihnen. Es ist bestimmt eine große Erleichterung zu wissen, dass die Mörderin Ihres Mannes jetzt festgenommen wurde.«

Sabine nickte.

»Was werden Sie jetzt tun?«

Sabine zuckte mit den Schultern.

»Ich weiß es noch nicht genau. Vielleicht einfach erst mal raus und dann den Kopf freikriegen. Wissen Sie, so eine lange Ehe, auch wenn es zugegebenermaßen Schwierigkeiten gab, die schüttelt man nicht so einfach ab. Ich habe meinen Mann geliebt.« Sie legte einen schmerzlichen Unterton in ihre Stimme, den Eva ihr nicht abkaufte.

»Interessiert es Sie denn gar nicht, ob Verena Ferdinand auch den Mord an Wilfried Sievers gestanden hat?«

»Doch sicher … aber davon bin ich ausgegangen.«

»Sehen Sie, und das ist der Unterschied zwischen Ihnen und uns Ermittlern. Wir wollen es immer genau wissen. Wir verlassen uns nicht auf unser Gefühl. Und deswegen sind wir heute noch einmal hergekommen.«

»Ich verstehe nicht …«

Jürgen kam in die Küche und nickte Eva zu.

»Hast du noch etwas gefunden?«

»Ja«, sagte Jürgen. »Aber es war gar nicht leicht.«

Sabine sah verstört von einem zum andern.

»Was haben Sie gefunden? Was hat das Ganze hier zu bedeuten?« Unsicher schob sie ihren Kaffeebecher auf der Tischplatte hin und her.

»Ich habe einen Laptop gefunden, der Ihnen gehört«, sagte Jürgen in sachlichem Ton.

»Einen Laptop?«, wiederholte Eva interessiert. »Wo denn?«

»Zwischen der Unterwäsche von Frau Wattjes?«

»Sie waren in meinem Schlafzimmer«, schrie Sabine auf. »Was hatten Sie da zu suchen? Das habe ich Ihnen nicht gestattet. Ich will sofort den Durchsuchungsbefehl sehen, sonst ...«

»Sonst was, Frau Wattjes?« Eva starrte ihr ins Gesicht. Sie sah darin nur Verachtung. »Was war auf dem Laptop?«, fragte sie an Jürgen gewandt.

»Genau das, was wir vermutet haben«, sagte Jürgen. »Jede Menge Informationen zu Briefmarken. Und das, obwohl Frau Wattjes sich doch eigentlich gar nicht dafür interessiert.«

»Angeblich ...«

»Genau. Und dann waren da noch die Listen abgespeichert, die wir in Dieter Wattjes Arbeitszimmer gefunden haben.«

»Interessant«, sagte Eva. »Aber ich wette, dass wir nicht einen Fingerabdruck von ihm darauf finden werden. Richtig Frau Wattjes?«

»Ich weiß nicht, was Sie mir da unterstellen wollen. Ich will sofort meinen Anwalt sprechen.«

»Oh, den werden Sie wohl auch brauchen«, fuhr Eva fort. »Denn Sie haben sich damit beschäftigt, was die

Briefmarkensammlung Ihres Mannes wert war. Ihn hat das gar nicht so sehr interessiert, er liebte nur sein Hobby.«

»Sie sind ja völlig verrückt geworden«, rief Sabine aus. »Das wird ein Nachspiel haben.«

»Da bin ich sicher«, sagte Eva ruhig. »Und Jürgen, hast du auch schon die fehlenden Alben gefunden?«

»Ich bin noch dran. Jetzt knöpfe ich mir mal die Koffer von Frau Wattjes vor.«

»Ja, mach das. Und nun wieder zu Ihnen«, sagte sie zu Sabine. »Wollen Sie nicht endlich erzählen, was Sie mit Wilfried Sievers verband? Haben Sie ihn angestiftet, die Alben, die Ihr Mann mit auf die Insel genommen hatte, zu stehlen?«

Sabines Augen flackerten. Fast hatte Eva den Eindruck, sie würde gleich ohnmächtig. Doch sie hielt sich am Tisch fest und atmete tief durch.

»Was hätten Sie denn an meiner Stelle getan?«, fragte sie plötzlich mit leiser Stimme.

»Eine unglückliche Ehe entschuldigt nicht alles, Frau Wattjes«, sagte Eva. »Wann haben Sie den schrecklichen Plan gefasst, es Ihrem Mann heimzuzahlen?«

»Es war doch alles mehr der pure Zufall«, begann Sabine zu erzählen. »Alles fing damit an, dass ich meinem Mann nicht mehr vertraut habe. Überall sah ich Gespenster. Jede Frau, die er länger als drei Sekunden ansah, war eine Gefahr für uns ... für mich. Es war ein Teufelskreis, aus dem ich irgendwann nicht mehr herauskam. Ich habe alles durchsucht. Können Sie sich vorstellen, was das für ein Gefühl ist, wenn man jeden Tag die Sachen seines Mannes auf den Kopf stellt?«

Sie goss sich noch einmal Kaffee nach. Eva lehnte ab.

»Und irgendwann habe ich sogar in den Briefmarkenalben gesucht. Was ich da zu finden hoffte, weiß ich nicht. Doch ich habe mich damit beschäftigt, habe mir Bücher dazu besorgt. Ich war wie besessen. Und dann entdeckte ich, wie viel Geld dahinter steckte. Das war mir nie so bewusst gewesen. Und ich weiß ehrlich gesagt auch nicht, wie Dieter das überhaupt finanziert hat. Offensichtlich hat er mich in jeder Beziehung hinters Licht geführt, wissen Sie ...« Sie machte ein trauriges Gesicht, in dem Eva das erste Mal den ganzen Schmerz einer verzweifelten Frau aufblitzen sah. Sie musste einiges durchgemacht haben.

»Wie lange ging das schon, dass Sie akribisch alles erfasst haben?«, fragte Eva.

»Vielleicht ein Jahr«, erwiderte Sabine.

»Und als er Sie dann immer weiter betrog, haben Sie beschlossen, es ihm heimzuzahlen?«

»Ich weiß nicht. So konkret war das gar nicht. Als jetzt die Reise nach Langeoog anstand, da kam mir ja der Unfall ganz gelegen. Ich beschloss, meine Verletzungen als Ausrede zu nehmen, dass ich nicht mitfahren könne. Und dann entschied ich mich, ihn heimlich zu verfolgen. Ich wollte einfach sehen, was er da treibt.«

»Und wie kam Wilfried Sievers ins Spiel?«

»Ach, das ist eine blöde Geschichte. Als ich das Hotel von außen beobachtet habe, ist er mir durch ein dummes Missgeschick in die Arme gelaufen. Ich hatte mich hinter einer Hecke versteckt und er musste mal, wenn Sie verstehen.«

Eva nickte zur Bestätigung.

»Er war reichlich angetrunken und lachte dämlich vor sich hin, als er mich erkannte. In seinem Suff hätte er noch die größten Dummheiten angestellt, aber ich wollte ja unentdeckt bleiben. Also habe ich ihn überredet, den Mund zu halten.«

»Wie?«

»Ach, das wollen Sie gar nicht wissen. Auf jeden Fall war es unangenehm. Aber ich war erfolgreich. Als er wieder nüchterner war, habe ich ihm einfach alles erzählt. Und er berichtete mir von den wertvollen Marken, die Dieter mit nach Langeoog genommen hatte. Er wollte sie bei der Tauschbörse voller Stolz präsentieren, erzählte mir Wilfried. Und außerdem plante Wilfried, Dieter als neuen Vorsitzenden vorzuschlagen. Es sollte ein ganz toller Tag für Dieter werden.«

Tja, das ging wohl mächtig in die Hose, dachte Eva.

»Wie ging es weiter?«, fragte sie.

»Ich erzählte Wilfried, dass mein Mann mich betrügt. Und dass ich es nicht mehr aushalten könnte. Er hatte viel Verständnis für mich. Ich hatte ihm schon immer gefallen, das wusste ich. Also überredete ich ihn, mir zu helfen. Er sollte die Marken aus Dieters Hotelzimmer stehlen und wir würden uns dann die Beute teilen.«

»Und Herr Sievers hat sich darauf eingelassen?«

Sabine nickte. »Ich brauchte ihn nicht lange zu überreden, wenn Sie verstehen. Er schlich sich ins Hotel, als es schon sehr spät und alles still war. Er wollte nur die Marken holen und dann hat er Dieter entdeckt, wie er da tot auf dem Bett lag.«

»Und er hat nicht sofort die Polizei gerufen«, stellte Eva fest, »sondern er hat seinen toten Freund bestohlen und ihn einfach da liegen lassen.«

Sabine nickte. »Ja, das hat er getan. Wir waren beide geschockt, dass man Dieter umgebracht hatte, das können Sie mir glauben. Aber was hätte es denn noch geändert, wenn wir die Polizei gerufen hätten? Und die Marken gehören ja schließlich mir. So oder so.«

»Wer hat die Briefmarken denn an sich genommen? War das Herr Sievers?«

»Ja. Wir haben uns dafür entschieden, weil Dieter ja tot war. Es war klar, dass man zu mir ins Haus kommen würde. Da wäre es wohl besser gewesen, wenn sie nicht da gewesen wären.«

»Sie meinen, weil man dann gleich darauf gekommen wäre, dass Sie vielleicht die Marken aus dem Hotelzimmer gestohlen hätten? Woher hätte die Polizei denn wissen sollen, dass sie überhaupt da gewesen sind?«

»Man weiß ja nie. Vielleicht hatte Dieter sich irgendjemandem aus dem Verein anvertraut. Und dann würde man die Marken ja suchen, das war unsere Überlegung.«

»Verstehe«, sagte Eva. In dieser Frau steckte doch eine Menge kriminelles Potenzial. »Und Sie haben mich auch mit verstellter Stimme auf der Polizeidienststelle angerufen, richtig?«

Sabine nickte. »Es sollte nur ein Ablenkungsmanöver sein. Wir dachten, damit wären Sie eine Weile beschäftigt.«

In der Tat, dachte Eva. Ganz schön gerissen.

»Wann haben Sie denn entschlossen, dass Sie die ganze Beute lieber für sich alleine haben würden?«

»Ach ... irgendwie war mir die Sache mit Wilfried nicht ganz geheuer. Und außerdem, warum sollte ich ihm denn etwas von meinem Eigentum geben?«

»Sie hatten einen Deal mit ihm.«

»Ja. Aber als ich zuhause war, sah die Sache schon wieder ganz anders aus. Wir hatten uns in der Scheune in Dunum verabredet, einem Kaff, wo eigentlich keiner hinkommt und wo uns niemand kennt.«

»Sie haben ein Messer mitgenommen? Hatten Sie da bereits vor, ihn zu töten?«

Sabine schüttelte heftig mit dem Kopf. »Nein, auf gar keinen Fall. Ich wollte ihm nur Angst machen. Er sollte sehen, wozu ich fähig sein könnte. Aber dann ist das Ganze eskaliert. Er hat mich als Schlampe bezeichnet. Ich sollte mein Wort halten. Er war nicht bereit, mir die ganze Sammlung auszuhändigen, also musste ich doch etwas unternehmen ...«

»Sie haben zugestochen, und zwar mehr als einmal.«

»Ja.«

Jürgen kam in die Küche zurück. Eva vermutete, dass er gelauscht hatte.

»Hier sind sie«, sagte er und hielt zwei Sammleralben in der Hand.

Eva informierte wieder die Kollegen in Leer, dass es eine weitere Mörderin gäbe, die nach Aurich abgeführt werden müsste.

Ditzumerhammrich

Eva und Jürgen fuhren zur Dienststelle nach Leer, weil Eva sich noch persönlich bei den Kollegen für die gute Zusammenarbeit bedanken wollte. Sie traf auf Kommissar Guntram, den sie zum ersten Mal persönlich sah. Sie war beeindruckt von ihm, weil sie schon viel über seine Fälle gehört hatte.

»Ich hoffe, ihr habt noch ein paar Gangster für mich übrig gelassen«, scherzte Guntram.

»Na sicher«, lachte Eva. »Das war jetzt wirklich Zufall, dass die beiden Mörderinnen aus deinem Revier kamen.«

»Ein neuer Kollege?«, fragte Guntram und zeigte auf Jürgen.

»Ach … nein«, wich Eva aus, bevor Jürgen was Falsches sagte. »Das ist Zufall.«

Guntram zog die Augenbrauen hoch, fragte aber nicht weiter nach.

»Wollt ihr noch einen Kaffee trinken?«

»Ach, nein danke«, sagte Eva. »Wir wollten auch gar nicht lange bleiben.«

»Tja, schade, dass meine beiden Kollegen gerade nicht hier sind. Mathias und Katrin hätten dich gerne einmal kennen gelernt.«

»Da wird sich schon nochmal was ergeben«, sagte Eva. »Wir wollen jetzt auch weiter nach Ditzumerhammrich.«

»Was wollt ihr denn da?«, fragte Guntram und auch Jürgen machte ein überraschtes Gesicht.

»Es gibt da noch einen ungeklärten Fall, der auch mit den Briefmarkensammlern zusammenhängt.«

Eva schilderte kurz, was es mit Heinrich Gerlach auf sich hatte. Und dass sie vermuteten, dass er sich etwas angetan haben könnte.

»Mir ist dieser Name nicht bekannt«, sagte Guntram. »Tut mir leid. Aber wenn ich was höre, will ich dir gerne Bescheid geben.«

»Das wäre nett«, sagte Eva. »So, und jetzt müssen wir auch weiter.«

»Was sollte das denn?«, fragte Jürgen, als sie wieder im Wagen saßen.

»Ich wollte mich da nicht länger als nötig aufhalten«, sagte Eva. »Und außerdem ... warum sollten wir denn nicht noch einmal nach Ditzumerhammrich fahren? Vielleicht ist Heinrich Gerlach ja wieder aufgetaucht und wir machen uns unnötig Sorgen.«

»Das glaube ich zwar nicht«, sagte Jürgen. »Aber in Gottes Namen, fahren wir wieder ans Ende der Welt.«

Der Hof sah genauso verlassen aus wie bei ihrem letzten Besuch. Sogar die Tür stand noch offen.

»Ob der Kater schon versorgt wurde?«, fragte Eva.

»Wollen wir reingehen?«

Eva nickte und sie stiegen aus.

Als sie ins Haus kamen, roch es muffig. Die Heizung, wenn es überhaupt eine gab, lief nicht. Und die einzelnen Holzöfen rochen nach abgestandener Asche. Hier war niemand mehr gewesen.

»William!«, rief Eva, in der Hoffnung, das Tier würde antworten. Doch es blieb still.

Sie lief in jedes Zimmer, wo ihr die Einsamkeit entgegensah. Was hatte Heinrich Gerlach hier für ein Einsiedlerdasein geführt? Vermisste ihn überhaupt jemand außer seinem Haustier?

»Wer sind Sie?«, hörte Eva plötzlich eine junge weibliche Stimme sagen. Sie drehte sich um. Hinter ihr stand eine junge Frau, die sie erstaunt ansah.

»Mein Name ist Eva Sturm, ich bin Polizistin. Und wer sind Sie?«

»Ich bin Wiebke Gerlach. Dies ist das Haus meines Großvaters.«

»Oh. Und wissen Sie denn auch, wo Ihr Großvater sich aufhält?«

Die junge Frau schüttelte bedauernd den Kopf. »Nein, das weiß ich leider nicht. Ich wohne weiter weg und besuche ihn hier ab und zu einmal. Er hat kein Telefon, deshalb kann ich ihn nicht vorher anrufen.«

»Verstehe. Und seine Katze? Haben Sie die schon gesehen?«

Wiebke Gerlach zuckte mit den Schultern. »Nein«, sagte sie. »Aber was machen Sie denn eigentlich hier? Ist meinem Großvater etwas zugestoßen?«

»Das wissen wir nicht so genau. Das ist eine längere Geschichte ...«

Eva berichtete Wiebke von den Vorkommnissen auf Langeoog und dass sie die Vermutung hätten, dass ihr Großvater noch einmal hier gewesen sein musste.

»Das ist ja alles komisch«, sagte Wiebke. »Das passt gar nicht zu Opa, dass er seine Katze im Stich lässt.«

»Vielleicht war er einsam«, sagte Eva.

»Sie meinen, er hat sich etwas angetan?«, fragte Wiebke erschrocken und Tränen sammelten sich in ihren Augen.

»Sind Sie denn die Einzige, die ihn hier besucht?«, fragte Eva.

Wiebke nickte. »Ich glaube schon. Opa hat nicht viele Freunde. Die meisten sind wohl schon tot. Und er mag die Menschen auch nicht, das hat er immer wieder gesagt.«

Eva konnte das in gewisser Weise nachvollziehen. Wo war eigentlich Jürgen abgeblieben? Mit ihm war es ja schlimmer als mit kleinen Kindern. Sicher stellte er gerade den ganzen Hof auf den Kopf.

»Aber ihr Großvater mochte Tiere ... und er mochte sie«, sagte Eva tröstend. »Ich bin mir sicher, dass er da, wo er jetzt ist, ein schöneres Leben hat.«

»Aber er kann mich doch nicht einfach so alleine lassen«, schluchzte Wiebke und fing an zu weinen.

Eva nahm die junge Frau in den Arm und versuchte sie zu trösten.

Doch es gab Dinge, die brauchten einfach ihre Zeit.

Als Wiebke sich ein wenig beruhigt hatte, gingen sie gemeinsam durch das Haus und die junge Frau erzählte mit leuchtenden Augen von den vielen Stunden, die sie hier verbracht hatte. Von den vielen Geschichten, die ihr Großvater ihr erzählt hatte von früher, aus einer anderen Zeit, als die Welt noch in Ordnung war. Und irgendwann kam sogar William aus einer Ecke gekrochen und räkelte sich verschlafen.

»Siehst du«, sagte Eva. »Den ersten Ausreißer haben wir ja schon gefunden.«

»Er hat ja nur geschlafen, der alte Faulpelz.« Wiebke lachte schon wieder und nahm das Tier auf den Arm. »Opa hat dich sehr lieb, William. Er kommt sicher bald wieder.«

Doch Heinrich Gerlach würde nicht wieder in Ditzumerhammrich auftauchen, doch das konnten sie ja jetzt noch nicht wissen.

Eva und Wiebke fanden in dem Haus etwas, dass er ausdrücklich für Wiebke dort hingelegt hatte.

»Ein Briefmarkenalbum?«, fragte Wiebke erstaunt. »Was soll ich denn damit?«

»Dein Großvater hat sich bestimmt etwas dabei gedacht«, sagte Eva. »Vielleicht sind sie ein kleines Vermögen wert. Ich an deiner Stelle würde es prüfen lassen.«

Wiebke machte ein trauriges Gesicht. »So, wie Sie das sagen, klingt es, als ob mein Großvater nie wieder kommen würde.« Sie schluckte.

»Das könnte sein, Wiebke. Aber wissen kann das niemand, bis man ihn gefunden hat.«

»Ich werde hier auf dem Hof bleiben«, sagte Wiebke entschlossen. »Es war schon immer mein Traum, eine kleine Landwirtschaft aufzubauen. Vielleicht wollte Opa mir ein Zeichen geben mit dem da.« Sie zeigte auf das Album.

»Und was werden deine Eltern dazu sagen?«, fragte Eva.

»Ach die. Sie haben schon immer gesagt, dass ich genauso spleenig bin wie Opa Heinrich. Sie werden sich nicht wundern.« Wiebke konnte wieder lachen.

»Tja, ich glaube, mein Kollege und ich, wir müssten dann auch mal wieder zurück. Können wir dich hier alleine lassen?«

»Ich bin doch nicht allein«, sagte Wiebke. »William ist doch bei mir. Und ich bin mir sicher, dass Opa mich sieht, egal, wo er jetzt gerade ist.«

Eva sah so lange in den Rückspiegel, bis der Hof von Heinrich Gerlach zu einem ganz kleinen Punkt geworden war.

»Eva, du machst dir zu viele Gedanken«, sagte Jürgen, der merkte, dass sie kurz vorm Weinen war.

»Lass ...«, sagte Eva. Dann schnäuzte sie sich. Sie war froh, dass Jürgen fuhr, sie konnte die Straße durch den dicken Schleier aus Tränen kaum noch erkennen.

Erst, als wieder bei Klara in Esens ankamen, um den Wagen wieder abzugeben, hatte sie sich wieder im Griff.

»Es war so schön, dass ihr beide hier wart«, sagte Klara immer wieder.

»Ja, wir haben das gute Essen auch sehr genossen«, meinte Jürgen.

»Kommen Sie gerne wieder, junger Mann.« Klara zwinkerte ihm zu. »Das nächste Mal mache ich frischen Grünkohl für euch mit Kohlwurst und Mettenden.«

»Ich kann es kaum erwarten.« Jürgen lief das Wasser im Mund zusammen.

»Du verwöhnst ihn viel zu sehr«, sagte Eva lachend. »Auf der Insel isst er überwiegend Pizza mit doppelt Käse.«

»Aber das ist doch nicht gesund«, meinte Klara. »Kocht denn heutzutage niemand mehr selber?« Versonnen sah sie den beiden nach, als sie in ein Taxi stiegen, um zum Fähranleger zu fahren.

Auf der Fähre kramte Eva ihr Handy heraus und rief ihren Kollegen Okko Schuster in Wittmund an.

»Der Mord um Wilfried Sievers ist aufgeklärt«, sagte sie gegen den Wind.

»Echt jetzt?«, rief Okko Schuster in den Hörer. »Klasse.«

»Ja. Die Mörderin sitzt in Aurich. Und auch mein Fall auf Langeoog ist gelöst. Jetzt fahren wir wieder zurück auf die Insel.«

»Wieso sagst du eigentlich immer wir? Wer ist dieser Mann, mit dem du da unterwegs bist?«, fragte Okko Schuster, der von anderen Kollegen schon öfter darauf angesprochen worden war, dass man Eva nur noch in Begleitung sah.

»Ach, das ist Zufall. Ein guter Freund, der einen Wagen hat. Damit bin ich auf dem Festland mobiler.«

»Aha«, machte Okko Schuster. »Aber du könntest einen Dienstwagen von uns haben, das weißt du schon.«

»Ja ja ... aber das geht schon so.« Wenn du wüsstest, dachte sie und lachte in sich hinein. Aber es war wirklich besser, wenn sie die weitere Zusammenarbeit etwas dezenter gestalteten. Nicht auszudenken, was für einen Ärger sie bekäme, wenn herauskäme, dass Jürgen jetzt regelmäßig Befragungen und Durchsuchungen durchführte. Irgendwie war das Ganze aus dem Ruder gelaufen.

Sie beendete das Gespräch mit Okko Schuster.

»Na, was sagt dein Kollege. Waren wir gut oder waren wir gut?« Jürgen hatte mit halbem Ohr zugehört.

»Ach, hör bloß auf. Es spricht sich wohl schon langsam rum, dass ich einen Schatten habe. Wir sollten vorsichtiger sein.«

Jürgen registrierte sehr wohl, dass sie an einer weiteren Zusammenarbeit mit ihm interessiert war. Und das stimmte ihn froh. Ihm machte die Sache ja auch Spaß. Gar nicht auszudenken, wenn er wieder in sein wenig spannendes Leben ausschließlich in der Touristinfo zurückkehren sollte. Nein, war schon genau der richtige Moment gewesen, dass Eva auf die Insel gekommen war.

»Heute Abend Pizza?«, fragte er lachend.
»Immer wieder gerne«, sagte Eva.

Inselluft

Es waren einige Wochen vergangen und Eva hatte sich wieder in ihr kleines Leben auf der Insel eingenistet. Sie freute sich auf den Winter. Dann würden nicht so viele Menschen auf Langeoog sein. Und hoffentlich keine Vereine, dachte sie, als sie aus dem Fenster ihrer kleinen Dienststelle auf die Dünen sah. Am Himmel schoben sich dicke Wolken auf eine lange Reise. Eva fühlte sich wohl. Niemals hätte sie das geglaubt, als man sie vor einem Jahr hierher versetzt hatte. Und auch mit Jürgen lief es immer besser. Sie waren ein eingespieltes Team. Jeder wusste, wo die Grenze war, die man besser nicht überschritt. Er hatte sie gefragt, ob sie nicht Weihnachten zusammen feiern wollten. Ja, warum eigentlich nicht?, hatte sie gesagt.

ENDE

Bitterer Todesengel Band 03

Auf der kleinen ostfriesischen Insel Langeoog steht Weihnachten vor der Tür. Und das bedeutet für die Ermittlerin Eva Sturm Stress. Denn Familienfeiern wurden ihr schon in der Kindheit vergrault. Und ausgerechnet in diesem Jahr hat sie Jürgen von der Touristinfo versprochen, mit ihm zu feiern. Doch bevor Eva sich lange über ihre Zusage ärgern kann, wird einige Wochen vor Heiligabend ein Toter am Strand entdeckt. Er sitzt erfroren in den Dünen. Es handelt sich um Heinrich Gerlach aus Ditzumerhammrich. Ausgerechnet den Mann, der in dem letzten Fall »Justitias Schwäche« als vermisst galt. Eva flüchtet sich sofort in die Ermittlungen und Jürgen gerät in Weihnachtsstress. Als Eva auf weitere ungeklärte Todesfälle ähnlicher Art stößt, nimmt sie schließlich Kontakt zu Jan Krömer und Lisa Berthold auf, dem Ermittlerteam in Aurich, denn es sieht verdammt nach einem Serientäter aus.

Schnee

Es schneite schon seit Tagen und Eva erfreute sich daran. Erinnerte es sie doch an die vielen schönen Winterabende bei ihren Großeltern in der Lüneburger Heide. Doch gefiel es ihr auch hier auf Langeoog? Nun ja, da hatte sie doch eher gemischte Gefühle. Das lag zum einen daran, dass der Schnee sich nicht lange hielt. Die Nordseeluft, die immer ein paar Grade wärmer war, ließ ihn schnell schmelzen und zu Matsch werden. Und zum anderen war in wenigen Wochen Heiligabend. Im Prinzip machte ihr das nichts aus. Sie hatte jegliche Gefühle, die mit diesem Fest immer in der Werbung in Verbindung gebracht wurden, über Bord geworfen. Aber in diesem Jahr wollte sie mit Jürgen feiern.

Nach der letzten Ermittlung hatte sie es ihm im Leichtsinn versprochen, als sie den Fall um den Mord an den Mitgliedern des Briefmarkenvereins Ostfriesland-Papenburg aufgeklärt hatten. Wie konnte ihr das nur passieren? Sie erinnerte sich an ihr erstes Fest auf Langeoog im letzten Jahr, als sie erst ganz kurz auf der Insel war. Da hatte sie sich mit einem guten Krimi und einer Flasche Rotwein einfach ins Bett gelegt. Die Bescherung sah sie dann am nächsten Morgen. Die roten Flecken gingen nicht mehr raus und sie warf die Flanellbettwäsche einfach weg.

Es war damals leicht für sie gewesen, sich einfach zurückzuziehen. Sie war neu und man beäugte sie. Eine alleinstehende Frau, die sich als Inselpolizistin aufspielte, war so mancher Ehefrau ein Dorn im Auge. Sie zogen noch öfter an den

Ärmeln ihrer Gatten, wenn sie sie trafen. Sie konnten ja nicht wissen, dass Eva mehr als die Nase voll von Männern hatte. Und mit Jürgen, der ihr wie ein Schatten folgte, war sie mehr als beschäftigt.

Doch sie schweifte ab. Ja, sie weigerte sich regelrecht, sich mit dem Gedanken zu beschäftigen, dass sie bald mit Jürgen unter einem schön geschmückten Weihnachtsbaum mit echten Kerzen, darauf hatte er bestanden, saß, und … tja, was eigentlich machten? Immerhin hatte sie die Kurve gekriegt und er hatte eingewilligt, dass sie in der Polizeidienststelle feiern würden. Ihre Wohnung sei doch viel zu klein für einen Baum und seine, nun ja, die hatte sie ja nur ein- oder zweimal gesehen. Jürgen hatte sie nur mit schelmischem Blick angelächelt und genickt. Sicher war ihm alles recht, wenn er nur mit ihr feiern konnte. Aber warum eigentlich?

So grübelnd saß Eva also in der Dienststelle und sah den Schneeflocken zu, die sich wie kleine Wattebällchen auf dem Fenstersims niederließen. Es hatte etwas kindlich Unbeschwertes. Manchmal wünschte sie sich wirklich, mit ihnen tauschen zu können. Einfach schmelzen und nicht mehr sichtbar sein. Wenigstens so lange, bis das Fest der Liebe vorbei war.

Und nicht mehr schwierige Entscheidungen treffen, Mörder überführen und mit Jürgen Pizza essen, so dass sie fetter und fetter wurde. Wenn man es genau betrachtete, hatte sie in der Zeit mehr als zehn Kilo zugelegt, seitdem sie auf Langeoog arbeitete. Inselluft mache hungrig, hatten ihr schon manche

Frauen als gut gemeint versteckten Rat mit auf den Weg gegeben. Wahrscheinlich freuten sie sich diebisch, dass sie immer unattraktiver für ihre Ehemänner wurde. Nur Jürgen, dem machte das offensichtlich nicht das Geringste aus. Er liebte die Abende mit ihr beim Lieblingsitaliener. Und sie, sie liebte diese Abende eigentlich auch. Alles hätte doch so schön sein können, wenn er sie nicht gefragt hätte, ob sie zusammen Weihnachten feiern würden. Das hatte doch so etwas Intimes. Feierte man Weihnachten nicht nur mit der Familie? Na ja, sie würde nie wieder mit ihrer Familie feiern. Einen kurzen Augenblick beschwor sie noch einmal das Gefühl herauf, das zum Bruch mit ihren Eltern geführt hatte. Nie wieder, dachte sie und sah einer Schneeflocke zu, die in der Sonne glitzerte. Sie wurde immer kleiner und war irgendwann nicht mehr da.

Wenn das so weitergeht, dann sitze ich heute Abend in meiner Wohnung und heule in mein Kissen, dachte Eva. Nein, sie musste nötig auf andere Gedanken kommen. Und wie ging das am Besten? Genau. Sie würde zu Jürgen rübergehen und mal nach dem Rechten sehen.

Sie zog sich ihre dicken Stiefel, eine Jacke mit Daunenfütterung und ihre Strickhandschuhe an. Dann lief sie entschlossen über die Insel direkt zur Touristinformation. Bevor sie eintrat, beobachtete sie, wie Jürgen mit einem älteren Herrn am Tresen über irgendetwas fachsimpelte. Sicher war es ein Tourist, der das erste Mal einen Winter auf der ostfriesischen

Insel verbrachte. Wer sich hier schon auskannte, hatte in der Regel wenig Gesprächsbedarf. Jürgen hatte ihr erzählt, dass es Leute gäbe, die schon seit zwanzig Jahren auf Langeoog Weihnachten und Silvester feierten. Sie liebten den rauen Wind, die Seeluft und das Gefühl, einmal etwas ganz für sich allein zu haben außerhalb des üblichen Rummels, der um dieses Fest gemacht wurde.

Zu Silvester kamen dann oft noch Menschen dazu, die den Himmel und einen endlosen Horizont über dem Meer sehen wollten, wenn das Jahr wechselte. Diese Romantiker. Aber auch sie hatte beim letzten Mal am Wasserturm gestanden, dem Feuerwerk zugesehen und verstanden, was die Menschen so faszinierte. Und Neujahr hatte sie in der Strandhalle Feuerzangenbowle mit wildfremden Menschen getrunken. Vielleicht war es sogar schön, auf einer Insel zu feiern, weil die meisten anschließend wieder abfuhren.

Eva hatte gar nicht gemerkt, dass sie sich ihre Nase an der Scheibe plattgedrückte. Jürgen hatte sie entdeckt und sah ab und zu irritiert zu ihr herüber, wenn der Mann, mit dem er sich unterhielt, wieder sprach. Dann machte Jürgen ein Zeichen, der Mann nickte und Jürgen kam auf die Tür zu. Erst jetzt merkte Eva, in welch lächerlicher Stellung sie hier stand. Wegrennen ging aber irgendwie nicht mehr. Schnell drehte sie sich um und zog ein Taschentuch hervor, um einen Niesanfall vorzutäuschen.

»Eva?«, fragte Jürgen, als er die Tür geöffnet hatte. »Was machst du da?«

»Ach, diese blöde Erkältung. Im Dezember hab ich die immer und meist nur für ein paar Tage«, sagte Eva in langgezogenem Tonfall und schnäuzte sich ausgiebig.

»Na, dann komm doch lieber rein, bei mir ist es mollig warm.« Er fragte lieber nicht, warum sie ihn und den Fremden so lange angestarrt hatte.

»Ja, gute Idee«, sagte Eva und folgte ihm hinein. Sofort brach ihr der Schweiß aus. Weihnachten und Wechseljahre, prost Mahlzeit. Oder war es einfach nur der Temperaturunterschied? Sie zog ihre Handschuhe aus und schälte sich aus ihrer Jacke.

»Das ist unsere Inselpolizistin Eva Sturm «, stellte Jürgen sie dem Fremden vor. Offensichtlich sah er sich dazu genötigt, weil der Mann der Einzige neben ihnen im Raum war.

»Aha«, sagte dieser nur und sah sie von oben bis unten prüfend an. »Dann sind wir zu Weihnachten hier wohl sicher.« Er wandte sich wieder dem Buch zu, das aufgeklappt auf dem Tresen lag.

Jürgen gab bereitwillig Auskunft zur ganzen Riege der ostfriesischen Inseln, die der Fremde offensichtlich noch nicht kannte. Nach einer weiteren Viertelstunde war er dann wohl soweit im Bilde, dass er sich verabschiedete. Nicht, ohne Eva noch einmal einen prüfenden Blick zuzuwerfen.

»Wer war das denn?«, fragte Eva, die es sich mittlerweile an dem Besuchertisch gemütlich gemacht hatte. Wie immer stand eine Kanne Kaffee bereit, wo sie sich gerne bediente.

»Ach, der kommt aus Bayern und will mal die Nordsee kennenlernen«, sagte Jürgen und setzte sich zu ihr.

»Das hörte man ihm aber gar nicht an. Er sprach ohne Akzent.«

»Er ist vielleicht zugezogen, was weiß ich. Auf jeden Fall war er anstrengend.« Jürgen goss sich Kaffee in einen Becher. »Warum bist du hier?«

»Brauche ich neuerdings einen Grund dafür?«

»Nein, natürlich nicht. Aber ich dachte nur …«

»Was dachtest du?«

»Nun, vielleicht sollten wir uns langsam mal Gedanken über unser Weihnachtsmenü machen.« Jürgen sah in seinen Becher, als lese er in einem Buch.

»Weihnachtsmenü? Ich dachte, du isst Pizza, so wie immer.« Eva fand es süß, dass er so unsicher war. Schließlich war das Fest für Jürgen eine große Sache, hatte er ihr erzählt. Das feierte man nicht mit jedem. Und jetzt war sie dran.

»Ich esse zu Weihnachten doch keine Pizza, also wirklich«, gab sich Jürgen entrüstet.

»Und was schlägst du vor? Sollen wir was kommen lassen?«

»Du könntest doch etwas kochen.«

»Ich kann nicht kochen, ich fange Gangster. Schon vergessen?« Eva versuchte, ihrer Stimme einen burschikosen Unterton zu geben. Doch es misslang. Erwartete er tatsächlich, dass sie sich für ihn an den Herd stellte? Also, so weit waren sie nun wirklich noch nicht.

Es trat eine undefinierbare Stille ein. Doch es fühlte sich nicht unangenehm an. Jeder für sich spulte das ideale Bild eines Weihnachtsfestes ab und entschied sich, dass ein Kompromiss manchmal der beste Weg sein könnte.

»Wir könnten doch zusammen kochen«, schlug Jürgen schließlich vor.

»Und was?«

»Lass dir doch ein schönes Rezept von Klara geben.«

Klara. Ausgerechnet jetzt musste er von Klara anfangen. Wie feierte Klara eigentlich? Saß sie etwa alleine in ihrer gemütlichen Wohnung in Esens? Noch nie hatte Eva darüber nachgedacht. Und jetzt sollte sie ganz selbstsüchtig nach einem Rezept für ein Menü fragen, dass sie dann mit einem dahergelaufenen Mann, der eine Touristinfo leitete, mit dem sie im Prinzip nicht das geringste verband, verschlingen würde. Ausgerechnet an dem Tag, wo alle das Fest der Liebe feierten, würde sie ihre Freundin verraten. Sollte sie Klara vielleicht einfach mit auf die Insel einladen? So könnte sie zwei Fliegen mit einer Klappe schlagen. Sie müsste nicht alleine mit Jürgen ... was ihr bestimmt die ein oder andere Peinlichkeit ersparte und sie könnte ihr schlechtes Gewissen gegenüber Klara erleichtern.

»Gute Idee«, sagte Eva, »sie hat bestimmt noch das ein oder andere Geheimrezept auf Lager.« Manchmal musste man wohl ein wenig egoistisch sein, dachte sie und schmunzelte in sich hinein, als sie das Grübchen an Jürgens Kinn beobachtete, das sich ob der kleinen Freude über ihre Antwort leicht hob und senkte.

»Dann müssen wir ja nur noch einen Baum kaufen«, sagte Jürgen erleichtert, der sich schon den Kochlöffel in der Hand vor dem Bratentopf eine Gans beäugen sah, die ihn hämisch auslachte.

»Das habe ich schon ewig nicht mehr gemacht«, seufzte Eva. »Am besten, du kümmerst dich darum, mir ist jedes Modell recht. Gibt es hier überhaupt Baumschmuck zu kaufen? Ich habe nämlich keinen.«

»Aber sicher doch. Was glaubst du denn, wie wir Insulaner bisher gefeiert haben? Denkst du, wir laufen den Sommer am Strand entlang, um nach Treibgut fürs Weihnachtsfest zu suchen?« Er lachte sie offen an.

»So ähnlich könnte es gewesen sein«, sagte Eva verschmitzt. Plötzlich fühlte sich wieder alles gut und richtig mit Jürgen an.

Und das, obwohl diese Planungen ihr schon ein wenig gegen den Strich gingen. Sie war mehr Freiraum gewohnt in den letzten Jahren. Gerade, was Familienfeste betraf. Da war sie mit der Zeit völlig aus der Spur geraten.

Eiskalt

Niemand konnte ihm das abnehmen. Er saß jetzt hier und erhielt seine gerechte Strafe. Das wusste er. Und doch tat es weh. Seine Füße spürte er schon nicht mehr. Der Wind pfiff um seine Nase und ließ seine Haut erstarren. Kalt. Eiskalt. Immer wieder diese Worte. Gedanken erfroren. Er sah auf die raue See hinaus, die vom Wind aufgepeitscht wurde. Naturschauspiele hatten ihn schon immer fasziniert. Er liebte diese Insel. Er liebte das Gewaltige. Und wenn es das Letzte war, was er in den nächsten Stunden wahrnahm, dann konnte er sich für den glücklichsten Menschen halten.

Eine Träne versuchte, sich einen Weg entlang der Wimpern aus dem Augenwinkel heraus zu bahnen. Augenblicklich wurde sie starr vor Kälte und hielt inne, als überlegte sie, dass Weinen doch nicht das Mittel der Stunde sei. Doch wenn er an seine Enkeltochter dachte, dann wurde er immer sentimental. Sie war der einzige Mensch, der ihn je neben seiner geliebten Frau verstanden hatte. Seine Kinder, ach, die hatten keinen Sinn für seine Schrulligkeiten, wie sie es nannten. Ein alter Hof, den er noch alleine bewirtschaftete, war nun wirklich das Dümmste, was einem alten Mann einfallen könne, hatten sie gemeint. Er hatte auf ihre Gesellschaft keinen sonderlichen Wert mehr gelegt.

Abends sprach er gerne mit seinem Kater, der sich, wenn ihm danach war, zu ihm auf den alten Lehnstuhl gesellte. Er suchte es sich aus, das zeugte von Intelligenz. Während seine Kinder nur noch vorbeikamen, um festzustellen, wie lange sie noch auf ihr Erbe würden warten müssen. Er las es in ihren Augen. Doch ihnen weinte er keine Träne nach. Er wusste, dass sie ihn nicht vermissen würden, wenn er am nächsten Tag die Augen nicht mehr aufschlug. Und dass sie keinen Pfennig erben würde, dafür hatte er gesorgt.

Außer seiner Enkeltochter würde niemand um ihn weinen. Niemand. Sie würde weinen und doch wissen, dass es gut war, was jetzt geschah. Sie würde den Hof weiterführen. Sie hatte ihn schon als kleines Kind geliebt. Die vielen Tiere, die Ruhe und das weite Land.

Die Kälte war seine Hosenbeine hochgekrochen. Seine Knie brannten. Viel zu lange hatte er die Beine nicht mehr gestreckt. Und auch der Nacken machte sich bemerkbar. Der Schal, den ihm seine Frau vor vielen Jahren gestrickt hatte, er trug ihn noch immer. Doch langsam hatte die feuchte Luft die Maschen durchnässt und das Gewebe klamm gemacht. Der Wind griff hindurch und ließ ihn praktisch gefrieren.

Er wusste, dass es nicht mehr lange dauern würde. Wenn er seine Hände und sein Herz nicht mehr spürte, dann wäre es wohl vorbei.

Der Baum und der Tod

Eva drehte schon die dritte Runde um das Ungetüm, das jetzt mitten in ihrer kleinen Dienststelle stand. Jürgen hatte gleich nach ihrem letzten Gespräch einen Baum gekauft und hierher geschleppt. Den haben wir dann schon mal, hatte er gesagt, als er ihren fragenden Blick gesehen hatte. Es hatte fast den Anschein, als wenn er damit Anker warf für das Weihnachtsfest.

Vielleicht interpretierten Menschen wirklich zu viel in Tannennadeln hinein. Gefühle, gute Laune und Herzlichkeit. Nun gut, dass mit der guten Laune ließ sich ja mit Jürgen durchaus einrichten. Herzlichkeit? Um des lieben Friedens willen. Gefühle? Niemals. Sie drehte dem Baum den Rücken zu und wurde unangenehm in den Arm gepiekst. Wenn ich jetzt die Augen schließe und bis zehn zähle, dann ist das Ding vielleicht weg, dachte sie gleich der Naivität eines kleinen Kindes. Natürlich war der Baum noch da. Wäre ja auch zu schön gewesen.

Jemand hämmerte wild an ihre Tür. »Es ist offen!«, rief Eva, und ein junger Mann stürmte herein.

»Frau Sturm, Sie müssen unbedingt kommen. Man hat in den Dünen einen Toten gefunden.«

»Sind Sie sicher?«, fragte Eva überflüssigerweise, als ob so etwas in der Vorweihnachtszeit doch eher unpassend wäre.

Der Mann nickte heftig. Sie hatte ihn noch nie gesehen. Vermutlich war es einer der Touristen, denen Wind und Wetter nichts ausmachte, denn er trug nur einen dicken Strickpullover. Sie griff nach ihrer Jacke, dem Schal und den Handschuhen, und lief mit ihm hinaus.

Der Anblick, der sich Eva kurz darauf bot, ließ sie sprachlos werden. Im Schneidersitz saß dort in der bitteren Kälte ein völlig erfroren wirkender alter Mann. Seine Haare wurden von Eisblumen geschmückt und sein Bart stand wie ein Eispickel in der Senkrechten. Seine Hände waren gefaltet. Oder hatten sie einander gerieben, um der Kälte zu trotzen? Die Schaulustigen, die sich bereits eingefunden hatten, machten bestürzte Gesichter.

»Vielleicht hat er einen über den Durst getrunken und ist er erfroren«, sagte Eva, um die anderen zu beruhigen. Mord oder womöglich noch Selbstmord, das passte jetzt doch wirklich nicht in die Zeit. Und wie ein Opfer sah der alte Herr eigentlich auch nicht aus. Dafür trug sein Gesicht immer noch viel zu viel Stolz. Und doch musste er jetzt irgendwie von hier weggeschafft werden. Ein Krankenwagen sei bereits gerufen worden, hatte man sie informiert. Doch musste der Mann nicht auch von Ole Meemken, dem Gerichtsmediziner, begutachtet werden? Auch wenn Mord zur Weihnachtszeit nicht gerade schön war, so konnte es doch sein, dass jemand nachgeholfen hatte.

Eva wunderte sich, dass Jürgen nirgends zu sehen war. Sonst war er doch immer mit einer der Ersten, wenn es Neuigkeiten gab.

»Wieso haben Sie uns gerufen?«, fragte eine Stimme neben ihr. Es war ein Sanitäter.

»Ich weiß nicht, wer Sie angerufen hat«, sagte Eva und zuckte mit den Schultern. »Ist wohl offensichtlich, dass Sie da nichts mehr machen können. Ich werde jetzt den Gerichtsmediziner kommen lassen.«

Der Sanitäter nickte. »Nichts für ungut. Aber wir haben auch so schon genug zu tun.« Er ging davon.

Jetzt setzte auch der Schnee wieder ein. Wenn es heute auch noch Wind dazu gab, würde sie es sich wieder mit einem guten Buch und einem Gläschen Wein oder besser noch Glühwein vor dem Kamin gemütlich machen, belohnte Eva sich in Gedanken. Sie zog ihr Handy aus der Jackentasche und bat Ole Meemken, so schnell wie möglich zu kommen.

Und endlich kam auch Jürgen durch den Schnee gestapft.

»Wo bleibst du denn so lange?«, fragte Eva und zog ihren Schal fester um ihren Hals.

»Ich hatte Kundschaft«, sagte Jürgen. »Wollte gar nicht mehr gehen. Total nervig.«

»Guck dir den mal an.« Eva zeigte auf den Toten.

»Sieht komisch aus«, meinte Jürgen. »Diese Haltung, das hat irgendwie etwas Andächtiges.«

Interessanter Gedanke, dachte Eva.

»Du meinst den Schneidersitz, richtig?«

»Ja, das auch. Aber auch sein Gesicht ... als ob er ganz fest an jemand Bestimmtes denkt. Einen Menschen, der ihm sehr viel bedeutet hat.«

»Das alles siehst du in dem eingefrorenen Gesicht?«

»Hm ... und ich glaube, er lächelt sogar.«

»Na, nun hör aber auf. Ein Toter, der lächelt. Gleich erzählst du mir noch, an wen er in seinen letzten Minuten gedacht hat. Hoffentlich ist Meemken bald da, ich frier mir hier die Beine in den Bauch.«

Den Schaulustigen wurde es offensichtlich auch zu kalt. Sie hatten ihre Bilder mit ihren Smartphones gemacht, damit auch der Rest der Welt erfuhr, wie schnell und ungemütlich es sich auf Langeoog starb. Keine gute Werbung für die ostfriesische Insel.

Ole Meemken ließ sich etwas Zeit, so dass Jürgen irgendwann entschied, für sie beide einen Kaffee zu holen.

»Danke«, sagte Eva und pustete auf ihre roten Hände, als sie die Handschuhe ausgezogen hatte. »Es dauert nicht mehr lange, dann wird es dunkel. Man kann doch nicht ewig hier herumstehen, wo bleibt Ole nur.«

»Der kommt schon gleich. Ich bleib hier, du kannst dich ja ein bisschen bewegen, indem du spazieren gehst.«

»Ne, lass man. Ach, guck mal, da hinten kommt er ja endlich.«

Eva schilderte Ole Meemken kurz den Sachverhalt.

»Du tippst auf Mord?«, fragte der Fachmann.

»Nicht unbedingt. Aber geklärt werden muss das ja.«

»Freiwillig setzt sich doch keiner um diese Jahreszeit so lange an den Strand. Ich werde mir den Mann mal näher angucken. Ihr habt hoffentlich nichts angefasst.«

»Wir sind schon froh, dass uns die Hände in den Handschuhen nicht erfroren sind«, meinte Jürgen. »Wollen Sie auch einen Kaffee?«

Ole Meemken nickte. »Keine schlechte Idee.«

Er lief um den Toten herum und machte Fotos.

»Das kannst du dir sparen, musst nachher nur bei *Facebook* gucken, da findest du genug Bilder.«

»Na, so geschmacklos werden die doch wohl nicht sein ... außerdem ist das verboten, glaube ich.«

»Töten ist auch verboten, aber du siehst ja ...«

Nachdem der Gerichtsmediziner genug Bilder gemacht hatte, kramte er in den Manteltaschen des Opfers. Hustenbonbons aus Emden, ein Paket Tempotaschentücher, ein paar Gummiringe, ein Sturmfeuerzeug und goldrotes Silberpapier. »Er hat wohl noch einen Weihnachtsmann gegessen, bevor er abgedankt hat.

»Das ist ja makaber«, meinte Eva.

»Vielleicht wollte er die Welt mit dem Geschmack von Bitterschokolade verlassen.«

Eva hielt einen Moment inne in ihrer Bewegung. War das nicht wirklich denkbar, wenn es Selbstmord war? Und welchen

Geschmack würde sie in ihrem letzten Augenblick bevorzugen? Schnell rief sie sich zur Ordnung.

»Kein Ausweis oder Portemonnaie dabei?«, fragte sie enttäuscht.

»Ich weiß nicht, dafür muss ich ihn bewegen, um in seinen Gesäßtaschen zu suchen. Hilfst du mir mal?«

Eva und Ole Meemken packten den Toten an den Schultern, um ihn auf die Seite zu legen. Doch etwas hielt den Körper zurück.

»Was ist das denn? Ist der etwa festgefroren?«, fragte Eva erstaunt.

»Quatsch, das ist hier doch keine Eisfläche.« Ole Meemken drückte nochmal unsanft gegen den Mann, der wieder stur an seinem Platz blieb.

»Da stimmt was nicht«, sagte er fachmännisch und wickelte den Schal des Toten ab.

»Oh mein Gott!«, rief Eva aus, als sie das Seil, das um den Hals des Toten geschlungen war, sah. Es war bestimmt dreimal um seinen Hals gewickelt worden und beide Enden liefen hinter seinem Rücken entlang auf den Boden zu.

»Das glaub ich jetzt einfach nicht«, sagte Ole Meemken und man hörte seiner Stimme an, dass er es bitterernst meinte.

»Was ist?«

»Man hat ihm diese Schlinge um den Hals gelegt und dann die Enden hier verankert. Mit Heringen.«

»Heringe?« Eva verstand nur noch Bahnhof.

»Ja, das sind die Dinger, mit denen Zelte an Schlaufen im Sand festgesteckt werden, damit sie nicht wegwehen.«

»Du willst doch wohl nicht damit sagen, dass man den Mann hier praktisch festgetackert hat, oder?«

»So in der Art eigentlich schon. Und guck mal, da ist noch ein weiteres, aber viel dünneres Seil um seinen Hals.« Ole Meemken schob den Kragen des Toten weiter vom Hals ab, so dass auch Eva etwas sehen konnte. »Und die Enden führen in die Ärmel.«

»Oh mein Gott, ich glaube, das will ich gar nicht wissen, was das zu bedeuten hat.« Eva hatte für heute genug gesehen. Aber weglaufen sah bei einer Polizistin irgendwie uncool aus, wie die Jugend das wohl auszudrücken pflegte.

»Man hat ihn so auf Spannung gesetzt, damit er nicht umkippt«, stellte Ole Meemken pragmatisch fest. »Ganz schön raffiniert.«

»Na, ob das die richtige Redewendung dafür ist, wage ich zu bezweifeln.«

»Wie dem auch sei, Selbstmord kannst du so wohl ausschließen, liebe Eva.«

»Immerhin etwas. Aber dann stimmt ja auch deine Theorie mit der Bitterschokolade nicht mehr.«

»Es sei denn, der Mörder hat ihn die Schokolade essen lassen, bevor er den Mann getötet hat.«

»Das war dann aber bestimmt nicht als nette Geste gemeint, wenn du mich fragst.

Jürgen kam mit dem Kaffee für den Gerichtsmediziner.

»Hier, bitte.«

Ole Meemken nahm dankbar an.

»Du ahnst ja nicht, was hier wieder los ist«, seufzte Eva und brachte Jürgen auf den Stand der Dinge.

»Das war's dann wohl mit deiner Andächtigkeit«, schloss sie, »der Mann wird sich hier wohl nicht selber gefesselt und fixiert haben.«

Sie sah das Weihnachtsfest bereits den Bach runtergehen. Nachdem jetzt klar war, dass jemand hier nicht unerheblich nachgeholfen hatte bei dieser Statue, bekam sie alle Hände voll zu tun. Wer weiß, wofür's gut ist, dachte sie insgeheim. So intime Feiern bargen manchmal mehr Gefahren als ihr dazu vergleichsweise harmloser Job.

»Du bekommst meinen Bericht so schnell wie möglich«, sagte Ole Meemken.

»Danke«, sagte Eva. »Das wird die Kurverwaltung nicht gerade erfreuen, dass wir ausgerechnet zu Weihnachten einen Mord haben.«

»Vielleicht ist es ja Absicht«, meinte Jürgen.

»Dann hätte der Mörder sich doch sicher direkt den Weihnachtstag oder Heiligabend ausgesucht, meinst du nicht?«

»Ihr macht das schon«, sagte Ole Meemken und reichte Jürgen den leeren Becher zurück. »Ich mach mich dann mal mit dem Eismann auf den Weg.«

Eva lief mit dem Gerichtsmediziner zum Flieger. »Hoffentlich wissen wir bald, wer das ist, sonst können wir ja gar nicht anfangen mit unserer Arbeit.«

»Das stimmt. Vielleicht lässt sich ja was über die Fingerabdrücke oder die DNA erreichen«, meinte Ole Meemken.

»Ich werde nochmal ein Foto mit meinem Handy machen und hier herumfragen«, sagte Eva.

Ole Meemken zog den Leichensack noch einmal auf. Das Gesicht des Toten war jetzt vom Eis befreit und der Mann sah aus, als ob er lächelte. Eva blieb wie erstarrt stehen.

»Was ist?«, fragte Ole Meemken. »Das ist doch nicht deine erste Leiche.«

»Nein«, sagte Eva noch starr vor Schreck. »Aber ich weiß, wer das ist.«

»Ach ja? Und das merkst du erst jetzt?«

»Das gefrorene Gesicht hat mir nichts gesagt. Aber jetzt ... es ist Heinrich Gerlach.«

»Aha. Sollte mir das was sagen?«

»Nein, dir nicht. Aber mir. Er war auch in den letzten Mordfall hier auf Langeoog verwickelt ... die Briefmarkenfreunde, vielleicht erinnerst du dich.«

»Wie könnte ich das vergessen. Und er hat mit der Sache zu tun gehabt?«

»Nicht mit den Morden. Aber er galt lange Zeit als vermisst. Eigentlich bis heute ...«

»Na, jetzt hast du ihn ja wieder.« Ole Meemken machte Anstalten, den Leichensack wieder zu schließen.

Eva nickte. Sie hatte genug gesehen.

Warum er?

Eva hatte ihr Handy mit den Fotos verstaut und Ole Meemken nachgesehen, wie er in den Helicopter stieg. In ihr war alles wieder hochgekommen.

Dann war sie zur Dienststelle gerannt und hatte alles zum letzten Fall mit den Briefmarkensammlern auf den Schreibtisch geknallt. Das durfte doch einfach nicht wahr sein. Fast hätte sie ihn doch vergessen gehabt. Und jetzt suchte er sie ausgerechnet jetzt wieder heim? Heinrich Gerlach, der traurige Mann mit Katze, der seiner Enkelin Wiebke einen Abschiedsbrief geschrieben hatte, bevor er verschwand. Sie erinnerte sich noch gut daran, wie er ihr im Oktober den fleckigen Briefumschlag zur Verwahrung im Safe überreicht hatte. Genau hier vor ihrem Schreibtisch hatte er gestanden. Sie hatte Briefmarken in dem Umschlag vermutet. Doch dann war es ein Brief, in dem er praktisch seinen Selbstmord ankündigte. Das hatte sich im Nachhinein als Irrtum erwiesen, als sie seinen Hof in Ditzumerhammrich aufgesucht hatten. Dort gab es Hinweise, dass er noch lebte. Und wieder fanden sie einen Brief an seine Enkelin Wiebke, die jetzt auf dem Hof lebte. Mutterseelenallein, wenn man von den Tieren einmal absah.

Was hatte dieser Mann in den letzten Wochen getrieben? Und warum war er jetzt tot? Eva musste unbedingt mit Jürgen darüber sprechen.

Sie nahm das Telefon und wählte die Nummer der Touristinfo. Sie machte es dringend und so willigte Jürgen ein, sich gleich zum Kaffee in der Dienststelle einzufinden.

»Und du bist ganz sicher, dass es Heinrich Gerlach ist?«, fragte Jürgen, als Eva ihn kurz darauf eingeweiht hatte.

»Aber natürlich bin ich sicher. Nun guck doch mal.« Sie hielt ihm ihr Handy vor die Nase.

»Ist ja gut. Ich meinte ja nur, man kann sich doch auch täuschen. Ich habe ihn ja nicht kennen gelernt.«

»Eben.« Eva ließ das Handy geräuschvoll auf den Schreibtisch fallen.

»Warum bist du eigentlich so sauer?«

Eva schnaufte. »Ach, das verstehst du nicht.«

»Wie so vieles.«

»Ach, es ist nur … eigentlich hatte ich gedanklich schon mit ihm abgeschlossen. Er war verschwunden und von mir aus hätte er das auch bleiben können.«

»Du hast ein schlechtes Gewissen, stimmt's?«

»Warum sollte ich das wohl haben?«

»Was weiß ich, was in euch Frauen vorgeht …« Jürgen legte seine Füße auf einen weiteren Besucherstuhl.

»Du hast ja recht«, gab Eva zu. »Irgendwie denke ich immer noch, dass ich etwas hätte machen können, wenn ich damals richtig reagiert hätte. Ich hätte ja nach ihm suchen können.«

»Aber es gab doch überhaupt keinen Grund für eine polizeiliche Ermittlung«, wandte Jürgen ein. »Der Mann war nun wirklich alt genug, um seine eigenen Entscheidungen zu treffen. Und jeder kann hingehen, wo und wann er will. Der Brief an seine Enkelin sah ja auch nun wirklich nicht nach einem letzten Brief aus. Und in die Morde der Briefmarkenfreunde war er auch nicht verwickelt. Du hast alles richtig gemacht. Hör auf, dich zu quälen.«

»Es stimmt ja alles, was du sagst«, gab Eva zu. Sie fühlte sich durch Jürgens aufmunternde Worte schon um einiges besser. »Und trotzdem bleibt jetzt noch die unangenehme Aufgabe, Wiebke die traurige Nachricht zu überbringen.«

»Du willst es selber machen?«, fragte Jürgen erstaunt.

»Warum denn nicht?«

»Na, das können doch wirklich die Kollegen in Leer erledigen, meinst du nicht?«

Eva zuckte mit den Schultern. »Kann sein. Aber irgendwie habe ich das Gefühl, dass ich es ihr schuldig bin. Verstehst du?«

Jürgen stand auf und lief um den Schreibtisch herum. »Mensch Eva, du machst es dir wirklich schwer. Du bist nicht für das Seelenheil aller Menschen verantwortlich, nur weil du sie einmal kennen gelernt hast. Es gibt wirklich keinen Grund für deinen persönlichen emotionalen Einsatz. Ermittler brauchen doch Abstand zu ihren Fällen, oder?« Er legte eine Hand auf ihre Schulter, um sie zu trösten.

»Vielleicht finde ich ja auch noch einen Hinweis auf dem Hof. Jetzt, wo er wirklich tot ist, habe ich ja einen Grund, da alles auf den Kopf zu stellen.«

»In Gottes Namen«, stöhnte Jürgen. »Wann fahren wir los?«

»Morgen früh«, sagte sie und lächelte schon wieder.

Das Festland

Am nächsten Morgen stand Eva in aller Herrgottsfrühe dick eingemummt am Fähranleger. Es war noch dunkel und der Wind wirbelte die dicken Schneeflocken durch die Luft.

»Morgen«, hörte sie Jürgen neben sich. Auch er hatte sich dick eingemummt und nuschelte durch einen dunkelblauen Strickschal.

Auf der Fähre ließen sich nur wenige Gäste von Weihnachtsmusik in Stimmung bringen.

»Weiß Klara denn, dass du kommst?«

»Klara? Ach herrje, das habe ich ja ganz vergessen. Wir werden sie wohl aus dem Bett klingeln«, sagte Eva und wärmte sich ihre Hände an dem Kaffeebecher, den Jürgen ihr geholt hatte.

»Du kannst sie doch jetzt noch anrufen«, schlug Jürgen vor.

»Dann bekommt sie einen Herzinfarkt, glaub mir. Bei Klara ruft um diese Zeit niemand an, es sei denn, es ist etwas passiert.«

»Wir könnten ja auch einen Wagen mieten«, meinte Jürgen.

»Oder ich rufe bei den Kollegen in Wittmund an, dass man mich abholt in Bensersiel. Ach, das geht ja gar nicht, du bist ja dabei. Dann wäre ich wieder in Erklärungsnot wegen dir.«

»Ich kann ja die nächste Fähre zurück nehmen, wenn ich so lästig bin«, maulte Jürgen.

»Ach, schon gut. Wir nehmen uns ein Taxi und klingeln an Klaras Tür. Sie freut sich bestimmt, uns zu sehen.«

Bis sie anlegten, wurde geschwiegen. Es lag eindeutig etwas in der Luft. Eva konnte nur noch nicht sagen, was es war. Vielleicht ahnte Jürgen, dass das gemeinsame Weihnachtsfest auf dem Spiel stand, wenn sie bis dahin nicht herausgefunden hatten, was mit Heinrich Gerlach passiert war. Und vermutlich hatte er genauso wenig Lust auf die ganze Mordermittlung wie sie selber. Hätte der Mörder denn nicht bis Neujahr warten können?

Sie nahmen sich in Bensersiel ein Taxi und fuhren nach Esens zu Klara. Diese machte bereits nach dem ersten Klingeln auf und stand fix und fertig angezogen vor ihnen.

»Das ist ja eine schöne Überraschung«, sagte sie voller Freude und schloss Eva in ihre Arme. »Warum hast du denn nicht angerufen, ich hätte euch ein schönes Frühstück machen können.« Sie gab auch Jürgen die Hand.

»Wir haben gar nicht so viel Zeit«, sagte Eva. »Du erinnerst dich vielleicht an die Sache mit den Briefmarkenfreunden?«

Klara Bertschoo nickte.

»Jetzt hat man den Mann aus Ditzumerhammrich gefunden. Er lag tot am Strand auf Langeoog.« Eva ersparte der alten Dame lieber die Einzelheiten.

»Das gibt es doch nicht«, sagte Klara. »Nun kommt doch erst mal rein. Für einen Tee ist doch immer Zeit.«

Und so war es fast Mittag, als sie endlich in Ditzumerhammrich bei dem Hof von Heinrich Gerlach ankamen.

Die Straßen waren matschig und teilweise vereist, so dass sie kaum mehr als achtzig fahren konnten.

Draußen vor der alten Scheune liefen Hühner frei herum und eine Gans machte die Flügel breit und kreischte auf, als Eva und Jürgen auf die Tür zuliefen.

»Das ist schon ein Paradies für Tierfreunde«, sagte Eva.

»Für mich wär das ja nichts«, meinte Jürgen. »Die Gans wäre zu Weihnachten fällig.«

»Das ist so typisch Mann.« Eva klopfte an die alte Holztür und sie lauschten.

Es tat sich nichts.

»Vielleicht ist sie nicht da«, meinte Jürgen. »Einen Wagen seh ich hier auch nicht.«

»Ja, möglicherweise ist sie einkaufen gefahren.«

»Oder sie besucht ihre Eltern.«

»Ob sie schon etwas vom Tod ihres Großvaters erfahren hat?«

»Von wem denn?«

»Keine Ahnung. Vielleicht haben ja doch die Kollegen schon Bescheid gesagt.«

»Ohne dich zu informieren. Die sind doch nicht lebensmüde.«

»Sehr witzig.«

Während sie sich unterhielten, hörten sie nicht, wie Wiebke mit ihrem Wagen vorfuhr.

»Hallo! Wollen Sie zu mir?«

Eva drehte sich um. »Guten Tag ... wir müssen ...«

»Frau Sturm? Was machen Sie denn hier?« Wiebke hatte Eva wiedererkannt und gab ihr die Hand.

»Das ist nicht so leicht zu erklären. Können wir vielleicht reingehen?«

Wiebke nickte und schloss auf. »Kommen Sie, ich mache uns mal einen Tee.«

Während die junge Frau mit Tassen hantierte, erzählte Eva ihr die traurige Geschichte von ihrem Großvater. Auch hier sparte sie die makabren Einzelheiten aus. Wiebke wirkte zunächst gefasst, doch als sie sich setzte und zur Ruhe kam, liefen dicke Tränen unaufhörlich ihre Wangen hinab.

»Hast du deinen Großvater denn noch einmal gesehen, nachdem wir hier gewesen waren?«, fragte Eva behutsam und hielt Wiebkes Hand.

»Nein«, schluchzte Wiebke. »Er ist nicht mehr hergekommen. Aber das hatte ich mir auch schon gedacht. Es war für ihn bestimmt nicht leicht, seinen Kater William zurückzulassen. Das hätte er nicht noch einmal ertragen.« Sie rieb sich mit einem Taschentuch über die Augen.

»Verstehe«, sagte Eva. Sie fragte sich, was in dem Kopf des alten Mannes vorgegangen sein musste, dass er imstande war, seine geliebte Enkelin und William alleine zurückzulassen. Es mussten schwerwiegende Gründe gewesen sein. Sie fühlte sich dieser Frau verbunden, weil sie ihren Großvater gekannt hatte.

Und auch, weil sie die Zeichen nicht richtig hatte deuten können, und nichts unternommen hatte, um das, was jetzt eingetreten war, zu verhindern.

»Wir müssten uns ein wenig umsehen, wenn das für dich in Ordnung ist.« Eva strich der jungen Frau über den Arm.

»Ja sicher.« Wiebke nickte und schnäuzte sich. »Aber wonach suchen Sie denn?«

»Wir suchen nach einem Grund, warum man deinen Großvater ermordet hat«, sagte Eva.

»Da werden Sie hier sicher nichts finden«, sagte Wiebke leise. »Hier ist doch nichts, wofür es sich lohnt, jemanden umzubringen.«

Eva und Jürgen brauchten gut eine Stunde, um sich ein Bild über das Hab und Gut von Heinrich Gerlach gemacht zu haben. Es stimmte, was Wiebke gesagt hatte. Es gab nichts. Nichts außer altem Geschirr, Betten, Schränken und Kleidern. Es schien, als habe das Leben von Heinrich Gerlach in der Vergangenheit stattgefunden. Sicher hatte er sich seit Jahren nichts Neues mehr angeschafft. Aber was hatte er mit seinem Geld gemacht, wenn er es nicht ausgab?

»Wirst du über Weihnachten zu deinen Eltern fahren?«, fragte Eva, die sich Sorgen um Wiebke machte, wenn sie diese hier alleine zurückließen.

»Ich glaube schon. Es wird mir hier bestimmt zu traurig, wenn ich alleine mit William bin.«

»Das denke ich auch. Du machst das schon richtig. Und wenn irgendetwas sein sollte, dann kannst du mich jederzeit anrufen.«

Ach du lieber Himmel, dachte Jürgen und sandte einen Blick in Richtung desselbigen. Wollte Eva jetzt etwa Babysitter spielen und ständig von der Insel zum Festland jetten? Sie lief wirklich Gefahr, sich zu viele persönliche Gefühle zu leisten.

»Das ist nett von Ihnen«, sagte Wiebke und Eva drückte sie noch einmal.

»Sag mal Wiebke, weißt du eigentlich, was dein Großvater mit seinem Geld gemacht hat?«, fragte Eva zum Schluss.

Die junge Frau machte ein nachdenkliches Gesicht. »Nein, eigentlich nicht. Geld war nie sein Thema. Sie sehen ja, dass er ein einfaches Leben geführt hat.«

»Was hat er denn beruflich eigentlich gemacht früher?«

»Er war Fliesenleger.«

»Da gab es sicher immer eine Menge zu tun.«

»Ja, ich glaube wohl.«

»Weißt du, bei welcher Bank er war?«

»Bei der Sparkasse in Leer. Aber mehr weiß ich auch nicht. Wir sind nur ab und zu zusammen dahin gefahren, wenn er mir wieder mal finanziell unter die Arme gegriffen hat.« Sie lächelte bei dem Gedanken. »Opa hat mir nie einen Wunsch abgeschlagen.«

»Das kann ich mir vorstellen. Und jetzt werden wohl deine Eltern die Verfügungsgewalt über das Konto erhalten.« Eva dachte nach. »Kannst du mir vielleicht die Telefonnummer deiner Mutter geben?«

»Sicher«, sagte Wiebke und schrieb etwas auf einen kleinen Zettel, der auf dem Küchentisch lag. »Hier bitte. Aber ich glaube, die werden Sie jetzt nicht erreichen. Meine Eltern fahren schon seit Jahren vor Weihnachten in Urlaub in den Süden, weil da dann nicht so viel los ist. Sie kommen meistens erst Ende Januar wieder zurück.«

Komisch, dachte Eva. Eben hatte das Mädchen doch noch behauptet, zu Weihnachten zu ihren Eltern zu fahren. »Dann kannst du deine Eltern zu Weihnachten ja gar nicht besuchen«, sagte sie.

Wiebke nickte. »Stimmt, das hatte ich ganz vergessen. Es war wohl einfach zu viel … das mit Opa.« Sie machte ein trauriges Gesicht und strich dem Kater über den Kopf.

Mag sein, dachte Eva. Doch irgendetwas ließ sie daran zweifeln, dass Wiebke wirklich alles gesagt hatte.

»Na gut, wir werden uns dann jetzt verabschieden«, sagte sie zu Wiebke. »Und ruf an, wenn irgendetwas ist.«

Wiebke winkte dem Wagen nach, bis er am Horizont verschwand. Dann ging sie ins Haus und legte noch einmal Holz in den Ofen nach, so dass sie Flammen loderten. Sie liebte Feuer. Und es war manchmal so unglaublich nützlich. Sie nahm ihren Rucksack und setzte sich in den alten Sessel, in dem ihr Opa immer vor dem Ofen gesessen hatte. Auch er hatte gerne in die Flammen gesehen. Wiebke öffnete den Rucksack und zog einen roten Heftordner heraus. Sie lächelte. Dann zerknüllte sie jedes Blatt einzeln und warf es in die Flammen. Eva Sturm war nett. Vielleicht zu nett. Denn sie hatte es versäumt, der Enkelin des Opfers zu misstrauen.

Grünkohl

»Das ist doch schrecklich, so ein junges Mädchen so ganz alleine auf dem alten Hof«, sagte Eva, als sie wieder in Richtung Esens unterwegs waren.

»Sie hat es sich doch selber so ausgesucht. Du machst dir zu viele Gedanken. Und sie hat ja auch ihre Tiere.«

»Stimmt, das ist manchmal mehr wert als jeder Mensch«, sagte Eva schnippisch. Mehr sagte sie nicht. Und das wiederum zeigte Jürgen, dass wieder harte Zeiten auf ihn zukamen.

Als sie den Wagen wieder bei Klara ablieferten, überredete diese sie noch zu einem schönen Grünkohlessen mit Kohlwurst und geräuchertem Speck. Sie würden bei Klara übernachten und erst am nächsten Morgen zurück nach Langeoog fahren.

»Wie feiert ihr beiden eigentlich Weihnachten?«, fragte Klara, als sie für alle nach dem Essen noch einen schönen Aquavit zur Verdauung eingeschenkt hatte.

Eva wich Jürgens Blick demonstrativ aus und dieser zuckte mit den Schultern. »Auf der Insel ist Weihnachten immer ganz gemütlich. Es kommen auch viele Touristen, um mal anders zu feiern.«

Klara beäugte beide und dachte sich ihren Teil. »Na, ich werde zu meinen Verwandten nach Düsseldorf fahren. Hier so alleine, das wäre mir dann doch zu trostlos.«

»Das wird bestimmt schön«, sagte Eva und sah zu dem leuchtenden Weihnachtsstern, der im Fenster hing.

Und damit war das Thema Weichnachten an diesem Abend vom Tisch.

Klara schenkte noch zweimal nach und wünschte den beiden eine gute Nacht.

»Ich weiß gar nicht, wo ich da ansetzen sollte«, sagte Eva, als Klara gegangen war.

»Du meinst bei dem Gerlach?«, fragte Jürgen, dessen Zunge lockerer wurde.

»Ja. Die einzige Erklärung, die ich habe, ist Geld.«

»Was für Geld?«

»Na denk doch mal nach ...«

»Ich bin ein Mann.« Jürgen griff schon wieder zur Flasche.

»Auch wieder richtig.« Eva hielt ihm ihr Glas hin.

»Eva, echt jetzt. Kannst du mir sagen, was eigentlich mit dir los ist?«

»Mit mir? Du tust doch die ganze Zeit so komisch.«

»Ich? Was mach ich denn?«

»Nichts.«

»Und was ist daran verkehrt.«

»Vergiss es.«

Es wurde still. Eva wusste ja, dass sie unfair war. Und sie wusste doch selber nicht warum. War es denn wirklich so schlimm, dass sie Gefühle für einen Mann hatte, der auch noch nett zu ihr war? War sie wirklich schon so gestört, dass sie nicht einmal mehr das ertrug?

»Es tut mir leid«, sagte sie kleinlaut.

»Das sollte es auch.«

»Willst du gar nicht wissen, was?«

»Passt schon.«

»Sag mal, was hast du eigentlich zu Weihnachten gemacht, als ich noch nicht auf Langeoog war?«

»Was soll ich gemacht haben? Gefeiert natürlich.«

»Und mit wem?«

Daher wehte der Wind, dachte Jürgen. Eva hatte ihn noch nie nach seiner Vergangenheit gefragt und das war ihm schon merkwürdig vorgekommen. Gerade sie als Polizistin musste das doch brennend interessieren. Hatte sie ihm vielleicht sogar heimlich nachgeschnüffelt? Zuzutrauen wäre es ihr. Er sah sie aus dem Augenwinkel heraus an.

»Wieso willst du das wissen?«, fragte er und griff nach seinem Wasserglas. Jetzt wollte er doch lieber einen klaren Kopf behalten.

»Ach nur so. Es könnte doch sein, dass irgendjemand enttäuscht ist, wenn du in diesem Jahr mit mir feiern willst.«

Jürgen dachte an das letzte Jahr, als Eva bereits auf Langeoog gewesen war. Er hatte es sich in seiner kleinen Wohnung mit einem bunten Plastikweihnachtsbaum und einer Tiefkühlpizza gemütlich gemacht. Niemand ging an Heiligabend alleine zum Essen aus. Das hatte er einmal gemacht und war nur auf voll besetzte Tische mit glücklichen Gesichtern getroffen. Er hatte bei seinem Lieblingsitaliener einen sogenannten Katzentisch für eine Person bekommen. Wahrscheinlich aus Mitleid, denn eigentlich passte der nur noch zwischen Tresen und Klotür. Ja natürlich hatte er auch schon Weihnachtsfeste mit einer Partnerin erlebt. Doch musste Eva das unbedingt wissen? Was spielte das denn jetzt für eine Rolle? Er war doch kein Mönch. Aber noch nie hatte sie danach gefragt. Was also führte sie im Schilde? Wollte sie jetzt etwa mit ihm ernst machen? Eva sah ihn lauernd an. Er musste jetzt irgendetwas sagen.

»Ich glaube«, wir sollten uns jetzt schlafen legen«, sagte er schließlich. Denn alles andere hätte nur zum Chaos geführt, da war er sich sicher. Dafür kannte er Eva einfach schon zu gut.

Das Frühstück am nächsten Morgen verlief nett, doch irgendetwas lag da in der Luft bei den beiden, dachte Klara, als sie spürte, dass beide um das Thema Weihnachten wie die Katze um den heißen Brei schlichen. Das freute sie, denn zeigte es doch, dass es beiden durchaus ernst um den anderen war. Klara schmunzelte in sich hinein, als Eva einen puterroten Kopf bekam, als sie ihr zum Abschied »er ist der Richtige« ins Ohr flüsterte.

Langeooger Stimmungstief

Eva hatte sich die Daten des Bankkontos von Heinrich Gerlach von der Sparkasse geben lassen und sah sich die Kontobewegungen durch. Es war im Prinzip nichts Auffälliges zu entdecken und damit hatte sie auch gar nicht gerechnet. Abbuchungen von Versorgungsunternehmen, hier und da eine Spende an Tierschutzorganisationen und Rechnungen, die beglichen wurden. Und natürlich die Barabhebungen. Heinrich Gerlach war demnach einmal im Monat nach Leer gefahren und hatte sich dreihundert Euro abgeholt. So wie es auf dem Hof ausgesehen hatte, kam er damit bestimmt ganz gut über die Runden. Das beste Futter hatte sicher sein Kater William abgestaubt, während der alte Mann von Brot und Käse gelebt zu haben schien. Er hatte die *Rheiderland Zeitung* abonniert, um auf dem Laufenden zu bleiben. Seine Freizeit hatte er mit seinen Tieren auf dem Hof zugebracht und war offensichtlich nur verreist, wenn es um seine Briefmarken ging. Wiebke hatte ja erzählt, dass er über den Tod seiner Ehefrau nicht hinweggekommen war.

Muss Liebe schön sein, dachte Eva und seufzte. Sie konnte nicht verhindern, dass Jürgens Gesicht vor ihrem inneren Auge aufblitzte. Liebte sie den Kerl etwa? Schnell schob sie den Gedanken beiseite und studierte weiter die Bankdaten. In regelmäßigen Abständen war auch eine größere Summe an immer den gleichen Empfänger überwiesen worden. Fünfhundert Euro gingen alle drei Monate an ein Konto, das einer gewissen Sternensucher AG gehörte. Was hatte das zu bedeuten? War Heinrich Gerlach neben seiner Leidenschaft für Briefmarken auch noch ein Sterngucker gewesen? Eva setzte sich an ihren PC und gab den Namen Sternensucher AG ein. Es gab Verlinkungen zu allen möglichen Seiten, doch ein einzelnes Unternehmen war nicht darunter. Das machte sie stutzig. Sie sah auf die Uhr an der Wand. Gleich war es schon Mittag und Jürgen war heute noch gar nicht aufgetaucht oder hatte sich wenigstens gemeldet. Was war nun schon wieder los? Sie beschloss, zu ihm in die Touristinfo zu gehen und ihm von ihrer Entdeckung zu berichten.

Als sie gerade die Tür hinter sich schließen wollte, klingelte ihr Telefon auf dem Schreibtisch. Also ging sie zurück und nahm ab.

»Hallo Ole«, sagte sie kurz darauf, als sie erkannte, dass der Gerichtsmediziner dran war.

»Moin Eva«, sagte er. »Ich wollte dich lieber direkt über meine Ergebnisse informieren.«

»Klingt ja spannend«, sagte sie, die es eigentlich gewohnt war, dass er den Bericht einfach faxte oder neuerdings auch per Mail schickte.

»Das ist es auch. Ich habe die Untersuchungen an Heinrich Gerlach abgeschlossen und ich kann dir keine konkrete Todesursache nennen.«

»Was soll das heißen?«, fragte Eva perplex. »Irgend woran stirbt man doch immer.«

»Das stimmt in der Regel ja auch. Aber bei dem Gerlach sieht es so aus, als ob einfach sein Herz stehen geblieben wäre.«

»Aber doch nicht einfach so«, entrüstete sich Eva. »Denk doch mal daran, wie wir ihn vorgefunden haben.«

»Weiß ich doch«, beschwichtigte Ole Meemken. »Und es war nicht einmal ein Herzinfarkt, das ließe sich ja nachweisen. Er ist einfach aus den Latschen gekippt und keiner weiß, warum.«

»Du weißt es nicht«, knurrte Eva, der die Sache nicht schmeckte.

»Willst du mich beleidigen? Du kannst gerne noch eine zweite Meinung einholen«, sagte Ole Meemken mit belegter Stimme.

»Sorry, so war das nicht gemeint. Es macht die Sache nur nicht gerade leichter, wenn jemand einfach so umkippt. Dann kann man ja nicht mal von Mord sprechen, obwohl er gefesselt war. Das ist doch wirklich zum ...« Den Rest verkniff sie sich.

»Ganz meine Meinung. Ich schicke dir den Bericht gleich noch per Mail.«

»Danke«, sagte Eva und legte auf. Das konnte ja heiter werden, dachte sie. Sie musste jetzt wirklich dringend mit Jürgen sprechen.

Es hatte seit Tagen nicht mehr geschneit und warme Luft, die über den Atlantik heraufzog, schaffte ein milderes Klima, das mit Weihnachten nun gar nichts mehr zu tun hatte. Da auch noch die Sonne am Himmel stand, entschloss sich Eva, einen kleinen Umweg am Strand entlang zu machen. Und sie war nicht alleine auf die Idee gekommen. Einige Pärchen schlenderten am Ufer entlang. Es war ein schönes friedliches Bild. Und schon wieder geisterte Jürgen in ihren Gedanken herum. Hatte sie vielleicht einfach nur Angst vor zu viel Nähe? Nur gut, dass es nicht mehr schneite. Schneeflocken machten doch nur gefühlsduselig. Sie beeilte sich, zur Touristinfo zu kommen.

Jürgen war gerade mit einer Kundin beschäftigt, als Eva die Tür aufmachte. Er erzählte etwas von der Seehundstation in Norddeich, die es auch zu besuchen lohnte. Als sie ihm zuwinkte, nickte er nur kurz und wandte sich wieder der Frau zu. Was war denn jetzt los?, fragte sich Eva, dass er nicht einmal mehr die Zähne zur Begrüßung auseinanderbekam. Fast bereute sie es schon, überhaupt hierhergekommen zu sein. Als Jürgen dann auch noch von den Zwillingsmühlen in Greetsiel anfing, ohne ihr weiter Beachtung zu schenken, wurde es ihr zu bunt. Sie drehte sich um und verließ den Laden. Sollte er doch mit seinen Sehenswürdigkeiten glücklich werden. Sie hatte nun wirklich Besseres zu tun. Nämlich einen Mord aufklären, der vielleicht gar keiner war. Damit wäre sie bestimmt über die Feiertage, und wenn sie Glück hatte, bis nach Neujahr beschäftigt. Sollte Jürgen doch bleiben, wo der Pfeffer wuchs.

Zurück in der Dienststelle setzte Eva sich erst einmal einen Kaffee an. Die Sonne stand jetzt so, dass sie direkt auf ihren Schreibtisch strahlte. Das machte Laune und half über miese Gedanken an gewisse Leiter von Touristinfobüros hinweg. In ihrem Mailpostfach fand Eva auch den kompletten Bericht von Ole Meemken. Sie druckte ihn sich aus und setzte sich damit und einem Becher Kaffee auf das kleine Ostfriesensofa am Fenster und legte die Beine hoch, und begann, ihn genauer zu studieren. Heinrich Gerlach schien trotz seines Alters ein kerngesunder Mensch gewesen zu sein. Weder war seine Leber vergrößert noch hatte er ein schwaches Herz gehabt. Und doch war es einfach stehen geblieben. Aber warum? Auch gab es keine Hinweise darauf, dass er einen Erfrierungstod erlitten hatte. Eva ließ ihren Blick nach draußen schweifen. Wer also hatte ihn dort draußen am Strand zurückgelassen? Und wie war Heinrich Gerlach gestorben?

Wenn man's genau betrachtete, hatte Eva nicht die geringste Lust, das herauszufinden. Alte Menschen starben nun mal. Das war der normale Kreislauf. Hätte man ihn einfach so ohne seine Fesseln gefunden, hätte man das Ganze sicher als Herzinfarkt abgetan, er wäre aufs Festland geflogen worden und noch vor Weihnachten unter der Erde verschwunden. Aber nein, irgendjemand musste ja ein Tau um seinen Hals hängen und ihr damit das Leben schwer machen. Ihr fiel die Sternensucher AG wieder ein. Sie musste noch herausfinden, was genau dahintersteckte. Da sie in dem Bericht nichts weiter fand, was ihr hilfreich erschien, setzte sie sich wieder an den PC und gab verschiedene Stichworte in die Polizeidatenbank ein. Unter anderem auch »ungeklärte Todesfälle«. Und sie war erstaunt, wie viele es doch davon gab. Alleine in ihrem Zuständigkeitsbereich im Kreis Aurich immerhin siebenundfünfzig. Das machte sie doch neugierig und sie filterte die, wo die Opfer älter als sechzig waren, heraus. Es blieben noch vier übrig. Drei Männer und eine Frau. Angespornt durch diese überschaubare Anzahl entschloss sich Eva, sich einmal intensiver mit diesen Menschen, oder besser gesagt, Toten zu beschäftigen. Sie druckte sich die kompletten Einträge zu allen heraus und hatte am Ende einen dicken Stapel Seiten, mit dem sie sich wieder auf ihr Sofa am Fenster verkroch.

Immer wieder wanderte ihr Blick nach draußen. Ob Jürgen noch vorbeikommen würde? Die Uhr an der Wand zeigte mittlerweile Viertel nach vier und ihr Magen begann zu knurren. Beim Lesen hatte sie völlig die Zeit vergessen und die Mittagspause verpasst. Wozu Jürgen doch eigentlich gut war, merkte sie jetzt erst. Immer war er darauf bedacht, dass sie genug aß, indem er sie mit zum Italiener schleppte oder zum Kaffee abholte. Wieso kam er denn nicht? Ob er beleidigt war? Aber sie hatte doch nichts gemacht. Okay, der Abend bei Klara war nicht so toll gelaufen. Und wenn sie es genau betrachtete, war er ihr genau seitdem irgendwie aus dem Weg gegangen. Aber sie würde einen Teufel tun und sich jetzt noch einmal eine Abfuhr holen. Einmal täglich reichte wirklich. Sollte er doch in seinem eigenen Saft schmoren, wenn er so albern war. Sie beugte sich wieder über den Papierstapel. Vielleicht war es ja ganz gut, wenn sie mal eine Weile auf Pizza verzichtete. Sie wollte doch sowieso abnehmen. Kürzlich hatte sie etwas von einer App gehört, mit der das spielend gehen sollte. Sie würde nachher noch einmal deshalb recherchieren. Doch jetzt waren erst die Toten dran.

Eva fand heraus, dass die drei älteren Herren ebenfalls in eher ungewöhnlicher Position gefunden worden waren. Und die Frau hatte tatsächlich auf der Toilette gesessen, als es sie erwischte. Und sie war nicht heruntergekippt, weil man ihre Schuhe auf dem Boden festgeklebt hatte und ihre Hände an der Klobrille. Das war ja ein furchtbares Bild, was sich da in Eva zusammenbastelte. Die Männer waren einmal in einer Scheune auf einem Traktor, vor dem Fernseher auf dem Sofa und im Keller an der Werkbank aufgefunden worden. Sie waren alle tot und doch ließ sich dafür kein konkreter Grund ermitteln. Gemein hatten sie nur, dass sie auf den ersten Blick an völlig gewöhnlichen Orten, an dem man von einem natürlichen Tod ausgehen konnte, gefunden wurden, wenn man von der Frau einmal absah, die ja festgeklebt worden war. Bei ihr hatte man vergeblich nach einem Motiv und einem Täter gesucht. Aus den Unterlagen ging allerdings nicht hervor, dass man diese vier Fälle in direktem Zusammenhang untersucht hatte. Was war, wenn sie doch etwas miteinander zu tun hatten und jemand ganz gezielt nachgeholfen hatte? Eva fiel das Wort Serienmörder ein, als sie auch Heinrich Gerlach in die Gruppe der Opfer aufnahm. Und für Serienmörder war, soweit sie wusste, ihr Kollege Jan Krömer in Aurich ein ausgewiesener Spezialist. Okko Schuster von der Dienststelle in Wittmund hatte ihr erzählt, dass er sogar Profiler war. Ob sie ihn einmal aufsuchen sollte und von ihrem

Verdacht berichten? So würde sie ihn wenigstens auch mal persönlich kennen lernen können. So motiviert erhob sie sich vom Sofa und nahm das Telefon vom Schreibtisch und wählte die Nummer der Auricher Dienststelle. Jan Krömer war nicht da, aber mit seiner Kollegin Lisa Berthold verabredete Eva für den nächsten Tag einen Termin in Aurich.

Danach packte sie ihre Sachen zusammen und ging in ihre Wohnung. Da gab es bestimmt noch ein paar Käsereste und Brot, das musste für diesen Abend genügen.

Immer wieder sah sie auf ihre Tür und auf ihr Handy. Doch Jürgen meldete sich nicht mehr. Es war doch zu komisch, das Zwischenmenschliche. Immer, wenn man sich zu sehr an einen Mann herangewagte, entfernte er sich nach und nach. Getrieben von diesen trüben Gedanken zappte Eva sich durch die Fernsehprogramme, wo ihr an diesem Abend nur sich glücklich anstrahlende Pärchen präsentiert wurden. Auf jedem Kanal wurde geküsst, so dass sie irgendwann *Phoenix* einschaltete und die Fernbedienung in die Ecke des Sofas pfefferte. Auf diesem Sender konnte ihr nichts passieren.

Eva meets Jan Krömer

Leicht verkatert wachte Eva am nächsten Morgen auf. Neben Käseresten hatte sie auch noch eine Flasche Rotwein gefunden und darin ihren Kummer und auch den Frust über Jürgen ertränkt. Um elf Uhr war sie mit den Kollegen in Aurich verabredet und musste sich langsam sputen. Bevor sie ihre Wohnung verließ, rief sie noch bei Okko Schuster in Wittmund an, damit er ihr eine Streife nach Bensersiel schickte, um sie nach Aurich zu fahren. Seit wann sie denn einen Dienstwagen brauche, hatte Okko gefragt. Sie hatte nur ausweichend Antwort gegeben. Als sie zum Fähranleger lief, machte sie einen großen Bogen um die Touristinfo.

»Weiße Weihnacht wird's wohl nicht«, versuchte der Beamte, der sie in Bensersiel erwartete, in ein Gespräch zu entwickeln.

»Schneeflocken machen mich nur sentimental«, erwiderte Eva knapp und setzte sich auf die Rückbank mit der Ausrede, dass sie noch etwas durchgehen müsse. Die meiste Zeit sah sie aber aus dem Fenster und grübelte.

Sie war froh, als sie endlich in Aurich ankamen.

»Soll ich so lange warten?«, fragte der Beamte kurz angebunden.

»Nicht nötig«, meinte Eva. »Da findet sich schon jemand von hier.«

Der Wagen fuhr davon und sie lief zum Eingang.

Lisa Berthold erwartete sie schon und begrüßte sie herzlich.

»Schön, dass wir uns auch mal kennen lernen. Wie gefällt es dir denn auf der Insel? Ist sicher nicht so einfach, wenn man plötzlich in der Verbannung arbeitet.« Die junge Kollegin lachte. Eva gefiel sie auf Anhieb, sie hatte eine offene herzliche Art, die nicht gespielt war.

»Ach, man gewöhnt sich dran«, sagte Eva. »Und ich kann nicht behaupten, dass man dort eine ruhige Kugel schieben kann. In nicht mal zwei Jahren jetzt schon der dritte größere Mordfall, das hätte ich nicht gedacht.«

»Gemordet wird ja überall«, meinte Lisa Berthold. »Jan müsste auch gleich hier sein. Er musste noch etwas in der Stadt erledigen. Kann ich dir etwas anbieten, Tee oder Kaffee?«

»Einen Kaffee nehme ich gerne«, antwortete Eva und setzte sich an den Besuchertisch. »Woran arbeitet ihr denn zurzeit?«

Lisa Berthold hantierte an der Kaffeemaschine herum und kam zu Eva herüber.

»Ach, das kann ich gar nicht so genau sagen. Es gibt da im Moment eine Reihe von Morden, an denen wir dran sind.«

»So viele?«

»Ja, leider. Und eine Sache beschäftigt uns da ganz besonders. Da geht es um Opfer, die in Tierfallen verenden.«

»Wirklich? Das klingt ja schrecklich.«

»Das kann man wohl sagen. Allerdings geben die Ermittlungen noch nicht so viel her, dass wir hundertprozentig von Mord ausgehen können. Denn es kommt ja immer wieder vor, dass irgendwelche Wahnsinnigen Fallen aufstellen, in denen sich dann Tiere verfangen und elendig krepieren.«

»Aber du sprachst doch von Menschen ...«

»Ja, es sind auch Menschen betroffen. Und sie könnten zufällig oder bewusst da hineingeraten sein. Wir ermitteln noch ...«

Die Tür ging auf und ein junger Mann kam herein.

»Du musst Eva sein«, sagte er zur Begrüßung und kam auf sie zu. »Jan Krömer.« Er reichte ihr die Hand und Eva war sprachlos. So gut aussehend hätte sie ihn sich nun nicht vorgestellt. Als sie seine Hand gar nicht wieder losließ, zog er sie sanft zurück.

»Meine Kollegin hast du ja schon kennen gelernt«, sagte er und zwinkerte Lisa Berthold zu. Ob da etwas zwischen den beiden lief?, fragte sich Eva. Doch sie konnte es sich nicht vorstellen. Oder doch? Oft war es ja so, dass die schönsten Männer auf völlig unscheinbare Frauen abfuhren.

Lisa Berthold schenkte für alle Kaffee ein und sie setzten sich gemeinsam an den Besuchertisch.

»Was können wir denn für dich tun«, fragte Jan Krömer und legte seine Beine auf einen weiteren leeren Stuhl. Eva fragte sich, ob sie unter diesen Vorzeichen überhaupt zu richtiger Arbeit fähig war. Dieser Mann gehörte eindeutig in die Kategorie »Finger weg, bevor man sich verbrennt«. Sie versuchte, nicht in seine dunkelblauen Augen zu starren.

»Tja, ich bin durch meinen aktuellen Fall auf Langeoog auf eine Reihe weiterer Opfer gestoßen, die vielleicht … also, ich meine wirklich nur vielleicht, in Zusammenhang stehen.« Eva schilderte grob von ihrem Fall und den bisherigen Erkenntnissen zu den weiteren Opfern und der möglichen Verbindung.

»Klingt sehr interessant«, meinte Jan Krömer. »Du denkst an einen Serientäter, hab ich recht?«

Eva nickte und kam sich im selben Moment unheimlich albern vor. Hätte dieser Traum von Mann vor ihr, der ausgewiesener Profi bei Serienkillern war, nicht schon längst in die Richtung ermittelt, wenn es wirklich zutraf? Da brauchte er doch wirklich keine Polizistin in den Wechseljahren, die sich auf eine einsame Insel verkrochen hatte. »Es war ja nur so ein Gedanke«, sagte sie fast entschuldigend, dafür, dass sie ihm hier die Zeit stahl.

»Dann sollten wir der Sache nachgehen«, meinte er nur. »Am besten ist es, wenn du mit Lisa zusammen mal einen Abriss aller Opfer an der Wand dort drüben zusammenstellst. Okay Lisa?«

Seine Kollegin nickte. »Sicher, das machen wir. Aber was machst du?«

»Ich muss noch was erledigen«, sagte Jan Krömer und verschwand auch schon wieder durch die Tür.

»Man muss ihn nehmen, wie er ist«, sagte Lisa Berthold, als sie Evas fragenden Blick sah. »Er ist zwar etwas straight, aber man kann trotzdem sehr gut mit ihm zusammenarbeiten. Und nein, ich habe nichts mit ihm«, fügte sie mit spitzen Lippen hinzu.

»Oh, hat man mir die Frage so deutlich angesehen?«, fragte Eva und fühlte sich ertappt.

»Nicht nur das«, lachte Lisa Berthold. »Stimmt schon, er sieht klasse aus. Aber ich habe von Anfang an klargestellt, dass ich nichts mit Kollegen anfange.«

»Ist sicher auch besser«, meinte Eva und dachte an Jürgen, der jetzt alleine auf Langeoog war. Was war nur passiert, dass er sich nicht mehr gemeldet hatte? Er fehlte ihr. Und wenn das alles gar nichts mit ihr zu tun hatte, sondern etwas passiert war, über das er nicht sprechen konnte? Sie war aber auch wirklich zu egoistisch und bezog alle seine Reaktionen immer direkt auf sich. Sobald sie wieder Inselluft schnupperte, würde sie sofort zu ihm gehen, nahm sie sich vor.

»Wollen wir dann?«, fragte Lisa Berthold und holte Eva in die Gegenwart zurück.

Nach einer Stunde war die Pinnwand voller Fotos und Verbindungspfeilen in alle erdenklichen Richtungen. Und irgendwie passte plötzlich auch Heinrich Gerlach ins Bild.

»Es sieht fast so aus, als hätte es da jemand tatsächlich auf ältere Menschen abgesehen«, meinte Lisa Berthold.

»Aber woran sind sie bloß gestorben?«, fragte Eva. »Wie hat der Täter es geschafft, dass er keine Spuren hinterlassen hat?«

»Ich höre, ihr braucht meine Hilfe«, hörten sie plötzlich die Stimme von Jan Krömer wieder hinter sich.

»Aber immer«, meinte Lisa Berthold. »Eva ist da vielleicht auf einen großen Fisch gestoßen. Praktisch ein Weihnachtsgeschenk, wenn wir gleich vier unserer ungeklärten Fälle auflösen könnten.«

»Erinnere mich bloß nicht daran«, seufzte Jan Krömer. »Weihnachten ist was für Menschen, die sich gerne etwas vormachen.«

Wie wahr, dachte Eva. Ihre Chancen auf ein Fest mit Jürgen schmolzen wie Eis in der Sonne dahin.

»Du solltest nicht immer alles schlechtreden«, meinte Lisa Berthold. »Nur, weil du niemanden hast, mit dem du feiern kannst.« Sie hatte unbeabsichtigt in der Wunde herumgestochert, dass die Freundin von Jan vor drei Wochen ohne Erklärung seine Wohnung verlassen hatte, und bereute es sofort. Das musste vor einer fremden Kollegin nun wirklich nicht sein. Sie versuchte, seinen Blick einzufangen, um sich nonverbal zu entschuldigen. Doch das klappte nicht, da sich Jan Krömers Blick verfinsterte und auf die Wand heftete.

Also überall dasselbe, dachte Eva für sich.

»Ich bin da auf eine Firma gestoßen, an die Heinrich Gerlach alle drei Monate fünfhundert Euro überwiesen hat«, sagte Eva, um die unangenehme Stille zu durchbrechen. »Es geht dabei um die Firma Sternensucher AG.«

»Sternensucher«, murmelte Jan Krömer und ging noch näher an die Wand heran und sah in die faltigen Gesichter der Opfer, die teilweise traurig oder melancholisch in die Kamera geblickt hatten, als man sie ablichtete. Erst auf den anderen Bildern, auf denen sie tot waren, sahen sie auf seltsame weise zufrieden aus. Die Augen geschlossen, in sich ruhend.

»So arbeitet er immer«, sagte Lisa Berthold hinter seinem Rücken zu Eva. »Man gewöhnt sich dran.«

»Hört sich das nicht irgendwie nach Sehnsucht an?«, fragte Jan Krömer, ohne sich umzudrehen.

»Kann sein«, meinte Eva. »Sterne an sich haben ja immer etwas mit Ferne und Sehnsucht zu tun, weil wir sie nicht erreichen können.«

»Sehr gut.« Jan Krömer drehte sich zu den beiden Frauen um. »Ich sehe, wir verstehen uns. Lisa, ihr beiden solltet versuchen herauszufinden, ob auch unsere Opfer etwas mit den Sternensuchern zu tun haben.«

»Klar machen wir.«

»Dein Kollege ist schon etwas speziell«, sagte Eva, als sie mit Lisa Berthold alleine war.

»Sag ich ja. Nur wer ihn kennt, weiß, was ich hier tagein tagaus mitmache.« Sie lachte. »Quatsch, er ist ein feiner Kerl. Hat's glaub ich in der Kindheit nicht so leicht gehabt, aber er redet nicht gerne über sein Privatleben. Also frag ihn lieber nicht danach.«

»Um Gottes willen, ich kenne ihn ja kaum. Und leicht, wer hat's denn schon leicht?«, fügte sie hinzu.

»Wie steht's denn bei dir? Bist du verheiratet?«

»Nein, noch nie gewesen«, antwortete Eva. »Welcher Mann würde mir schon nach Langeoog folgen?«

»Tja ... ich bin auch Single. Komisch oder? Scheint so, als ob es niemand mit uns aushalten könnte.«

»Nun ja, unsere Themen kreisen ja meistens um Tote. Da können die wenigsten etwas mit anfangen, wenn sie schlau sind.«

»Warum hast du diesen Job denn gewählt?«, fragte Lisa Berthold interessiert.

»Ich weiß es gar nicht genau. Vielleicht habe ich zu viele Krimis gesehen.«

»Bei mir war es eindeutig die Neugier.«

»Neugier?«, fragte Eva nach. »Worauf?«

»Darauf, was Menschen antreibt, andere umzubringen«, gab Lisa Berthold unumwunden zu. »Ich habe mich schon seit frühester Jugend für Psychologie interessiert. Wollte das sogar zunächst studieren und dann eine Praxis aufmachen.«

»Und warum hast du umgeschwenkt? Soweit ich weiß, verdienen Psychologen wesentlich mehr Geld als Polizisten.«

»Ja, das stimmt. Aber mir kam der Gedanke irgendwann zu langweilige vor, mir den ganzen Tag kaputte Geschichten anzuhören.«

Eva sah sie nachdenklich an. Kaputte Geschichten? Das war schon ein sehr burschikoser Ausdruck für die quälenden Gedanken, mit denen sich Menschen plagten und Hilfe von Dritten suchten.

»Und da hast du gedacht, dass es spannender ist, die kranke Seele von Mördern zu beleuchten?«

»Auf jeden Fall. Und ich kann vielleicht noch etwas Gutes tun, wenn ich sie einsperre und somit weitere Opfer vermeide.«

»Also die reinste Heldentat«, sagte Eva lachend. »Ich glaube, ich muss meine Einstellung zum Job noch einmal überdenken, vielleicht steigt dann auch der Spaß daran.«

Die beiden setzten sich an die Rechner und nahmen sich noch einmal die ungeklärten Fälle vor, um nach einem Hinweis auf die Sternensucher AG zu fahnden. Doch sie hatten sich zu früh gefreut, es gab keinen einzigen Hinweis in die Richtung. Keines der anderen Opfer schien mit diesem Unternehmen in Verbindung gestanden zu haben.

»Das ist ja wirklich schade«, sagte Lisa Berthold, als es draußen schon dunkel wurde. Jan Krömer war noch nicht wieder aufgetaucht.

»Ja, ich hätte wirklich schwören können, dass es einen Zusammenhang geben könnte. Und letztlich sollten wir die Flinte nicht ins Korn werfen, nur weil wir keine Überweisungen gefunden haben. Es gibt heutzutage viele Möglichkeiten, Geld zu übermitteln«, meinte Eva.

»Na klar. Und die gute alte Barzahlung wollen wir mal auch nicht vergessen. Sag mal, du fährst doch sicher nicht wieder zurück. Wo bleibst du denn heute Nacht?«

»Ach, ich fahre entweder zu meiner Freundin nach Esens, bei der ich immer übernachten kann, wenn ich auf dem Festland arbeite, oder ich nehme mir hier irgendwo ein Zimmer. Es macht ja sicher Sinn, wenn ich noch ein paar Tage bleibe.«

»Dann komm doch einfach mit zu mir, ich habe eine gemütliche Klappcouch«, schlug Lisa vor.

»Das ist wirklich nett«, meinte Eva, der das Ganze im Prinzip aber zu schnell ging. Sie kannte Lisa ja noch gar nicht richtig und außerdem hatte sie gar nichts weiter mitgenommen für einen längeren Aufenthalt. »Aber ich werde doch lieber nach Esens fahren, da habe ich immer ein paar persönliche Dinge gelagert, für den Fall, dass ich mal nicht zurück auf die Insel komme.«

»Okay«, meinte Lisa, die die Absage nicht persönlich nahm. »Aber wir könnten schon noch zusammen etwas essen gehen, wenn du magst.«

Eva nickte zustimmend. Dagegen sprach ja nun wirklich nichts. Und so konnten sie auch noch weiter über den Fall reden.

Lisa Berthold rief Jan Krömer an, damit er dazu kam und Eva wählte Klara Bertschoos Nummer, um sich für später am Abend anzukündigen. Außerdem tippte sie auch noch eine SMS an Jürgen in ihr Handy. *Bin für den Gerlach Fall in Aurich. Melde mich wieder.* Bevor sie es sich anders überlegen konnte, drückte sie schnell auf Senden.

Später saßen sie dann in einem netten Lokal in der Auricher Innenstadt.

»Das könnte ein wirklicher Durchbruch sein, wenn unsere Opfer alle etwas miteinander zu tun hätten«, meinte Jan Krömer anerkennend. »Wie lange bleibst du denn noch in Aurich, Eva?«

»Ein paar Tage werde ich noch dranhängen«, antwortete sie. »Wäre ja wirklich zu schön, wenn uns das weiterhilft.«

»Nur nicht so bescheiden, liebe Kollegin. Oft ist es ja wirklich der Zufall, der uns auf die richtige Spur führt. Das dürfen wir vor denen, die uns immer für unsere Arbeit bewundern, aber nicht allzu laut verkünden.« Er lachte sie an und Eva stieg Röte ins Gesicht, die man zum Glück in der Beleuchtung nicht sah.

Immer wieder zog sie ihr Handy hervor, um zu sehen, ob Jürgen auf ihre Nachricht geantwortet hatte. Und jedes Mal war es umsonst.

»Ist etwas?«, fragte Lisa Berthold, der das nicht entgangen war.

»Ach, nichts Besonderes«, log Eva. »Wie wollen wir denn morgen weiter vorgehen?«, wich sie aus.

»Wir sollten uns auf jeden Fall mit dieser Sternensucher AG beschäftigen. Es ist doch komisch, dass sie nicht im Internet zu finden ist. Es gibt doch wohl kaum noch ein Unternehmen, das keinen Internetauftritt hat.«

»Am besten wir gehen noch einmal alle Finanzen der Opfer durch. Und wenn es nicht anders geht, dann müssen wir auch noch einmal bei denen zuhause suchen«, meinte Jan Krömer.

»Könnte aber schwierig werden, weil die Verwandten in der Regel das meiste schon entsorgt haben dürften«, gab Lisa Berthold zu bedenken.

»Stimmt, die Fälle liegen ja teilweise schon Monate zurück.« Jan Krömer hob sein Rotweinglas gegen das Licht und betrachtete die changierenden Farben. »Vielleicht sollten wir unsere Zeit doch lieber auf die Recherche nach dieser Firma konzentrieren. Wenn wir sie finden, können wir die Inhaber mit den Namen der Opfer konfrontieren und dort prüfen, ob sie auch regelmäßige Zahlungen geleistet haben.«

Nach einer weiteren Stunde fand Eva, es sei nun wirklich Zeit, nach Esens aufzubrechen, bevor ihre Freundin zu Bett gehen würde. Sie verabredeten, sich am nächsten Tag gegen neun Uhr wieder in der Auricher Dienststelle zu treffen.

Klara Bertschoo erwartete Eva bereits mit einem Schlummertrunk, als diese dort von einem Auricher Kollegen mit einem Streifenwagen abgeliefert worden war. Und aus irgendeinem Grund spürte sie, dass es taktvoller schien, nicht nach Jürgen zu fragen. Sicher sah sie auch an Evas Gesicht, wie unglücklich diese war. Solche Freunde wie Klara sind wirklich unbezahlbar, dachte Eva, als sie gegen Mitternacht auf ihr Handy sah und noch immer keine Nachricht von Jürgen eingegangen war. Sie waren nach einem leichten Abendbrot zu Bett gegangen und Eva fiel in einen unruhigen Schlaf, bei dem sie davon träumte, an einer Boje gekettet im eiskalten Meer zu treiben.

Was ist passiert?

Nach dem Frühstück hielt Eva es einfach nicht mehr aus. Keine Nachricht von Jürgen. Nicht ein Sterbenswörtchen. Also, egal, was ihm über die Leber gelaufen war. Aber das ging nun wirklich zu weit. So benahmen sich ja nicht einmal Vorschulkinder. Sie hatte sich wieder Klaras Wagen geliehen, um nach Aurich zu fahren und hielt auf halber Strecke an, um in der Touristinfo anzurufen. Der konnte wirklich was erleben, weil er ihr einen derart hässlichen Albtraum beschert hatte, bei dem sie am Ende im eiskalten Wasser ertrunken war. Es klingelte lange, bis endlich jemand ranging. Es war Anja, die völlig aufgelöst zu sein schien.

»Was soll das heißen, Jürgen ist nicht da?«, fragte Eva laut in den Hörer.

»Er ist seit gestern verschwunden«, antwortete Anja mit zitternder Stimme. »Zu Anfang dachten wir noch, er hat einfach verschlafen. Aber das ist nun wirklich nicht seine Art.«

»Er ist seit gestern weg und ihr habt es nicht für nötig gehalten, mich zu informieren?«, schrie Eva jetzt in den Hörer.

»Aber wir wussten doch nicht ...« Anja begann zu weinen.

In Evas Kopf arbeitete es fieberhaft. Sollte sie jetzt auf die Insel zurückfahren? Aber in Aurich warteten doch ihre Kollegen auf sie. Was sollte sie denen sagen?

»Ich werde heute Nachmittag zurückkommen«, sagte Eva schließlich, um Anja zu beruhigen. »Es klärt sich bestimmt alles auf.«

Sie beendete das Gespräch und fuhr mit zitternden Händen weiter. Auch wenn sie Anja gut zugesprochen hatte, so konnte sie selber nicht daran glauben, dass alles ganz harmlos war, wenn Jürgen einfach so verschwand. Hätte sie doch bloß ihren blöden Stolz loswerden können und hätte ihn vorgestern noch einmal aufgesucht oder angerufen, als sie bei ihm in der Touristinfo gewesen war und er sich so merkwürdig benommen hatte. Sie ließ noch einmal die paar Minuten, die sie dort gewesen war, vor ihrem inneren Auge Revue passieren. Jürgen hatte mit einer Frau über Ausflugsziele in Ostfriesland gesprochen. Und dabei hatte er ein wirklich merkwürdiges Gesicht gemacht. Er hatte sie ja nicht einmal richtig begrüßt, sondern nur genickt. Was war, wenn das Nicken gar nicht als Begrüßung, sondern als Hinweis, dass mit der Frau etwas nicht stimmte, gemeint gewesen war? Und sie, ganz beleidigte Leberwurst, hatte natürlich nichts bemerkt und war einfach abgezogen. Verdammt, sie ärgerte sich dermaßen, dass sie wütend auf die Armatur des alten Opels schlug, der nun wirklich nichts dafür konnte.

Als Eva auf der Dienststelle in Aurich ankam, waren Lisa Berthold und Jan Krömer bereits da.

»Sorry, ist ein bisschen später geworden«, sagte Eva, als sie ihre Jacke aufhängte.

»Kein Problem«, meinte Lisa nur. »Aber bei dir scheint etwas nicht in Ordnung zu sein, oder?« Sie hatte wohl sofort Evas Gesichtsausdruck richtig interpretiert. So war das bei Psychologen.

»Ehrlich gesagt nein«, antwortete Eva. »Jürgen ist verschwunden.« Aber wie erklärte sie den beiden jetzt auch noch, wer Jürgen war. »Er leitet die Touristinfo auf Langeoog und ...«

»Du scheinst ihn wohl näher zu kennen«, meinte Lisa. »Willst du zurückfahren?«

»Nein ... das heißt nicht sofort. Aber heute Nachmittag würde ich schon ganz gerne, wenn das Okay ist.«

»Aber klar«, meinte Jan Krömer. »Wir können ja auch über die kleine Distanz hinweg zusammenarbeiten.«

Sie setzten sich an ihre Rechner und recherchierten zur Sternensucher AG. Und dann war es Lisa Berthold, die den entscheidenden Hinweis versteckt auf einer weiteren Homepage einer Weg-ins-Glück-Seite entdeckte. Dort fand sie im Impressum einen Hinweis, wonach die Sternensucher AG ihren Sitz in Greetsiel hatte. Ausgerechnet in Ostfriesland, dachte Eva. Das konnte doch alles kein Zufall mehr sein. Irgendwie hatten die Opfer, die alle aus Ostfriesland kamen, vielleicht etwas mit dieser Firma zu tun gehabt. Doch so spannend sich das Ganze jetzt auch entwickelte, sie musste unbedingt zurück nach Langeoog und sehen, was mit Jürgen passiert war. Sie verabschiedete sich und Lisa und Jan Krömer versprachen, sich mit der Firma in Greetsiel zu beschäftigen und sie auf dem Laufenden zu halten.

So ein verdammter Mist, dachte Eva auf der Fahrt nach Bensersiel. Sie hatte Klara angerufen und ihr gesagt, dass sie den Wagen am Fähranleger parken würde, da sie davon ausging, dass sie ihn in den nächsten Tagen noch brauchen würde. Sie verschwieg aber lieber, dass sie nach Jürgen suchte. Klara würde sich nur unnötig aufregen. Irgendwie erschien ihr die kahle Winterlandschaft jetzt noch trübsinniger als sonst. Es lag kaum noch Schnee, der meiste war in Matsch verwandelt. Die Temperaturen bewegten sich um die Null-Grad-Grenze und ließen keine wohlige Weihnachtsstimmung bei den Menschen aufkommen. Eingemummt in dicke Jacken saßen sie in ihren Autos, den Blick düster auf die Fahrbahn gelenkt. Doch in Ostfriesland träumten die Leute oft von weißer Weihnacht und bekamen sie nicht. Der richtige Winter setze hier meistens erst Ende Januar ein, hatte ihr Jürgen einmal erklärt. Jürgen. Oh Gott, wäre ich nur nicht so zickig, dachte Eva, als sie ihr Gesicht auf der Fähre gegen den kalten Wind hielt, so dass ihre Augen tränten. Wollte sie sich bestrafen?

Die Fähre legte an und Eva rannte förmlich zur Touristinfo, um mit Anja zu sprechen. Diese schilderte noch einmal, was sie schon am Telefon gesagt hatte. Sie sah blass aus. Eva wollte ihr nicht noch mehr zusetzen. Sie bedankte sich bei ihr, dass sie die Stellung hielt, und bat sie, sich sofort zu melden, falls Jürgen wieder auftauchte. Danach ging sie zu ihrer Dienststelle. Das Erste, was ihr auffiel, war ein fremder Geruch. Jemand war hier gewesen. Wie erstarrt stand sie mitten im Raum und lauschte.

Draußen pfiff ein Wind um die Mauern und es wurde schon wieder dunkel. Ob der Einbrecher noch da war? Und wie war er reingekommen? War die Tür abgeschlossen gewesen, als sie aufgemacht hatte? Sie konnte sich nicht erinnern. Oder doch? Ja genau, die Tür war nur zugeschlagen worden, von dem, der hier als Letztes reingekommen war. Und sie schloss immer doppelt ab, das hatte sie sich so angewöhnt. Und sie war sich ganz sicher, dass sie das vorgestern ganz genauso gemacht hatte. Sie wagte kaum, zu atmen. Der Geruch, er war noch da. Eva schlich zurück zum Eingang und machte das Licht aus. Wenn hier noch jemand war, dann war sie dadurch im Vorteil, weil sie sich hier auskannte. Dann hörte sie ein Geräusch. Ein Schaben oder Ähnliches. Es kam aus Richtung ihres Schreibtischs. Sollte sie etwas sagen? Vorsichtig näherte sie sich ihm, dabei zog sie ihre Waffe, was sie sonst eigentlich immer vermied.

»Wer ist da?«, fragte sie laut. »Kommen Sie heraus oder ich schieße.«

»Eva?«, hörte sie eine röchelnde Stimme.

»Jürgen!«, rief sie, denn sie hatte ihn sofort erkannt.

»Eva, ich bin's.«

Sie machte das Licht auf ihrem Schreibtisch an und sah Jürgen am Boden liegen. Und da war auch Blut.

»Um Gottes willen Jürgen, was ist passiert?«

In Sekundenschnelle war sie beim ihm und beugte sich herunter. Er sah furchtbar aus, doch das war ihr in diesem

Moment egal. Sie packte ihn bei den Schultern und zog ihn an sich.

»He, nur nicht so stürmisch«, spielte Jürgen auch weiterhin das Opfer. Es gefiel ihm, dass sie sich solche Sorgen gemacht hatte.

»Komm, setz dich erst mal auf den Stuhl«, sagte Eva und zog ihn hoch. »Was hast du hier gemacht?«, fragte sie, als er sie ansah.

»Ich wollte dich warnen«, antwortete Jürgen mit trockenem Mund. »Kannst du mir vielleicht ein Glas Wasser holen?«

Eva lief sofort zum Kühlschrank und holte welches. »Hier, trink. Hast du denn meine SMS nicht gesehen? Wieso hast du nicht geantwortet?«

»Schon wieder ganz die Alte«, lachte Jürgen, als er das Glas wieder abgesetzt hatte. »Aber eine SMS habe ich nicht gesehen. Ich weiß gar nicht, wie lange ich hier gelegen habe.«

»Wenn du Pech hast, dann seit gestern«, murmelte Eva. »Aber sag doch endlich, was hier eigentlich los war.«

Jürgen rieb sich mit den Händen durchs Gesicht. »Jetzt erinnere ich mich. Du warst doch in die Touristinfo gekommen ...«

Eva nickte. »Aber du warst mit einer Frau beschäftigt und hast mich kaum beachtet.«

»Aber das war doch nur, weil diese Frau ... sie hat nach Heinrich Gerlach gefragt, aber das konnte ich ja wohl schlecht herausposaunen. Deshalb habe ich dir nur zugenickt, um dir ein Zeichen zu geben.«

So ein Mist, dachte Eva erneut. Hätte sie nur gleich geschaltet und nicht die Diva gespielt.

»Und dann?«, fragte sie atemlos. »Was war mit der Frau?«

»Ich weiß es nicht. Zunächst hat sie mich mit irgendwelchen Fragen nach Ausflugszielen genervt. Und irgendwann fing sie mit dem Thema Briefmarken an und das doch ein Treffen hier auf Langeoog stattgefunden habe. Und ob ich den Heinrich Gerlach gekannt hätte, den man tot am Strand gefunden hatte. Mir kam das komisch vor. Und dann kamst du herein und bist kurz darauf wie eine beleidigte Leberwurst wieder abgezischt.«

Eva biss sich auf die Unterlippe. Was konnte das alles zu bedeuten haben?

»Und warum bist du dann hier in die Dienststelle gegangen?«, fragte sie.

»Na, weil ich nichts mehr von dir gehört habe. Ich hab's aber erst am nächsten Tag geschafft, weil wir in der Touristinfo noch einen Wasserschaden entdeckt hatten. Eigentlich wollte ich noch am Abend zu dir kommen. Aber durch die Verzögerung hat's nicht geklappt. Am nächsten Morgen war ich zunächst hier, aber als du nicht da warst, bin ich zu deiner Wohnung gegangen. Aber da warst du ja auch nicht. Also habe ich's noch einmal hier probiert. Aber wieder nichts. Dann habe ich mich entschlossen, einfach hier auf dich zu warten. Ich habe ja einen Schlüssel ... und als ich mir einen Kaffee ansetzen wollte, da habe ich plötzlich einen Schlag auf den Kopf bekommen, daran erinnere ich mich jetzt wieder.«

Eva war fassungslos. Da hatte sie sich ja ganz umsonst den Kopf zerbrochen, was sie falsch gemacht hatte oder was zwischen ihnen beiden mal wieder schieflief.

»Warum hast du mich nicht einfach angerufen?«, fragte sie in vorwurfsvollem Ton.

Jürgen zuckte mit den Schultern. »Weiß ich auch nicht«, sagte er entschuldigend. »Aber warum hast du mir denn eine Nachricht geschickt? Du weißt doch, dass ich nur sporadisch mal auf mein Handy gucke. Du hättest besser anrufen können.«

»Ach, egal. Ich war gestern in Aurich und wollte nur ...« Sie brach ab. Wem half das ganze Geplänkel jetzt noch?

»Aurich?«

»Ja, ich bin da bei den Finanzen von Heinrich Gerlach auf etwas gestoßen. Vielleicht suchen wir einen Serienmörder.«

»Serienmörder? Auf Langeoog? Eva, ich glaube, jetzt übertreibst du aber.«

»Ach ja? Und was ist mit dir? Legst dich hier einfach in meiner Dienststelle flach, während ich mir die größten Sorgen mache.«

»Das höre ich gerne«, grinste Jürgen. »Aber ich komme schon zurecht.«

»Das sehe ich.« Jetzt lachte auch Eva. Das war befreiend für beide. Endlich wieder alles im Lot.

Nachdem Jürgen sich in seiner Wohnung frisch gemacht hatte nach dem Schrecken, beschlossen er und Eva, sich bei ihrem Lieblingsitaliener verwöhnen zu lassen. Statt doppelt gab es an diesem Abend dreifach Käse für Jürgen, weil er so lange nichts gegessen hatte. Eva berichtete ihm von der Sternensucher AG und den weiteren ungeklärten Mordfällen, die vielleicht etwas mit dem Tod von Heinrich Gerlach zu tun haben könnten.

»Da habe ich ja wirklich was verpasst«, meinte Jürgen und ließ es sich schmecken.

»Kann man wohl sagen.« Auch Eva hatte sich mal doppelt Käse bestellt zur Feier des Tages. »Morgen werde ich wohl wieder nach Aurich fahren. Und bevor du fragst, du kannst nicht mitkommen, als was soll ich dich denn den Kollegen dort vorstellen?«

Das sah Jürgen ein, auch wenn es ihm nicht gefiel. Er versprach, weiter auf Langeoog die Stellung zu halten und sich nicht wieder K.O. schlagen zu lassen.

Greetsiel und die Sternensucher

Am nächsten Morgen frühstückten Eva und Jürgen gemeinsam im Café im Strandhotel.

»Ich weiß gar nicht, ob es wirklich gut ist, wenn ich jetzt wieder nach Aurich fahre«, meinte Eva unsicher. »Schließlich bist du hier auf der Insel angegriffen worden. Das bedeutet doch wohl, dass wir hier auf etwas stoßen könnten, das uns in der Sache mit Heinrich Gerlach weiterhelfen könnte. Und diese Frau ...«

»Das ist ja nicht gesagt, dass sie noch hier ist«, meinte Jürgen. »Sie kann die Insel ja schon längst wieder verlassen haben. Und wenn sie es wirklich war, die mich bewusstlos geschlagen hat in deiner Dienststelle, ist das sogar sehr wahrscheinlich.«

»Ob sie die Mörderin von Heinrich Gerlach ist?« Eva lief es eiskalt den Rücken herunter. Sie hatte sich die Frau gar nicht so genau angesehen und das tat ihr jetzt leid. Dafür lieferte Jürgen allerdings eine recht brauchbare Beschreibung, die ihr im Moment aber auch nicht weiterhalf. Ob sie noch einmal zu Wiebke nach Ditzumerhammrich fahren sollte, um sie zu fragen, ob sie diese Frau kannte?

»Weißt du was Jürgen«, sagte Eva. »Ich habe soeben beschlossen, dass du doch mit ans Festland fährst.«

»Ach ja? Aber die Kollegen ...«

»Du kommst nicht mit nach Aurich, sondern lieferst mich da nur ab. Und dann besuchst du Wiebke in Ditzumerhammrich und fragst sie nach dieser Frau.«

»Du meinst, sie könnte zur Familie gehören?«

»Was auch immer. Aber ich möchte einfach sichergehen. Und da mich Jan Krömer und Lisa Berthold erwarten, kann ich das ja nicht selber erledigen.«

Jürgen lächelte sie zufrieden an, was sie als stilles Einverständnis deutete.

Zwei Stunden später setzte Jürgen Eva vor der Dienststelle in Aurich ab. Sie vereinbarten, dass sie sich bei ihm melden würde.

»Guten Morgen«, sagte Eva, als sie zu den Auricher Kollegen ins Büro kam.

»Moin«, erwiderte Lisa Berthold. Jan Krömer sah nur von seinem PC auf und musterte sie. Jedenfalls dachte sie das zuerst, bis sie bemerkte, dass er nur durch sie hindurchsah. Komischer Kauz. Aber sein gutes Aussehen machte dieses merkwürdige Benehmen allemal wett.

»Ganz schön aufwendig, immer von der Insel herzukommen«, sagte Eva und setzte sich auf den Stuhl vor Lisa Bertholds Schreibtisch.

»Bestimmt«, meinte Lisa, »aber es ist ja auch nicht jeden Tag notwendig. Im Prinzip hätten Jan und ich auch alleine nach Greetsiel fahren können.«

»Nun bin ich ja schon mal hier«, sagte Eva, die lieber mit zu Wiebke gefahren wäre.

»Kommst du Jan?« Lisa und Eva sahen zu ihm herüber. Er hatte seine Füße auf den Schreibtisch gelegt und kaute auf einem Kugelschreiber herum.

»Fahrt ihr man alleine«, murmelte er. »Ich muss nachdenken.«

»Schon erstaunlich, dass er so schwierige Fälle löst«, sagte Eva und stieß Lisa Berthold am Arm und lachte, als sie zum Wagen liefen. »Nur mit Nachdenken hab ich jedenfalls noch niemanden gefasst.«

»Ach, lass ihn man, man kann wirklich gut mit ihm arbeiten. Und er hat eine Spürnase für Serientäter, er riecht sie förmlich.«

»Wie geht denn sowas?«

»Ach, ich weiß auch nicht.« Lisa ärgerte sich, das erwähnt zu haben. Eigentlich lag es ihr nicht, über Kollegen zu tratschen. Und sie kannte diese Eva Sturm ja kaum. Und trotzdem hatte sie wohl nichts Besseres zu tun, als ihn lächerlich zu machen. »Jan ist ein guter Kollege, wir kommen gut zurecht. Und ich kenne niemanden, der so hartnäckig an einem Fall arbeitet wie ihn.«

»Das ist doch das Wichtigste.«

»Und dir gefällt es auf der Insel?«, wechselte Lisa Berthold das Thema.

»Na ja, zu Anfang kam ich mir schon ein wenig abgeschoben vor«, antwortete Eva ehrlich. »Doch mittlerweile habe ich mich an das ganze Wasser um mich herum gewöhnt.«

»Das stelle ich mir gar nicht so einfach vor. Alleine der Gedanke, dass man immer eine Fähre braucht, um mal mehr von der Welt zu sehen.«

»Ach, eigentlich ist es mal eine ganz schöne Abwechslung von der Hektik in Großstädten. Keine Verkehrsstaus in der Rush Hour, keine überfüllten Parkhäuser und Geschäfte, sondern einfach nur Sonne, Sand und Meer. Wenn man aufwacht, hört man als Erstes das Meeresrauschen.« Zum ersten Mal ertappte Eva sich dabei, dass sie ganz verzückt an die kleine Insel dachte, die jetzt ihr Zuhause war.

»So wie du es sagst, könnte man ja glatt neidisch werden«, lachte Lisa. »Aber Aurich ist ja auch keine Großstadt, da hält man's auch ganz gut aus. Und wir haben es ja auch nicht weit zur Küste. Obwohl, so oft fahre ich da eigentlich nicht hin.«

»Allein macht das ja auch gar keinen Spaß«, meinte Eva.

Lisa Berthold nickte. Und ihr Gesichtsausdruck zeigte nicht die geringste Regung, dass es ihr leidtat.

»Ist wohl unser Schicksal das Singledasein«, fuhr Eva fort. »Den richtigen Partner zu finden bei dem Job ist wie die berühmte Stecknadel im Heuhaufen.«

»Ich glaube gar nicht einmal, dass es der Job ist. Man bekommt als Polizistin nur einen anderen Blick auf Männer, denke ich. Die meisten Verbrechen werden von Männern verübt und da fragt man sich schon ab und zu, wem man eigentlich noch trauen kann.«

»Wirklich? Darüber habe ich noch gar nicht nachgedacht. Aber du könntest recht haben. Hinter schönen Fassaden steckt manchmal der Teufel.«

Lisa Berthold lachte. »Es ist einfach ein verstärktes Misstrauen, würde ich annehmen. Und eigentlich bin ich abends auch immer müde. Wie sollte da eine Beziehung funktionieren? Womöglich auch noch, wenn der Partner erwartet, dass ich Zuhause die Hausfrau spiele. Das könnte ich nicht.«

»Du hast ja auch tagsüber schon eine äußerst angenehme männliche Begleitung, wenn ich das mal so sagen darf.«

»Jan gefällt dir also?« Lisa Berthold sah Eva neugierig an.

»Dir etwa nicht?«

»Vielleicht, aber ich fange wie schon gesagt nichts mit Kollegen an.« Lisas Blick verfinsterte sich plötzlich.

»Bin ich da in ein Fettnäpfchen getreten?«, fragte Eva entschuldigend. »Das tut mir leid. Eigentlich geht es mich ja auch gar nichts an, wir kennen uns ja kaum.« Um die Stimmung aufzulockern, stellte sie das Radio an.

»Schon okay«, sagte Lisa. »Es liegt auch nicht an Jan, aber ich bin da mal einem etwas unangenehmeren Kollegen begegnet … ich möchte aber nicht weiter darüber sprechen.«

Eva zappte die Radiosender durch und schwor sich, in Zukunft genauer zu überlegen, was sie sagte oder lieber für sich behielt.

Sie kamen in Greetsiel an und fuhren zu der Adresse der Sternensucher AG. Diese entpuppte sich als reine

Briefkastenfirma in einem Mehrparteienwohnhaus. Sie klingelten mehrfach, doch es reagierte niemand. Die Wohnung im zweiten Stock war durch Lamellenvorhänge verdunkelt.

»Komisch oder?«, fragte Lisa Berthold.

»Diese Sternensucher machen mich immer neugieriger«, meinte Eva.

Sie liefen zu einem nahegelegenen Kiosk und fragten dort, ob jemand etwas über die Sternensucher AG wüsste. Der Angestellte zuckte nur mit den Schultern. Davon hatte er noch nie gehört.

»Also wenn du mich fragst, dann brauchen wir einen Durchsuchungsbeschluss.« Lisa Berthold zog bereits ihr Handy aus der Tasche. Kurz darauf sprach sie mit Jan Krömer, der ihrem Plan zustimmte.

»Dann können wir hier wohl nichts weiter ausrichten«, meinte Eva. »Sollen wir vielleicht noch irgendwo einen Kaffee trinken?«

Sie suchten sich ein nettes Lokal. Und sie hatten sogar Blick auf das Haus mit der augenscheinlichen Briefkastenfirma. Doch es tat sich weiterhin nichts.

Als sie gegen Mittag wieder in der Dienststelle Aurich ankamen, war Jan Krömer nicht da.

»Dann grüße ihn mal schön von mir«, sagte Eva zum Abschied.

»Du willst schon los?«

»Ja, meine Fähre geht bald«, log Eva, die eigentlich mit Jürgen im Carolinenhof verabredet war. Das hatte sie in dem Café in Greetsiel per SMS geklärt.

»Vielleicht sollten wir einfach mal ein Treffen mit unseren ostfriesischen Kolleginnen organisieren, was meinst du?«

Eva war überfordert mit der Idee und sah Lisa ratlos an. »Du meinst ein Kaffeekränzchen?«, fragte sie stirnrunzelnd.

»Siehst du, das meine ich. Warum ist es bei uns immer so eine langweilige Veranstaltung, nur weil wir Frauen sind? Warum können wir nicht genauso einen drauf machen mit Bier und Single Malt wie die Kerle, na?«

»Hm ... an den Genen kann es ja wohl nicht liegen.«

»Eben. Das ist alles anerzogen. Wir Mädchen sind immer die Braven.«

»Das sollten wir ändern«, murmelte Eva, die Jürgen nicht noch länger warten lassen wollte. »Mach du doch mal was und lade alle ein. Ich komme dann auf jeden Fall«, sagte sie und lief zur Tür. »Bis bald dann. Und halte mich bitte mit der Sternensucher AG auf dem Laufenden, wenn ihr da reingeht.«

»Auf jeden Fall«, versicherte Lisa Berthold.

Eva lief die paar Schritte zum Carolinenhof und dann Richtung Tiefgarage.

»Wo willst du denn so schnell hin?«, hörte sie plötzlich eine Stimme hinter sich. Ausgerechnet Jan Krömer musste sie hier noch erwischen.

»Ach, ich wollte noch schnell was einkaufen«, sagte Eva und traute sich gar nicht, ihm in die Augen zu sehen. Und dabei spielte ihr schlechtes Gewissen nicht einmal die größte Rolle. Die Augen von Jan Krömer waren wie tiefe Seen und sie wollte jetzt nicht schon wieder darin ertrinken.

»Kommst du dann noch mal zu uns in die Dienststelle?« Er stellte sich ihr praktisch in den Weg. Da er fast zwei Köpfe größer war als sie, konnte sie jetzt seinen Atem riechen, der einen Hauch Minze und Zitrone zu ihr herabströmen ließ. Welche Männer rochen so? Bisher hatte sie es eher mit abgestandenem Rauch oder Bier zu tun gehabt.

»Nein, ich muss dann auch gleich weiter«, sagte Eva und ihre Knie zitterten. Sie sah zu ihm auf. Und was sie da sah, das machte ihr Angst. Nein, Angst war ganz bestimmt nicht das richtige Wort für das, was sie jetzt empfand. In seinem Blick lag eine Trauer, die schon Jahrhunderte alt zu sein schien.

»Oh, dann möchte ich dich nicht aufhalten«, sagte Jan Krömer und machte einen langen Arm, um sie weiter zu geleiten.

»Ja, schönen Tag noch. Lisa wird mich auf dem Laufenden halten.«

Eva rannte praktisch in das große Gebäude und lehnte sich dann an eine kühle Wand. Ich benehme mich lächerlich, total lächerlich. Was soll er jetzt bloß von mir denken. Verhuschte Frau. Sie atmete flach, um sich zu beruhigen. Sie musste Jan Krömer aus ihrem Kopf kriegen.

Als sie kurz darauf zu Jürgen in den Wagen stieg, der in der Tiefgarage auf sie gewartet hatte, bekam sie wieder Boden unter den Füßen.

»Und? Was hat Wiebke gesagt?«

»Eigentlich gar nichts«, antwortete Jürgen und zuckte bedauernd die Schultern. »Sie weiß weder etwas von einer Seelenfischer AG noch von dieser Frau.«

»Sternensucher AG«, korrigierte Eva. »Aber auch egal. Ich bin mit der Kollegin aus Aurich nach Greetsiel gefahren zu dem Sitz dieser Firma. Und es hat sich herausgestellt, dass es vermutlich nur eine Briefkastenfirma ist. Da war niemand und auch sonst wirkte es nicht, als ob da wirklich jemals Betrieb wäre. Die Kollegen wollen aber noch einmal reingehen mit einem Durchsuchungsbeschluss. Sie sagen mir dann Bescheid.«

»Das klingt ja ziemlich mysteriös. Und was haben sie zu der Frau gesagt, die mich in der Touristinfo zu Heinrich Gerlach ausgefragt hat?«

»Davon habe ich nichts erzählt.«

»Aber warum das denn nicht? Willst du das etwa wieder auf eigene Faust regeln?«

»Ich weiß nicht. Ich hätte dann ja auch etwas von dir erzählen müssen.«

»Dass man mich zusammengeschlagen hat, hättest du nicht unbedingt zu erwähnen brauchen, finde ich. Aber dass sich eine Frau nach Heinrich Gerlach erkundigt hat, das sollten sie schon wissen.«

»Seit wann entscheidest du denn sowas?«, fragte Eva schnippisch. Sie hatte keine Lust auf Vorhaltungen.

»Ah, wir haben wohl wieder unsere fünf Minuten«, brummte Jürgen und schmiss den Wagen an. »Soll ich jetzt zu Klara oder zum Fähranleger fahren?«, fragte er knapp.

»Fähre«, sagte Eva und sah aus dem Seitenfenster.

Die Fremde

Wenn jemand gut darin war, sich das Leben selber schwer zu machen, dann war es Eva. Das jedenfalls hatte Jürgen gesagt, als sie am späten Abend gemeinsam in ihrer Pizzeria saßen. Trotz allem hatte er sie tatsächlich noch dazu überreden können. Vielleicht lag es daran, dass der Gedanke auf eine leere kalte Wohnung für Eva nicht gerade verlockend gewesen war. Und obendrein nagte noch so etwas wie ein schlechtes Gewissen an ihr. Jürgen für seinen Teil wünschte es ihr jedenfalls. Und er war froh, dass sie Ja gesagt hatte.

»Ich verstehe einfach nicht, was es mit dieser Frau auf sich hat«, sagte Eva und schob sich ein Stück ihrer vegetarischen Pizza in den Mund.

»Du wirst es nie erfahren, wenn du sie nicht in die Ermittlungen einbeziehst«, stellte Jürgen pragmatisch fest. »Aber ich will jetzt nicht wieder darauf herumreiten.«

»Ist auch besser so.« Eva zog ihr Handy aus der Tasche und tippte etwas ein.

»Willst du noch jemanden anrufen?«, fragte Jürgen neugierig.

»Nein nein ...« Sie tippte weiter.

»Aber was machst du denn da?«

»Ich bediene meine App.«

»Hat das mit dem Fall zu tun?«

»Nein, es geht um Kalorien.«

»Ich verstehe nur noch Bahnhof. Und deine Pizza wird auch ganz kalt.«

»Genau darum geht es ja«, sagte Eva. »Es ist eine App zum Abnehmen. Ich muss alles eingeben, was ich esse.«

»Und davon nimmt man ab?«

»Boah … natürlich nicht. Aber ich habe eine gewisse Punktzahl, die ich am Tag sozusagen verspeisen darf.«

»Punkte? Eva, ehrlich. Du musst doch gar nicht abnehmen.«

»Wenn ich weiterhin jeden Abend mit dir Pizza essen gehe, dann werde ich irgendwann als Boje nach Bensersiel treiben können.«

»Quatsch … und was hat es jetzt mit den Punkten auf sich.« Irgendwie war Jürgen doch neugierig geworden, schließlich schien es sich um etwas Technisches zu handeln.

»Also, alles, was man essen kann, hat eine bestimmte Punktzahl. Wenn ich zum Beispiel eine Tiefkühlpizza esse, habe ich praktisch schon mein Budget für den ganzen Tag verschlugen.«

»Ach du lieber Gott … dann will ich lieber gar nicht wissen, auf welche Punktzahl ich kommen würde.«

»Du bist einen Meter größer als ich, bei dir verteilt sich eben alles besser.«

Jürgen wechselte das Thema, bevor ihm der Appetit verging.

»Haben sich deine Kollegen schon gemeldet wegen der Hausdurchsuchung?«

»Sie werden morgen da reingehen«, erklärte Eva. »Aber ich verspreche mir nicht sehr viel davon.«

»Nun ja, diese Seelenfischer scheinen aber doch der Dreh- und Angelpunkt des Ganzen zu sein«, wandte Jürgen ein.

»Kannst du dir wohl mal den Namen Sternensucher merken«, polterte Eva. »So schwer kann das doch wohl wirklich nicht sein.«

»Ist ja gut.« Jürgen griff nach seinem Chiantiglas.

Eva sah ihm dabei zu, wie er es an den Mund führte. Sie starrte ihn geradezu an.

»Ist was?«, fragte er irritiert und setzte das Glas wieder ab.

»Jürgen, du bist ein Schatz«, sagte Eva plötzlich, stand auf und gab ihm einen Kuss auf die Wange. »Ich muss jetzt sofort in die Dienststelle und etwas herausfinden. Kommst du mit?«

»Aber meine Pizza, ich hab sie noch nicht einmal halb aufgegessen.«

»Wir lassen einfach alles einpacken«, sagte Eva voller Elan und winkte eine Bedienung heran und gab entsprechende Anweisungen.

Mit den Kartons und einer neuen Flasche Chianti bepackt folgte Jürgen Eva zur Dienststelle. Es nieselte leicht.

»Das gibt bestimmte keine weiße Weihnacht in diesem Jahr«, meinte er. »Und in einer Woche ist es bereits soweit.«

Was interessiert mich jetzt Weihnachten, dachte Eva und antwortete nicht darauf.

Sie schloss die Tür der Dienststelle auf und machte Licht. Es roch muffig.

»Hast du etwa die Heizung ausgestellt?«, fragte Jürgen und lud alles auf dem Schreibtisch ab.

»Eigentlich nicht. Verstehe ich gar nicht«, sagte Eva. Es war klamm und sie beschloss, ihre Jacke anzubehalten. Doch auch das machte es nicht unbedingt gemütlicher.

»Weißt du was«, sagte sie. »Wir gehen jetzt einfach in meine Wohnung. Hier frieren wir uns ja die Finger ab. Und bis die Heizung hochgefahren ist, ist es Mitternacht.«

»Gute Idee«, erwiderte Jürgen und schnappte sich wieder die Kartons und die Flasche. »Du wirst die Pizzen dann aber wohl wieder aufwärmen müssen.«

Endlich hatten sie es dann geschafft und saßen auf Evas gemütlicher Couch mit allem, was sie brauchten.

»So, jetzt werde ich mal googeln«, sagte Eva und fuhr ihren Laptop hoch.

»Und wonach genau suchst du?« Jürgen hatte für beide ein Glas Chianti eingeschenkt und aß seine aufgewärmte Pizza mit doppelt Käse.

»Du hast mich da auf eine Idee gebracht«, murmelte Eva mit vollem Mund. »Dank deiner Unfähigkeit, dir etwas merken zu können übrigens.«

»Siehst du ...«

»Diese Sternensucher, das könnte doch auch eine Sekte sein.« Eva gab die Begriffe Seelenheil, Sekte und

Menschenfänger in die Tastatur ein. Jürgen sah ihr über die Schulter.

»Ah, durch meine Seelenfischer habe ich dich wohl darauf gebracht.«

»Ganz genau. Klingt doch auch alles irgendwie etwas ab von dieser Welt ... Sternensucher genauso wie Seelenfischer.«

»Okay, aber warum bringen die sich denn gegenseitig um?«, fragte Jürgen pragmatisch. »Denn davon gehst du ja sicher als Nächstes aus.«

Eva starrte auf den Bildschirm. »Auf jeden Fall gibt es jede Menge Seiten, wo es um die Seele geht. Spirituelle Dinge ziehen die Menschen doch magisch an. Und unsere Verdächtige könnte doch zu einem dieser Vereine oder besser gesagt einer Sekte gehören.«

Jürgen nickte zustimmend. »Aber das erklärt ja immer noch nicht, warum sie die Alten umbringt.«

»Na, das ist doch wohl nur eine Rechenaufgabe, also wirklich Jürgen.«

»Du meinst, es geht ums Geld?«

»Es geht immer ums Geld.«

»Oder um die Liebe.«

»Meistens ja um beides.«

Eva scrollte sich durch einige Seiten. Es war schon erstaunlich, wie viele Scharlatane es da gab. Doch die menschliche Psyche war sicher ein lukratives Geschäft. Hierzulande gingen doch fast schon genauso viele Menschen

zum Psychologen wie in den Vereinigten Staaten. Die Zeit hatte
es irgendwie geschafft, die Menschen vereinsamen zu lassen,
obwohl mit den vielen medialen Möglichkeiten etwas ganz
anderes vorgegaukelt wurde.

»Und, findest du was?« Jürgen hatte seine Pizza auf und
schob den Teller zur Seite.

»Meinen kannst du auch mitnehmen«, sagte Eva. »Meine
Pizza ist mittlerweile kalt.«

Jürgen hatte verstanden und räumte ab.

Er brachte für sie beide noch einen Verdauungsschnaps mit.

»Hier ... Prost.«

Sie stießen an.

»Also«, sagte Eva und schüttelte sich. »Sekten oder
sektenähnliche Verbindungen gibt es wohl wie Sand am Meer.
Die Menschen scheinen sich gerne übers Ohr hauen zu lassen.«

»Das liegt wohl in der Natur der Sache«, meinte Jürgen. »Es
wird ihnen da das Blaue vom Himmel versprochen. Viele sind ja
auch einsam oder sonst wie in Schwierigkeiten.«

»Hast du dich schon mal mit dem Thema beschäftigt? Ich
meine, du lebst ja auch alleine.« Eva sah ihn von der Seite
schelmisch an.

»Ich brauche so was nicht. Ich hab den ganzen Tag Kunden
um mich, da bin ich froh, wenn ich abends meine Ruhe habe.
Außerdem stehe ich mit beiden Beinen mitten im Leben.«

»Na ja ...«, machte Eva. »Es ist aber auch zu blöd, dass wir jetzt nicht in der Dienststelle sind. Ich könnte sonst das Bild unserer Verdächtigen durch den Polizeicomputer schicken.«

»Wieso hast du das denn noch nicht längst getan?«

»Weil ich in Aurich war. Aber das solltest du ja eigentlich wissen.«

»Glaubst du denn, dass sie so eine Art Anführerin einer Sekte ist?«

»Woher soll ich das wissen? Wir fangen ja gerade erst an mit der Recherche.« Sie tippte weiter Begriffe in die Suchmaschine. »Warum hast du die Frau denn nicht nach ihrem Namen gefragt?«

»Wie hätte das denn ausgesehen? Man fragt Kunden in der Regel nicht nach ihrem Ausweis«, sagte Jürgen. »Und sie hat ja auch nichts bestellt.«

»Aber sie hat sich eindeutig nach Heinrich Gerlach erkundigt, richtig?«

»Tausendprozentig. Aber sie hat es mehr so nebenbei gemacht. So, als habe sie irgendwie auf der Insel davon gehört.«

»Das war bestimmt nur Taktik.«

»Denke ich auch.«

Eva nahm ihren Chianti und las einen Bericht über Sekten durch.

»Also, eine Sekte, die Sternensucher heißt, habe ich nicht gefunden. Aber dein Versprecher mit den Seelenfischern war gar nicht schlecht. Da gibt es jede Menge Artikel und Warnungen vor

Institutionen, die genau das machen. Sie sammeln Menschen, so blöd das auch klingt.«

Jürgen sagte nichts und wartete auf weitere Erläuterungen.

»Das passiert aus den verschiedensten Gründen«, fuhr Eva fort. »Zum einen, weil es um religiöse Fragen geht oder dem Sinn nach Leben. Und dann gibt es noch die soziale Komponente, wo Menschen, die alleine Leben, mit anderen, denen es ähnlich geht, zusammengeführt werden.«

»Und ich nehme an, dass diese Dienstleistungen nicht ganz billig sind, richtig?« Jürgen hatte aus Evas Küche noch ein paar Chips geholt und auf den Tisch gestellt.

»Umsonst ist ja gar nichts ... aber natürlich geben sie auf ihren Internetseiten dazu kaum Auskunft. Sie formulieren es eher schwurbelig, indem sie es mit Begriffen wie einem minimalen Einsatz mit höchstem Ertrag für die Seele verkaufen. Ist doch klar, was damit gemeint ist.«

»Wir müssen diese Fremde finden«, sagte Jürgen und es knackte. Er hatte sich eine Handvoll Chips in den Mund gesteckt.

»Unbedingt«, stimmte Eva zu und langte auch in die Schale.

»Du Eva«, sagte Jürgen und lehnte sich zurück.

»Ja Jürgen ...«

»Nächste Woche ist Weihnachten.«

»Auch so ein Sektending ...«

»Du übertreibst. Und wir müssen über den Baumschmuck reden.«

»Müssen wir das?«

»Willst du jetzt keinen mehr?«

»Ich weiß nicht, was ich will.«

»Deswegen sollten wir ja lieber darüber sprechen. Du feierst doch noch mit mir, oder?« Jürgen trank einen Schluck Chianti und mimte den Lockeren.

»Wir hatten das ja vereinbart …«

»Aber?«

»Nichts aber.«

»Na dann ist ja gut. Wollen wir morgen mal gucken gehen?«

»Von mir aus.«

Eva klappte den Rechner zu. Sie hatte für heute genug von Sekten und Rattenfängern, die sich an dem Elend anderer Menschen weideten. Obwohl es mollig warm in ihrem Wohnzimmer war und sie beinahe an Jürgen gekuschelt saß, wurde es ihr kalt. Sie zog eine Decke vom Sessel herüber und legte sie über ihre Beine. Sie wusste nicht, warum sie eigentlich fror, aber sie musste an die Augen von Jan Krömer denken.

Briefkastenfirmen und andere Ungereimtheiten

Eva wusste gar nicht genau, wann Jürgen eigentlich gegangen war am vergangenen Abend. Sie erinnerte sich nur an die Flasche Rotwein, die er noch aus der Küche geholt hatte. Und sie lag jetzt im Bett und hoffte, dass er wirklich weg war und nicht mehr auf dem Sofa lag. Sie hatte leichte Kopfschmerzen und keine Lust, aufzustehen. Auch wenn sie jetzt mit ihrem Verdacht zu den Sekten ein gutes Stück weitergekommen waren, so konnte sie sich nicht recht aufrappeln. Und doch lag noch einiges an Arbeit vor ihr, das ahnte sie, als ihr die Fremde wieder einfiel. Gleich würde sie in die Dienststelle gehen. Die kalte Dienststelle, fügte sie in Gedanken hinzu. Oder hatten sie gestern doch noch die Heizung angestellt, bevor sie gegangen waren? Sie hoffte es. Und sie ertappte sich dabei, dass sie sich um diesen ganzen Kleinkram sorgte, weil sie einen Gedanken verdrängte. Warum hatte sie gestern an Jan Krömer denken müssen? Und warum hatte es sie deshalb gefröstelt? Waren es diese Augen, die wie tiefe Seen zum Ertrinken einluden? Das Unergründliche, das einen nicht mehr losließ. Jürgen hatte doch auch blaue Augen, warum fror sie denn bei ihm nicht? Doch Jürgens Augen waren anders. Sie waren nicht dunkel und tiefschürfend, nein sie waren eher blau wie der Himmel an einem Sommertag. Offensichtlich komme ich langsam in ein Alter, wo mir das Schwermütige mehr liegt, dachte Eva und kratzte sich am Arm. Musste sie wirklich aufstehen? Ja, das musste sie wohl. Sie quälte sich unter der Bettdecke hervor und ging ins Bad. Und auch dort hatte sie das Gefühl, dass Jan Krömer sie durch den Spiegel hindurch beobachtete. Es wurde Zeit, dass es Weihnachten wurde und sie mit Jürgen unter dem Baum verschwand.

Nach einem schwarzen Tee und einem Knäckebrot machte Eva sich auf den Weg zur Dienststelle, nachdem sie die Daten in ihre App eingetippt hatte. Es herrschte Tauwetter und alles wirkte irgendwie schmutzig. Selbst die vielen Leuchtreklamen und Weihnachtssterne an den Läden wirkten trostlos. Oder lag es einfach nur an ihr? Ihre Stimmung sackte immer mehr in den Keller. Ihre Hände froren wegen der nasskalten Witterung und der Schal wirkte klamm an ihrem Hals. Auch die Sonne ließ sich nicht blicken und es hätte jetzt nur noch gefehlt, dass ein großes schwarzes Totenschiff über die Nordsee gekommen wäre, um sie abzuholen. Wurde sie etwa depressiv? Das hatte ihr gerade noch gefehlt. Aber es hieß ja immer wieder, dass die Menschen gerade zu den Feiertagen wegen übersteigerter Erwartungen, die in der Regel nicht erfüllt wurden, an Schwermut litten. Vielleicht war sie in bester Gesellschaft.

Sie sah, dass der Anrufbeantworter blinkte, als sie aufschloss. Es war Klara, die mitteilte, dass sie jetzt zu ihren Verwandten fahren würde und dass Eva den Wagen ruhig bis nach ihrer Rückkehr behalten sollte. Eva lächelte. Klara war eine so gute Freundin, es gab eigentlich keinen Grund, jetzt Trübsal zu blasen. Und sicher würde auch bald Jürgen vorbeischauen. Also Kopf hoch und an die Arbeit, befahl sie sich.

Als Erstes scannte sie die Skizze der Fremden ein, die nach Jürgens Beschreibung von einem Kollegen in Wittmund gefertigt worden war. Er hatte sie per Fax geschickt. Offensichtlich hielt man auf dem Festland noch an alten Traditionen fest. Danach schickte sie das Bild an den Polizeicomputer. Er arbeitete lange, spuckte aber am Ende keine Daten aus. Wie also sollten sie die Fremde finden? Es blieb ihr doch wohl nichts anderes übrig, als weiter auf der Spur nach Sekten zu bleiben. Das Ganze machte am meisten Sinn. Vielleicht brachte die Kombination Senioren und Sekten etwas. Motiviert ging Eva an ihren Schreibtisch.

Das Telefon klingelte.

»Eva Sturm hier«, sagte sie in den Hörer und tippte nebenbei schon die Suchworte bei Google ein.

»Hallo, Jan Krömer hier«, kam es vom anderen Ende.

Evas Herz machte einen Satz. Nur gut, dass er sie jetzt nicht sah.

»Oh, hallo«, stotterte sie. »So früh schon bei der Arbeit?«

»Das ist wohl eher die Ausnahme«, lachte er, aber nur mit halbem Herzen, das spürte Eva genau. Er war nicht der Typ, der in Telefone kicherte.

»Wie kann ich dir denn helfen?«

»Ach, es geht nochmal um die Durchsuchung der Sternensucher AG«, sagte Jan Krömer.

»Ihr wart schon drin?«

Sie spürte förmlich sein Nicken.

»Ich war gestern Abend noch spät dort«, antwortete er. »Ich konnte nicht schlafen.« Du musst mir nichts erklären, dachte Eva. War er etwa zu der Zeit dort gewesen, als es sie plötzlich gefröstelt hatte?

»Und?«

»Fehlanzeige. Es waren nur zwei leere Räume, wo nicht einmal ein Schreibtisch stand. An der Sache ist also was oberfaul.«

»Auf jeden Fall«, sagte Eva schnell, bevor eine peinliche Pause entstand. Sollte sie ihm auch von der Verdächtigen erzählen? Eigentlich war sie dazu verpflichtet, jetzt wo auch Jan Krömers Dienststelle in Aurich involviert war.

»Hast du noch was auf dem Herzen, Eva?«, fragte er, als ob er Gedanken lesen könnte. Evas Hand klammerte sich um den Hörer.

»Es gibt hier noch eine Verdächtige«, sagte sie tonlos.

Er sagte nichts und atmete ihr ins Ohr. Es war gespenstisch.

»Eine Frau hat sich nach meinem Opfer hier auf Langeoog erkundigt, dem Heinrich Gerlach.«

»Und das ist verdächtig?«

»Ich denke schon, auch wenn sich das im Moment nicht so anhört. Aber ich versuche, sie zu finden. Ich könnte dir das Phantombild rüberschicken, vielleicht liegt ja bei euch was vor oder sie hatte auch etwas mit den anderen Opfern zu tun.«

»Ja, mach das.« Er legte plötzlich auf.

Was war das denn? Eva starrte auf den Hörer in ihrer Hand. Ihr war ganz heiß geworden. Sie riss ihren Schal ab, den sie noch umhatte. Vielleicht war es besser, wenn sie nie wieder etwas mit Jan Krömer zu tun hatte. Doch sie wusste auch, dass es für sie die schwerste Zeit ihres Lebens werden würde. Aber warum eigentlich?

Verwirrt von diesen kruden Gedanken konnte sie sich nicht mehr auf ihre Arbeit konzentrieren. Sie rief Jürgen an. Ein bisschen mehr Realität würde ihr bestimmt gut tun. Er freute sich, dass sie ihn zum Weihnachtsschmuckkauf einlud. Fast schämte sie sich dafür, ihn als Ablenkungsmanöver zu benutzen. Das hatte Jürgen nicht verdient. Aber vielleicht dieser Jan Krömer, dachte sie argwöhnisch.

Bis um kurz nach Mittag war Eva mit Jürgen unterwegs. Sie konnten sich nicht so recht entscheiden und schlenderten schließlich am Strand entlang. Die Sonne hatte es tatsächlich noch geschafft und stand am Himmel. Der Regen hatte aufgehört und die Luft wurde klarer.

»Eigentlich doch ein schöner Tag«, sagte Eva und sah aufs Meer hinaus.

»Ja, das muss doch auch mal sein«, meinte Jürgen, dem nicht entgangen war, dass Eva irgendwie anders war. Es war ihm aber unmöglich, dem Ganzen einen Namen zu geben. Aber letztlich war es ihm auch egal, wenn sie wenigstens mal nicht mit ihm maulte.

»Wollen wir rote Kugeln nehmen?« Eva verschlang ihre Arme ineinander.

»Klingt gut. Und dazu goldenes Lametta? Das hatte jedenfalls meine Oma früher immer.« Im selben Moment biss er sich auf die Zunge. Hoffentlich sah Eva das nicht wieder als Anspielung auf ihr Alter. Doch sie reagierte gar nicht darauf und starrte wieder aufs Wasser. Irgendwas stimmte nicht mit ihr, wenn sie nicht mal auf Beleidigungen ansprang. Ob sie sich zu sehr mit dem Thema Sekten beschäftigte?

»Die Firma war übrigens leer«, sagte Eva und drehte sich zu Jürgen um.

»In Greetsiel die Seelen... ähm Sternensucher AG?«

»Genau die. Der Kollege aus Aurich ist gestern noch dort gewesen. Da gab es nichts. Die Räume waren total leer. Komisch oder?«

»Da kommt noch ein gutes Stück Arbeit auf euch zu«, meinte Jürgen.

»Ich hoffe, es macht dir nichts aus, wenn ich dich da raushalte, ich meine in Aurich ...«

»Ne, ich versteh das schon. Ich hab hier ja auch genug mit dem Weihnachtsgeschäft zu tun.«

»Vielleicht kannst du dir auch schon mal überlegen, was wir an Heiligabend essen«, sagte Eva plötzlich gut gelaunt, als habe sich eine dunkle Wolke verzogen.

»Ich?«, rief Jürgen theatralisch aus.

»Etwa ich? Als ob ich nicht schon genug mit meiner Verbrecherjagd zu tun hätte, also wirklich. Du hast doch genug

Kundinnen, denen du bestimmt ein gutes Rezept aus den Rippen leiern kannst.«

»Und wenn du Klara fragst?« Jürgen stand die blanke Panik ins Gesicht geschrieben.

»Die ist doch schon zu ihren Verwandten gefahren. Echt, ich zähle jetzt auf dich. Lass mich an Heiligabend nicht verhungern, das kommt nicht gut als Überraschung an.« Sie lachte und wandte sich zum Gehen. »Ich muss jetzt wieder in die Dienststelle.«

»Tja, dann guck ich mal, was Anja so macht ...« Jürgen wirkte geknickt.

»Willst du nicht lieber mit mir kommen und Verbrecher jagen«, sagte Eva und stupste ihn am Arm.

»Aber immer doch«, sagte er und hakte sich bei ihr ein.

Es weihnachtet sehr

Die folgenden Tage schleppten sich dahin. Evas Recherche verlief im Sande. Es gab einfach keine Hinweise darauf, wer sich hinter der Sternensucher AG verbarg. Es war zum aus der Haut fahren. Auch die Kollegen in Aurich konnten zu dem Phantombild keine Ergebnisse liefern. Wer die Fremde war, blieb ein Rätsel. Und auch bei den anderen mysteriösen Mordfällen an Senioren ließ sich weder eine Verbindung zu einer Sekte herstellen noch ließ sich nachweisen, dass sie auch an die Sternensucher AG Gelder überwiesen hatten. Alles blieb nebulös.

Der einzige Lichtblick schien zu sein, dass Jürgen sich endlich für ein Menü entschieden hatte, mit dem er Eva an Heiligabend überraschen wollte. Sie spielte mit und rätselte immer wieder herum, wenn sie mit ihm zusammensaß. Doch im Grunde war es ihr eigentlich egal, was es gab. Was konnte ein Mann wie Jürgen schon Großartiges kochen? Am Ende saß sie an so einem Tag vor einer Bockwurst mit selbstgemachtem klebrigen Kartoffelsalat, der nach nichts schmeckte. Keine schöne Vorstellung. Wenigstens hatte sie durchgeboxt, dass sie sich um die Getränke kümmern würde. So war wenigstens der Rotwein hochwertig und nicht aus dem Tetra Pack. Irgendwie tat es ihr ja leid, dass sie so über Jürgen dachte. Wie feierte wohl Jan Krömer das Weihnachtsfest? Bestimmt nicht den üblichen Zwängen der Gesellschaft untergeordnet, dachte sie fasziniert und stellte sich vor, wie er auf dem Sofa lag und was sie sich vorstellte, was er dabei trug, oder auch nicht, trieb ihr die Hitze ins Gesicht. Sicher sah er mit seinem dunklen Blick in die Nacht, kein Licht im Haus, und kippte teuren Champagner in sich hinein, als handele es sich um Leitungswasser. Ja, genauso dekadent stellte sie es sich vor, wenn einer wie er der Gesellschaft den Rücken kehrte.

Plötzlich kam es ihr albern vor, dass sie sich Jahr für Jahr für eine Versagerin gehalten hatte, nur weil sie nie so recht wusste, wie sie sich fühlen sollte, wenn alle in diesen Weihnachtstrubel einstimmten. Warum hatte sie es denn nicht geschafft, die gesellschaftlichen Ketten abzuschütteln und Weihnachten das sein zu lassen, was es eigentlich war. Ein Fest für den Konsum. Alle gaben Unmengen an Geld aus für Sachen, die niemand brauchte. Sie saßen mit Menschen zusammen, die sie im Grunde verabscheuten. Sie aßen Dinge und davon zu viel und ärgerten sich über Völlegefühl. Und das alles tat Jan Krömer nicht. Und ausgerechnet sie fing jetzt damit an, indem sie mit Jürgen zusammenhockte. Fast wäre es komisch, wenn sie sich nicht wie eine Verräterin dabei vorgekommen wäre.

Ein Geräusch holte Eva wieder in das Hier und Jetzt zurück. Ihr Telefon auf dem Schreibtisch klingelte.

»Eva hier«, meldete sie sich.

»Hallo, hier ist Lisa.«

»Lisa?«

»Aus Aurich«, fuhr die Anruferin fort, weil sie merkte, dass Eva nicht schaltete.

»Ja, sorry, ich bin gerade in Gedanken«, sagte Eva schnell. »Klar weiß ich, wer da ist. Wie geht's dir denn?«

»Och, soweit ganz gut. Weißt du, ich rufe an, weil ich da auf etwas gestoßen bin in unserer Sache.«

»Wirklich? Das wäre ja schön, wenn ich die Sache hier endlich abschließen könnte. Die Leute haben schon ein Problem damit, dass sich hier vielleicht immer noch ein Mörder auf der Insel herumtreibt, auch wenn sie sich sehr gut mit den Weihnachtsvorbereitungen ablenken können.« Sie lachte.

»Feierst du auch?«, fragte Lisa und Eva fragte sich, ob sie das ernst meinte.

»Na ja, vielleicht ein bisschen. Ein Bekannter kommt und wir essen zusammen. Könnte man eigentlich auch an jedem anderen Tag machen, wenn du mich fragst. Was hat das denn mit Weihnachten zu tun? Ich brauche das alles nicht ...« Eva redete sich in Fahrt und Lisa wechselte lieber das Thema.

»Also, zurück zum Fall«, sagte sie. »Ich habe mir nochmal alle Akten vorgeknöpft und dabei ist mir aufgefallen, dass die Opfer immer um die Zeit eines Familienfestes herum ums Leben kamen.«

Eva starrte aus dem Fenster. Was sollte ihr das jetzt sagen?

»Du meinst Weihnachten und Ostern?«, fragte sie nach.

»Ganz genau. Es muss ja nichts zu bedeuten haben, aber es könnte ein Anhaltspunkt sein.«

»Der uns was sagen soll?«

»Jan meint, dass das wichtig ist.«

Bei dem Namen aus Lisas Mund lebte Eva auf.

»Na, dann wird ja wohl was dran sein«, sagte sie schnell. »Schließlich ist er ja der Profiler. Und was sagt er noch so?« Am liebsten wäre sie durch den Hörer direkt nach Aurich gekrochen und hätte in die tiefen Seen seiner Augen direkt in seine Seele geblickt. Noch nie hatte sie sich nach einem Mann, den sie gar nicht kannte, derart verzehrt.

»Tja, der große Meister hüllt sich wieder mal in Schweigen«, seufzte Lisa Berthold. »Er gehört übrigens auch zu denen, die um die Feiertage immer ganz komisch werden.«

»Komisch? Wie meinst du das?«

»Ach, er hat's wohl nicht so mit Familie und dem ganzen Drum und Dran.«

»Ja, wer hat das schon?«, sagte Eva mehr zu sich selbst. »Was machen wir denn jetzt mit deiner Erkenntnis, ich meine der Sache mit den Familienfesten? Soll ich vielleicht nach Aurich kommen?« Irgendwie kam das bestimmt ein bisschen zu schnell.

»Ach, ich glaube nicht, dass das nötig ist«, erwiderte Lisa, die wohl nichts bemerkt hatte. »Aber ich dachte mir, als ich das entdeckt hatte, dass das auch etwas mit der Sternensucher AG zu tun haben könnte. Ich meine, dass sie vielleicht auch etwas mit Familienfesten, Reisen oder Ähnlichem zu tun haben. Deshalb habe ich mal alles in die Suchmaschine eingegeben. Und siehe da, ich bin auf noch etwas gestoßen.« Lisa schnalzte mit der Zunge vor Begeisterung.

»Sag bloß noch, dass es auch etwas mit Eheanbahnung zu tun hat.«

»Ehe? Nein, aber so ähnlich. Ich bin auf ein Bestattungsunternehmen gestoßen, das sich besonders um Familien kümmert, die ihre älteren Angehörigen verloren haben. Sie schreiben auf ihrer Seite etwas davon, dass man diese ganz besonders würdevoll verabschieden sollte und so weiter in der Art. Ist das nicht komisch?«

»Klingt wirklich merkwürdig. Und was soll das überhaupt heißen, dass sie sich besonders um diese kümmern? Eigentlich ist es doch immer schlimm, wenn jemand stirbt. Da ist man doch immer traurig und will alles ganz besonders schön machen.«

»Genau, das denke ich auch. Ich glaube nämlich eher, dass sie das Ganze nutzen, um sich zu tarnen und zu verschleiern. Denn die Sternensucher AG wird nur mit einem Nebensatz auf der Homepage des Instituts erwähnt. Fast so, als sei es ein Geheimcode, verstehst du?«

Bei Eva fiel der Groschen. »Das klingt ja unheimlich. Du denkst, Sternensucher ist ein Pseudonym für eine besondere Dienstleistung? Die es zum Beispiel nur in ebendiesem Bestattungsinstitut gibt? Womöglich noch mit Feiertagsrabatt?«

»Bingo«, rief Lisa Berthold aus. »Und Jan sieht das genauso.«

Jan. Immer wieder Jan.

»Hast du denn schon Kontakt zu dem Institut aufgenommen?«, fragte Eva, der die Knie weich geworden waren, so dass sie sich zusammenreißen musste, nicht auch noch eine belegte Stimme zu bekommen.

»Noch nicht, ich wollte dich erst informieren. Aber ich werde mich gleich auf den Weg machen und dich auf dem Laufenden halten.«

»Dann ist es auch in Ostfriesland?«

»Ganz genau ... und nun rate mal, wo?«

»Sag nicht in Greetsiel.«

»Nein, aber fast. Es ist ein unscheinbares Nachbardorf mit dem Namen Upleward. Man kann das kaum aussprechen, ich hoffe, mein Navi kennt das.«

»Ruf bitte sofort an, wenn du da warst«, sagte Eva und verabschiedete sich.

Sie wollte sich gerade an den Rechner setzen, als Jürgen hereinspaziert kam.

»Hallo Eva«, sagte er gutgelaunt. »Das Menü hat gerade den letzten Schliff bekommen, mir ist ein guter Nachtisch eingefallen, der dazu passt.«

Schokopudding, wie originell, dachte Eva, behielt es aber lieber für sich.

»Du machst mich immer neugieriger«, spielte sie stattdessen mit. »Willst du mir nicht wenigstens einen kleinen Hinweis geben?«

»Auf gar keinen Fall«, sagte Jürgen.

»Gehen wir heute Abend zum Italiener? Ich kann ja nicht bis Heiligabend hungern.«

»Oh, tut mir leid, heute Abend kann ich nicht.«

Eva sah erstaunt auf.

»Du kannst nicht? Was soll das heißen? Seit wann hast du denn etwas anderes vor?«

»Seit heute«, sagte er. »Vielleicht morgen Abend?«

»Hm ... wenn ich dann nichts anderes vorhabe gerne«, sagte sie und wandte sich wieder ihrem Rechner zu.

»Ich geh dann mal wieder«, rief Jürgen von der Tür aus und verließ die Dienststelle. Eva hatte ihn bereits wieder vergessen.

Sie tippte Upleward und Tod in die Suchmaschine und fand das Institut Berger, Bestattungen ganz nach ihrem Geschmack, wurde auf der Seite geworben. Das klang schon mal komisch, fand sie. Gerade so, als ob man es sich aussuchen könnte. Doch meistens hatten es ja die Angehörigen in der Hand, wie man unter die Erde kam. Es sei denn, dachte sie plötzlich, man kümmert sich selber darum, und zwar zu Lebzeiten. Doch wer hatte schon Lust, sich mit seinem eigenen Tod auseinanderzusetzen? Die meisten schreckten davor eher zurück. Aber nicht, wenn sie nichts sehnlicher als den Tod wünschten, fiel es Eva plötzlich wie Schuppen von den Augen. Konnte es wirklich sein, dass dieses Bestattungsunternehmen nicht nur für eine feierliche Beerdigung sorgte, sondern auch gleich den Tod mitlieferte?

Auf ihren Armen bildete sich eine Gänsehaut, die langsam bis zu ihrem Hals heraufkroch. Was war, wenn Heinrich Gerlach seinen eigenen Tod mit Hilfe dieses Instituts inszeniert hatte? Mein Gott, das wäre ja verrückt. Aber war es auch undenkbar? Sicher nicht. In einer Welt, in der alles planbar geworden war, hatte man mit organisiertem Freitod sicher auch keine Probleme mehr. Aber wie passte dann diese Fremde ins Bild? War sie vielleicht so etwas wie eine Maklerin für den Freitod gewesen? Evas Gedanken gerieten immer weiter auf Abwege. Ihr Mund wurde ganz trocken. Wäre sie doch bloß rüber zu Lisa Berthold und mit nach Upleward gefahren. Sie hatte doch die Fremde gesehen und konnte sie eindeutig identifizieren, wenn sie dort tätig war.

Sie sah auf die Uhr. Gleich war es zwei. Noch gab es die Chance, aufs Festland zu kommen. Sollte sie Jürgen anrufen? Aber nein, der war ja viel zu sehr beschäftigt, womit auch immer. Nein, diesmal würde sie die Sache alleine in die Hand nehmen, beschloss sie und zog sich ihre Jacke an.

Upleward

Es dämmerte schon wieder, als Eva über die einsamen Landstraßen in der Krummhörn fuhr. Es war kaum jemand unterwegs. Über Ostfriesland hatte sich der Schatten der Einsamkeit gelegt. Klaras alter Opel hatte kein Navi, und so hielt Eva sich an den Ausdruck aus dem Routenplaner, der natürlich nicht jedes Dorf kannte, durch das sie jetzt fuhr. Manchmal waren es gerade mal zwei Kilometer, und man kam schon wieder zum Ortsausgangsschild in Dörfern, die wie tot wirkten. Wären da nicht die hier und da beleuchteten Fenster der kleinen Häuser gewesen, die ihr den Weg zeigten, Eva hätte nicht geglaubt, noch in der Zivilisation zu sein. Es hatte ein leichtes Schneetreiben eingesetzt, das den Wischblättern zu schaffen machte. Die Gummis waren längst porös und schafften es nicht, dass Eva freie Sicht hatte. Sie fuhr immer langsamer und stand wie durch ein Wunder plötzlich vor dem Ortsschild Upleward. Also konnte das Bestattungsinstitut Berger auch nicht mehr weit sein. Nach weiteren fünfhundert Metern stand sie praktisch schon mittendrin. Alles war dunkel und sie erkannte es eigentlich nur, weil draußen die großen Grabsteine aus Marmor im fahlen Mondlicht funkelten. In den Nachbarhäusern waren bereits die Jalousien heruntergelassen, so dass sie sich unbeobachtet fühlte.

Langsam rollte sie auf den Parkplatz und schaltete den Motor aus. Was glaubte sie eigentlich, hier zu finden? Wollte sie einbrechen? Ja, wenn es nicht anders ging, dann würde sie auch das tun, dachte sie und zog ihre Jacke fester um sich. Der Schneefall hatte aufgehört und sie konnte sogar den Mond am

Himmel sehen. Vollmond. Ausgerechnet. Wenn jetzt auch noch irgendwo ein Wolf heulte, dann würde sie die Beine aber in die Hand nehmen.

Sie schlich um das Gebäude herum. Natürlich war alles verschlossen. Was hatte sie denn erwartet? Sie rüttelte trotzdem an der vorderen Tür. Fast wäre ihr Herz stehengeblieben, als sie merkte, dass tatsächlich nicht abgeschlossen war. Vorsichtig schob sie die Tür einen Spaltbreit auf. Ob jemand hier war und Überstunden machte? Aber es brannte doch kein Licht. Sie hielt den Atem an und setzte den ersten Fuß hinein. Dann noch einen. Jetzt war es zu spät. Sie war drin. Sie wagte sich weiter vor. Ihre Augen hatten sich an die Dunkelheit gewöhnt und so konnte sie einen modern eingerichteten Verkaufsraum erkennen. Dicke schwarze Kreuze hingen an der Wand, mit denen man ganz bestimmt jemanden erschlagen könnte. Und dann traf es sie. Alles wurde dunkel und Eva verlor das Bewusstsein.

Jürgen in Drei-Sterne-Laune

Es tat ihm ja in der Seele weh, dass er Eva versetzt hatte. Doch es gehörte zu seinem nach seiner Meinung genialen Plan. Sie würde Augen machen, wenn sie sich an Heiligabend an den schön gedeckten Tisch setzte. Sicher hatte das noch kein anderer Mann vorher für sie gemacht. Er freute sich seit langem wie ein kleines Kind auf Heiligabend. Er sah auf die Uhr. Noch eine Viertelstunde, dann konnte er bereits die ersten Ergebnisse probieren. Zur Belohnung für seinen Fleiß entkorkte er einen teuren Rotwein. Auch den musste er ja testen, bevor er ihn Eva servieren konnte. Er kicherte vor sich hin. Dieser Test machte ihm eindeutig am meisten Spaß. Er schenkte ein und sah dem tiefdunklen Rebensaft dabei zu, wie er im Kelch in der Rotation gebrochen wurde. Sein Aroma entfaltete sich. Plötzlich musste Jürgen an Blut denken. Richtig viel Blut. Und an ein Weihnachtsfest, das er schon lange aus seinem Gedächtnis gestrichen zu haben glaubte. Er setzte das Glas an und trank es in einem Zug leer. Das tat gut. Doch seine gute Laune war dahin. Eine Klammer hatte sich um sein Herz geschlossen. Er hatte es so lange verdrängt, und jetzt war wieder alles da, als sei es erst gestern gewesen.

Die Eieruhr, die er für das Soufflee gestellt hatte, klingelte. Es war ihm egal, ob es jetzt in sich zusammenfiel. Er stellte den Ofen aus und ging mit der Weinflasche rüber in sein Wohnzimmer. Ihm war der Appetit vergangen.

Nur die Dunkelheit

Als Eva wieder zu sich kam, sah sie nichts. Alles war dunkel. War sie blind?, schoss es ihr durch den Kopf. Sie lag auf dem Rücken und erinnerte sich an einen Schlag, der sie am Kopf getroffen hatte. Sie hob ihren Arm, um sich übers Gesicht zu fahren und stieß mit dem Ellenbogen an. Wo war sie hier? Nein!, schrie es in ihr, nein! Sie atmete flach. Vorsichtig fuhr sie mit ihrer Hand in die Höhe. Nein!, schrie es wieder in ihr, lass es nicht wahr sein. Doch es war wahr. Ihre Fingerspitzen fuhren über das Unfassbare über ihr. Weicher Samt. Sie wusste, wo sie war. Sie war in einem Sarg gefangen. Jetzt nur nicht anfangen zu weinen, dachte sie. Wie lange würde es dauern, bis sie erstickte?, jagte es durch ihren Kopf. Du musst die Nerven behalten. Jürgen wird dich bald suchen. Er wird kommen und dich hier rausholen. Er will doch mit dir Weihnachten feiern. Sie atmete weiterhin flach, um ja nicht zu viel Sauerstoff zu verbrauchen. Aber woher sollte Jürgen eigentlich wissen, wo er sie suchen sollte?

Verkatert

Als Jürgen am nächsten Morgen aufwachte, brummte sein Schädel. Es war nicht bei der einen Flasche Rotwein geblieben. Der ganze Frust und Schmerz aus der Vergangenheit ließ sich nur mit Alkohol ertränken. Und es war verdammt viel, was er zu verdrängen hatte. Es wurde schon hell draußen und ihm war klar, dass er zu spät in die Touristinfo kommen würde. Doch auf Anja war Verlass. Selten hatte er so eine gute Kraft im Laden gehabt. Er stieg aus dem Bett und schlug sich im Bad kaltes Wasser ins Gesicht. Ihm war übel. Was war nur aus dem schön geplanten Abend gestern geworden? Er hatte sich alles so fein ausgedacht. Eva würde Augen machen an Heiligabend. Und das würde sie sicher auch jetzt machen, wenn sie dein Spiegelbild sehen könnte, du Idiot, dachte er für sich. Unter den Augen dicke dunkle Ringe und ein beginnender Dreitagebart. Da er einfach nicht richtig zu sich kam, stieg er auch noch unter die Dusche.

Danach ging es ihm ein bisschen besser. Er kochte sich einen Kaffee und wählte Evas Nummer. Schließlich wollten sie ja vielleicht heute Abend zusammen zu ihrem Italiener gehen. Doch Eva nahm nicht ab. Weder in ihrer Wohnung noch in der Dienststelle war sie erreichbar. Und auch ans Handy ging sie nicht. Komisch, dachte er. Dabei war es doch schon kurz nach neun. Sicher, Eva verschlief auch hin und wieder einmal. Aber jetzt, da sie an dem neuen Fall arbeitete, ging er nicht davon aus. Er wusste nicht warum, aber in ihm kroch ein Gefühl hoch, das sich nur mit Angst beschreiben ließ. Und er erinnerte sich daran, wie er in der Dienststelle K.O. geschlagen worden war.

Schnell zog er Schuhe und Jacke an und lief nach draußen.

Bei der Dienststelle war alles dunkel. Er hatte den Schlüssel mitgenommen und stellte kurz darauf fest, dass ihr dort nichts passiert war. Ob sie doch noch zuhause war? Er lief los, er musste es jetzt wissen. Die Fenster waren dunkel. Und auch als er klingelte, wurde nicht geöffnet. Also war Eva auch nicht zuhause. Sein ungutes Gefühl wuchs zu einer rollenden Lawine heran. Das Einzige, woran er sich jetzt noch klammerte, war, dass Eva vielleicht schon in der Touristinfo auf ihn wartete. Er nahm seine Beine in die Hand.

»Eva ist nicht hier«, erwiderte Anja, als Jürgen sie atemlos fragte, als er dort angekommen war. »Wart ihr denn hier verabredet?«

Jürgen schüttelte den Kopf. Sein Kater war verflogen. In ihm jagte das Blut nur so durch den Körper. Eva musste etwas zugestoßen sein. Oder ob sie in Aurich bei den Kollegen war? Sein Atem beruhigte sich ein wenig. Ja, das wäre noch eine logische Erklärung. Und es wäre typisch, dass sie ihm nicht Bescheid gesagt hatte. Ob er da einfach mal anrief? Und ob. Er ließ Anja stehen und rannte ins Büro.

Die Nummer der Dienststelle in Aurich hatte er schnell gefunden und wartete jetzt ungeduldig, dass endlich jemand abnahm.

»Lisa Berthold, Polizei Aurich«, meldete sich eine junge Frauenstimme.

»Ja, guten Tag. Mein Name ist Jürgen ... also ich bin der Leiter der Touristinfo auf Langeoog.«

»Aha. Und was kann ich für sie tun?«

Wie sollte er das alles jetzt bloß erklären?

»Also, es geht um ... nun ja, ich wollte eigentlich Eva Sturm sprechen. Sie wissen schon, die Inselpolizistin.«

Auf der anderen Seite wurde getuschelt. Sicher glaubte diese Lisa Berthold, dass sie einen dieser Verrückten am Hörer hatte.

»Frau Sturm arbeitet auf Langeoog«, sagte sie.

»Das weiß ich doch«, blaffte Jürgen in den Hörer. »Aber sie ist nicht hier verdammt nochmal.«

»Was meinen Sie damit? Vermuten Sie etwa, dass sie hier in Aurich ist?«

Aus irgendeinem Grund legte jetzt auch die junge Polizistin Panik in die Stimme.

»Ich hoffe es jedenfalls. Aber offensichtlich nicht, oder?« Jürgen kam langsam wieder runter.

»Nein, sie ist nicht hier. Und auf Langeoog ist sie auch nicht, sagen Sie?«

»Sonst würde ich ja wohl nicht anrufen. Ich mache mir große Sorgen. Sie ist nicht in der Dienststelle, nicht in ihrer Wohnung und geht auch nirgends ans Telefon. Und ich weiß, dass sie zurzeit mit Ihnen zusammenarbeitet, deshalb rufe ich ja an.«

Es wurde wieder getuschelt.

»Jan Krömer hier«, sagte plötzlich eine Männerstimme. »Sie suchen also nach der Inselpolizistin?«

»Das habe ich doch schon gesagt. Wer sind Sie eigentlich? Warum tut denn keiner was und sucht nach Eva, anstatt hier dieses Telefonquiz zu veranstalten?«

»Ist ja gut, jetzt beruhigen Sie sich erst mal. Wann haben Sie Eva Sturm denn das letzte Mal gesehen?«

Da brauchte Jürgen nicht lange zu überlegen. »Das war gestern Nachmittag. Da war ich bei ihr in der Dienststelle und sie hat mich noch gefragt, ob wir am Abend zusammen essen gehen wollen, doch ich hatte schon was anderes vor. Das tut mir jetzt natürlich leid ...«

»Sie können ja nichts dafür«, beruhigte ihn Jan Krömer. »Aber wenn Sie sicher sind, dass sie nicht auf der Insel ist, wo sollen wir dann suchen?«

»Das weiß ich nicht. Aber ich kenne Eva, wenn die sich was in den Kopf setzt, dann zieht die das auch durch. Wer weiß, worauf sie gestern noch gestoßen ist bei ihrer Recherche zu dem Bestattungsunternehmen. Vielleicht ist sie ja dahin gefahren. Ich schaffe es so schnell nicht ans Festland, aber könnten Sie nicht vielleicht mal da vorbeischauen?«

»Sie scheinen ja wirklich im Bilde zu sein«, sagte Jan Krömer argwöhnisch. Er kannte diesen Jürgen nicht. Was war, wenn jemand ganz anderes dahinter steckte um auszukundschaften, wie weit sie mit den Ermittlungen waren?

»Ja, es stimmt, Eva und ich sind schon ziemlich gut befreundet. Und da sie ja alleine hier auf der Insel arbeitet, braucht sie ab und zu schon jemanden, mit dem sie über alles reden kann.«

Jan Krömer entschied sich schließlich dafür, dem Anrufer zu glauben.

»Okay Herr ...«

»Jürgen, nennen Sie mich einfach Jürgen, das machen alle.«

»Gut Jürgen. Ich denke, wir werden jetzt mal zu dem Bestattungsunternehmen fahren und nach dem Rechten sehen. Geben Sie mir Ihre Nummer, damit ich Sie nachher nochmal anrufen kann.« Er notierte sich, was Jürgen ihm durchgab. Dann legte er auf.

Während Jürgen sich anschließend in die Toilette übergab, stiegen Lisa Berthold und Jan Krömer in den Wagen und gaben Gas Richtung Upleward.

»Es herrschen schon andere Verhältnisse auf einer Insel«, meinte Lisa Berthold.

»Irgendwas ist woanders immer anders«, sagte Jan Krömer und sah weiter stur auf die Straße.

»Okay, deine philosophischen Betrachtungen mal beiseitegelassen finde ich es schon abenteuerlich, dass ein

Mitarbeiter aus dem Touristenbüro alles über unsere Ermittlungen weiß.«

»Ach, du erzählst also deinem Vermieter nach Feierabend nicht, wo wir die Spuren unserer Serientäter verfolgen?«

»Jan, ehrlich, nun hör doch mal auf. Ich meine es ernst.«

»Ich auch. Und Frauen scheinen ja immer das Bedürfnis zu haben, alles zu zerreden.« Jetzt sah er sie von der Seite her an.

»Echt witzig. Aber ich mache mir jetzt wirklich echte Sorgen um Eva. Sie wirkte auf mich nicht wie ein Mensch, der ohne Bescheid zu sagen einfach verschwindet. Ganz im Gegensatz zu so manch anderem Zeitgenossen«, fügte sie mit spitzem Unterton hinzu.

»Man kann nicht in die Köpfe reingucken, glaub mir. Du würdest dich wundern, wie viele sogenannte normale Menschen ...«

»He, du musst da abbiegen«, rief Lisa Berthold, als Jan Krömer beinahe eine Abfahrt verpasst hätte. »Jetzt kann es nicht mehr weit sein.«

Fünf Minuten später standen sie auf dem Parkplatz des Bestattungsunternehmens Berger, das solide und irgendwie verlassen aussah. Aber um die Zeit hatten die Menschen sicher anderes zu tun, als sich Särge auszusuchen.

»Dann lass uns reingehen«, sagte Lisa Berthold und Jan Krömer folgte ihr zum Eingang.

»Hallo!«, rief sie, als die große schwarze Tür wieder hinter ihr zufiel und niemand zu sehen war. Die Empfangshalle war in angenehm dezentes Licht getaucht und überall standen duftende Blumensträuße in üppigen Vasen.

Jan Krömer ging einige Schritte und blieb bei einem Sarg aus Korbgeflecht stehen, bückte sich und schnüffelte daran.

»Was machst du da?«, fragte Lisa Berthold fassungslos.

»Ach nichts …«

Dann kam eine Frau in schwarzem Kostüm und Highheels aus einer dunklen Ecke.

»Kann ich etwas für Sie tun?«, fragte sie mit angenehm rauchiger Stimme.

Lisa Berthold stellte sie beide vor, bevor Jan Krömer wieder alles kaputtmachte. Und zwar als trauerndes Geschwisterpaar, das gerade seine Tante verloren hätte. Nun suche man nach einem passenden Unternehmen für das Begräbnis.

»Oh, da kann ich Ihnen ganz sicher helfen und mein tiefstes Mitgefühl«, sagte die Dame mit bedauerndem Unterton.

»Das ist wirklich ein schönes Modell«, mischte sich Jan Krömer ein und zeigte auf den Sarg, an dem er gerade geschnüffelt hatte.

»Sie haben einen treffsicheren Geschmack«, lobte die Frau, die sich als Tatjana Fischer vorgestellt hatte. »Gerade den Letzten haben wir soeben verkauft. Er wird bald abgeholt.«

»Ach, das ist aber schade«, erwiderte Jan Krömer. »Und wie lange würde es dauern, bis wieder einer zu haben ist?«

»Oh, da müsste ich nachschauen ...«

»Wir können doch auch was anderes nehmen«, meinte Lisa Berthold und trat ihrem Kollegen auf den Fuß. »Guck dich doch mal um, Heiner.«

»Ja, machen Sie nur«, ermunterte Tatjana Fischer. »Unsere Ausstellungsräume finden Sie im hinteren Bereich.«

Jan Krömer trottete davon.

»Und wir könnten uns vielleicht über das Arrangement unterhalten.« Tatjana Fischer winkte Lisa Berthold an einen geschmackvollen Besuchertisch mit schweren Ledersesseln.

Während die Frauen sich unterhielten, polterte es plötzlich in den hinteren Räumen. Tatjana Fischer sah erschrocken auf.

»Er sieht sich die Dinge immer gerne ganz genau an«, sagte Lisa Berthold. »Und für Tante Emma soll es wirklich nur das Beste sein.« Sie zog ein Taschentusch hervor und wischte unter ihren Augen entlang.

Jan Krömer kam wieder zurück in die Empfangshalle.

»Und, haben Sie das passende Modell gefunden, das Ihrer Tante gefallen würde?«, fragte die Frau.

»Sie sind alle schön«, sagte er, als er Lisa Bertholds flehenden Blick sah, den er schon kannte, wenn er wieder aus der Rolle zu fallen drohte.

»Ich hätte hier einen Prospekt für Sie.« Tatjana Fischer sprang auf und lief zum Tresen. »Sie können sich ja alles in Ruhe zu Hause ansehen. Und meine Telefonnummer steht auch drauf,

Sie können mich jederzeit anrufen.« Sie blitzte Jan Krömer aus dunkel funkelnden Augen an.

Er nickte.

»Kommst du, Schwesterherz?«

»Wir melden uns wieder«, sagte Lisa Berthold schnell und folgte ihrem Kollegen nach draußen.

»Was hast du da hinten gemacht?«, zischte sie, als sie wieder beim Auto standen.

»Na was wohl? Ich hab in die Särge reingeguckt«, erwiderte er trocken.

»Du glaubst, dass Eva … oh mein Gott. Aber hier ist doch niemand. Nicht einmal ein Wagen steht hier. Sie müsste doch wohl irgendwie hierher gekommen sein. Ich werde sie jetzt nochmal anrufen.« Lisa Berthold zog ihr Handy aus der Hosentasche und wählte Evas Nummer.

Es erklang ein Lied, das sie nicht kannte.

»Das kommt von da drüben!«, rief Jan Krömer aus und zeigte auf das Kiesbeet neben dem Eingang. Er lief los und schob die Steine beiseite, bis er das Handy in der Hand hielt.

»Oh mein Gott, Eva!«, rief Lisa Berthold aus.

»Leg doch endlich mal auf«, sagte Jan Krömer unwirsch. »Oder willst du die Chefin auch noch rauslocken?«

Lisa Berthold drückte die rote Taste.

Jan Krömer führte das Handy unter seiner Nase entlang.

»Was soll das?«, fragte seine Kollegin.

»Ich weiß, wo Eva ist«, sagte er nur und rannte wieder in den Laden.

Lisa rannte ihm nach und wurde dann Zeugin, wie Jan Krömer den korbgeflochtenen Sarg auseinanderriss. Wie von Sinnen versuchte er, ihn zu öffnen. Als ginge es um Leben und Tod.

Und genau darum ging es auch. Eva war bereits vor einer halben Stunde ohnmächtig geworden und bekam von allem nichts mit. Erst, als Lisa Berthold ihr mit der Hand durchs Gesicht fuhr und auf sie einredete, kam sie langsam wieder zu sich. Und sah Jan Krömer über sich.

»Bin ich im Himmel?«, fragte Eva und blinzelte.

»Wir konnten es in letzter Sekunde verhindern«, antwortete Jan Krömer und griff unter ihre Arme, um sie aus dem Sarg herauszuziehen. Von Tatjana Fischer fehlte jede Spur.

Lisa Berthold lief in das Büro des Unternehmens und suchte nach Wasser für Eva. Diese war völlig entkräftet, weinte und versuchte zu lachen. Alles gleichzeitig. Sie war so unendlich glücklich.

»Wie habt ihr mich gefunden?«, fragte sie, als sie sich gestärkt und an den Besuchertisch gesetzt hatte.

»Es hat ein Jürgen bei uns angerufen«, begann Lisa Berthold zu erzählen.

»Jürgen?« Eva brach in Tränen aus.

»Wir sollten jetzt zurückfahren und eine Fahndung einleiten«, raunte Jan Krömer seiner Kollegin zu.

Sie gingen alle zum Wagen.

Auf der Fahrt nach Aurich informierte er bereits die Dienststelle und gab eine konkrete Beschreibung von Tatjana Fischer durch.

»Was hast du dir nur dabei gedacht?«, fragte Lisa Berthold und sah Eva, die auf dem Rücksitz saß, tadelnd an. »Es hätte nicht viel gefehlt, und wir wären zu spät gekommen.«

Eva nickte und schämte sich. »Es tut mir leid ... ich wollte es wohl wieder mal allen zeigen.« Sie schielte zu Jan Krömer, der ab und an in den Rückspiegel sah und sie teilnahmslos musterte.

»Wir müssen nach Klaras Wagen suchen«, jammerte Eva.

»Wer ist Klara? Und welcher Wagen?« Lisa sah sie fragend an.

»Ach, das ist auch egal. Sicher gibt es jetzt Wichtigeres als ein altes Auto.«

Noch mal glimpflich davon gekommen

Als die Drei bei der Dienststelle in Aurich ankamen, wartete Jürgen schon auf sie.

Eva rannte auf ihn zu und fiel ihm um den Hals. Es war ihr egal, was die beiden dachten.

»Danke«, flüsterte sie ihm immer wieder ins Ohr und konnte gar nicht aufhören zu weinen.

»Ist ja schon gut«, erwiderte Jürgen und versuchte, Eva dazu zu bewegen, von ihm abzulassen. Und dabei gefiel ihm nichts besser, als das sie ihm wie jetzt um den Hals hing. Aber doch nicht vor den Kollegen. Alles zu seiner Zeit.

»Schön Sie kennenzulernen«, sagte Lisa Berthold und reichte Jürgen die Hand. Eva beruhigte sich und so setzten sie sich gemeinsam an den Besuchertisch, während Jan Krömer die Fahndung nach Tatjana Fischer am PC verfolgte.

»Wie sah die Frau denn aus?«, fragte Jürgen.

Lisa Berthold sah zu Eva. Diese nickte. »Es ist schon in Ordnung.«

»Ja, also, eigentlich sah sie aus wie aus dem Ei gepellt. Schwarzes schickes Kostüm, gepflegt gestylte dunkle Haare und fast schwarze Augen. Sie dürfte so Mitte dreißig gewesen sein.«

»Dann ist sie es«, rief Jürgen aus. »Das ist die Frau, die bei mir in der Touristinfo war und nach Heinrich Gerlach gefragt hat.«

»Bist du sicher?«, fragte Eva. »Dann hat sie also versucht, mich umzubringen?« Sie fing an zu zittern und Jürgen griff nach ihrer Hand.

»Davon kannst du ausgehen, wenn sie dich in einen Sarg gepackt hat«, sagte er. »Wieso musst du auch immer deinen Dickkopf durchsetzen?«, fragte er mit besorgtem Unterton.

»Kommst du mal?« Jan Krömer flüsterte Lisa Berthold ins Ohr. Diese nickte und folgte ihm zu seinem Schreibtisch.

»Was ist?«

»Sag mal, was ist das denn für ein Pärchen? Ermitteln die da auf Langeoog wie Miss Marple und ihr Butler?«

»Nun lass sie doch. Immerhin hat er dazu beigetragen, dass unsere Kollegin überhaupt noch lebt. Wieso wusstest du eigentlich sofort, wo wir Eva suchen müssen?«

»Ich hab's an ihrem Geruch erkannt.«

Lisa Berthold sah ihn fragend an.

»Ich hab doch an dem Sarg gerochen ... und als ich das Handy in der Hand hatte, verströmte es den gleichen Duft. Dürfte *All about Eve* sein.«

»Man, so einen Riecher hätte ich auch gerne ... diese Tatjana Fischer ist bestimmt schon über alle Berge. Und das ist sicher auch nicht ihr richtiger Name.«

»Ganz sicher nicht«, pflichtete ihr Jan Krömer bei. »Aber auf jeden Fall wissen wir jetzt, dass sie mit ihrem Bestattungsinstitut in die Verbrechen verwickelt ist. Lass uns doch mal gucken, durch welches Unternehmen unsere anderen Opfer unter Dach und Fach gebracht worden sind.«

»Okay. Ich werde versuchen, Eva und ihren Schatten nach Hause auf die Insel zu schicken.«

»Mach das. Mir wird's hier nämlich langsam zu eng.« Er wandte sich wieder seinem Rechner zu.

»Soll ich euch zur Fähre bringen?«, fragte Lisa Berthold, als sie wieder bei Eva und Jürgen war.

»Oh mein Gott, Klaras Wagen!«, rief Eva aus, der die Tragweite darüber erst jetzt bewusst wurde.

»Den haben die Gauner bestimmt verschwinden lassen«, sagte Lisa Berthold. »Da sehe ich kaum Chancen, dass du den wiederbekommst. War er denn so wertvoll?«

»Für meine Freundin Klara ganz bestimmt. Er gehörte nämlich ihrem verstorbenen Mann, mit dem sie fast sechzig Jahre verheiratet gewesen ist. Ich weiß gar nicht, wie ich ihr das beibringen soll.« Gequält sah Eva von einem zum andern.

»Sie wird froh sein, dass du überlebt hast«, versuchte Jürgen, sie zu trösten. »Es war doch nur ein Auto ...« Doch auch ihm stand die Wehmut ins Gesicht geschrieben. Was hatte er nicht alles mit Eva und diesem Oldtimer erlebt.

»Ja, wäre nett, wenn du uns nach Bensersiel fahren würdest«, sagte Eva schließlich. »Und sagt Bescheid, wenn ihr sie schnappt.«

»Es war keine gute Idee Eva, dass du uns nichts von dieser Frau erzählt hast, das weißt du hoffentlich«, tadelte Lisa und Jürgen nickte dazu.

»Ja, tut mir echt leid ...«, gab Eva kleinlaut zu.

»Schwamm drüber«, sagte Lisa Berthold. »Kommt jetzt, wir haben noch eine Menge zu tun.« Sie hatte beobachtet, dass Jan Krömer anfing, sich wild durch die Haare zu fahren. Es wurde Zeit.

Erst, als Eva mit Jürgen auf der Fähre war, kam sie langsam wieder zur Ruhe. Er verkniff es sich, sie noch weiter auf ihrem wenig hilfreichen Alleingang herumzureiten. Er war ja auch froh, dass sie jetzt hier mit ihm an der Reling stand. Und er erinnerte sich mit klammheimlicher Freude an das Gefühl, das ihre Umarmung bei ihm ausgelöst hatte.

Der Todesengel

Jan Krömer und Lisa Berthold arbeiteten unter Hochdruck. Er hatte für sie beide eine Pizza bestellt, weil er davon ausging, dass sie die Nacht durcharbeiten würden.

Nach gut zwei Stunden lagen allerhand Fakten zu Tatjana Fischer auf dem Tisch. Sie war eine bekannte Trickbetrügerin, die auch unter weiteren Namen geführt wurde in ihrer Kartei. Doch mit dem Bestattungsinstitut hatte sie offensichtlich ein weiteres Geschäftsfeld für sich entdeckt. Und außerdem trat auch zutage, dass alle anderen Opfer der ungeklärten Fälle von dem gleichen Institut auf die letzte Reise geschickt worden waren. Und das vermutlich in mehrerlei Hinsicht. Denn es gab eigentlich keine Zweifel mehr daran, dass auch Tatjana Fischer tatkräftig an ihrem Ableben mitgewirkt haben musste.

»Eben ist der Durchsuchungsbeschluss reingekommen«, sagte Jan Krömer, als ihnen schon die Augen brannten.

»Die Kollegen nehmen doch schon seit Stunden Spuren auf. Willst du da wirklich jetzt noch hin?« Lisa Berthold wirkte fix und fertig.

»Du hast recht. Morgen ist auch noch ein Tag, wenn wir Glück haben.«

»Alter Pessimist.«

»Geh ruhig nach Hause, wenn du müde bist …«

»Und du?«

»Ich schlafe nie, das weißt du doch.«

Sie wühlten sich noch bis Mitternacht durch ihre ungeklärten Fälle und so langsam setzten sich die Puzzleteilchen zusammen.

Und irgendwann ging sogar die Tür auf und ein Streifenbeamter trat ein.

»Ich hab mir gedacht, dass ihr noch hier seid«, sagte er nur und stellte einen Laptop auf den Schreibtisch.

»Aus dem Bestattungsunternehmen?«, fragten Lisa Berthold und Jan Krömer wie aus einem Mund.

Der Beamte nickte.

»Danke, du bist ein Schatz«, sagte Lisa Berthold, während Jan Krömer schon den Rechner hochfahren ließ.

Es dauerte nicht lange und er fand den entscheidenden Hinweis, der auch den letzten Zweifel beseitigte, dass Tatjana Fischer mit höchster Wahrscheinlichkeit für die Morde an mindestens sechs Menschen beteiligt gewesen war. Alle Namen ihrer Opfer in Ostfriesland und auch Heinrich Gerlach waren in einer Liste, die in einem Ordner mit dem Namen Sternensucher abgelegt war, aufgeführt. An die zweitausend Namen standen darin, und die Menschen waren in ganz Deutschland verteilt. Bei denen, die gestorben waren, blinkte ein kleines Kreuz. Andere waren mit einem Herz oder einem Stern markiert. Was auch immer das bedeuten mochte. Und so klärte sich auch endlich das Rätsel um die Sternensucher AG und die Briefkastenfirmenadresse in Greetsiel. Alles diente zur Verschleierung. Es gab noch weitere Adressen in Kiel, Dortmund

und München. Offensichtlich agierte Tatjana Fischer von Upleward aus und streute ihr Angebot in die Fläche.

»Mir ist jetzt aber immer noch nicht klar, warum diese Frau alle diese Menschen ermordet hat«, sagte Lisa Berthold und gähnte ausgiebig. Mittlerweile war es drei Uhr. Und während sie fast am Schreibtisch einschlief, wurde Jan Krömer immer munterer. Sie sah ihm dabei zu, wie er sich durch die Daten des Laptops scrollte. »Die Menschen sterben doch sowieso irgendwann und Bestattungsunternehmen haben immer was zu tun.«

»Ich glaube auch nicht, dass es dieser Frau um das Bestattungsunternehmen gegangen ist. Das ist nur Tarnung«, meinte Jan Krömer und sah sie mit undefinierbarem Blick an. »Und du hast recht, die Menschen sterben sowieso, da hätte sie nicht nachzuhelfen brauchen. Es muss ihr um etwas ganz anderes gegangen sein.«

»Aber was ...?« Lisa Berthold fielen die Augen zu.

»Willst du nicht nach Hause gehen?«

»Und du? Wie lange willst du denn noch weitermachen?«

»Keine Ahnung. Ich bin nicht müde. Aber geh du ruhig, ich komm schon klar.«

Lisa Berthold rieb sich durchs Gesicht. »Okay, dann gute Nacht ...« Sie schlüpfte in ihre Daunenjacke und verschwand.

Endlich, dachte Jan Krömer, als er die Tür zur Dienststelle zuschlagen hörte. Manchmal brauchte er einfach Ruhe, um denken zu können. Er schloss die Augen und rief sich noch einmal Tatjana Fischer in Erinnerung. Ja, sie war eine äußerst attraktive Frau. Sie hätte wirklich erfreulichere Jobs haben können, als ausgerechnet in einem Bestattungsunternehmen zu arbeiten. Und genau das war es, was ihm schon die ganze Zeit Kopfzerbrechen bereitete. Denn da war etwas gewesen in ihrem Blick. Nur für Sekundenbruchteile war da etwas aufgeblitzt, das er zunächst nicht zuordnen konnte. Doch plötzlich wusste er, was ihn daran irritierte. Sie war schön, elegant und vermutlich auch steinreich. Und doch war sie kein fröhlicher Mensch. Um ihre Augen hatte ein Schatten von Trauer gelegen. Trauer über den Tod und auch das Leben an sich. Und wenn er es genau betrachtete, dann war auch um ihren Mund ein Zug von Verachtung gewesen. Und sie wusste zu dem Zeitpunkt ja nicht, dass sie mit der Polizei zu tun hatte, als er und seine Kollegin mit ihr sprachen. Er war sich mehr und mehr sicher, dass diese Frau den Menschen einen Dienst erwiesen hatte, wenn sie sie umbrachte. Vielleicht hatten sie sich den Tod gewünscht. Und Tatjana Fischer hatte nachgeholfen.

Das Motiv

Jürgen hatte bei Eva auf der Couch geschlafen, damit sie sich sicher fühlen konnte. Er hörte als Erster, dass das Telefon klingelte. Schlaftrunken ging er ran.

»Jürgen hier bei Eva.«

»Guten Morgen«, sagte Lisa Berthold. »Ich hoffe, ich habe Sie nicht geweckt.«

»Kein Problem ... ich habe bei Eva auf dem Sofa geschlafen. Es war besser so, nach allem, was passiert ist.« Jürgen hatte das Gefühl, den Umstand, dass er bei Eva ans Telefon ging, erklären zu müssen.

»Das war sicher eine gute Idee. Könnte ich denn Eva vielleicht kurz sprechen?«

»Ja sicher. Ich werde sie holen. Moment bitte.«

Jürgen klopfte an Evas Schlafzimmertür. Sie war bereits wach und starrte an die Decke, als er reinkam.

»Hier ist deine Kollegin am Telefon«, sagte er und reichte ihr den Hörer.

Eva begrüßte Lisa Berthold und hörte eine Weile zu. Dabei wurden ihre Augen immer größer. »Natürlich, wir kommen«, sagte sie dann und legte auf.

»Wir müssen nach Aurich«, erklärte sie. »Man hat Tatjana Fischer geschnappt. Sie wird heute Nachmittag verhört und ich soll dabei sein. Wir müssen uns fertigmachen.«

»Soll ich wirklich mitfahren?«

»Auf jeden Fall«, sagte Eva. »Mach uns bitte einen Kaffee und hole frische Brötchen. Ich bin ausgehungert.«

»Zu Befehl«, sagte Jürgen.

In Bensersiel wurden die beiden von einem Streifenbeamten abgeholt und nach Aurich gefahren. Die Straßen waren belebt und in den Geschäften herrschte Trubel. Nur noch ein paar Tage, dann war Heiligabend. Eva beobachtete vermummte Frauen, die schwere Taschen schleppten. Dabei sahen sie gar nicht fröhlich aus. Und das, obwohl Weihnachten doch angeblich das schönste Fest des Jahres war. Sie hatte das noch nie verstanden. In ihrer Kindheit hatte es schon immer schlechte Stimmung im Haus gegeben, wenn die Feiertage bevorstanden. Am Anfang hatte sie es nicht verstanden, weil sie zu klein war. Doch mit den Jahren wurde ihr klar, dass es einen besonderen Grund gab, warum ihre Mutter im Dezember so unglücklich aussah. Irgendwann fiel ihr auf, dass ihr Vater gerade in der Adventszeit kaum noch zu Hause war an den Abenden. Und wenn er zurückkehrte, polterte er die Treppen hinauf, während er Wörter sagte, die ihr als Mädchen verboten wurden, auch nur zu denken. Eva verkroch sich dann unter ihrer Bettdecke und hoffte, dass es, wenn sie es nicht mehr hörte, es auch gar nicht wahr sei.

Eines Tages traute sie sich schließlich, ihre Mutter zu fragen. Sie erfuhr, dass es einen kleinen Frederik gegeben hatte. Lange, bevor Eva geboren worden war. Immer wieder weinte die Mutter, wenn sie von einem Jungen mit dem schönsten Lächeln einem Engel gleich erzählte. Und dann eines Tages, als Frederik

439

in der Badewanne gesessen hatte, hätte es an der Tür geklingelt. Die Mutter sei zur Tür geeilt, weil sie ein Paket erwartete. Ein Weihnachtsgeschenk für Frederik. Das hätte sie nicht verpassen wollen. Es waren nur fünf Minuten, die sie das Badezimmer verlassen hatte. Doch diese Minuten hatten ihr ganzes Leben zerstört. Als sie zurückkam, hatte Frederik sie mit toten leeren Augen angestarrt.

»Eva, wir sind da«, hörte sie plötzlich Jürgen neben sich. »Träumst du?«

Er sah sie an. Sie sah durch ihn hindurch.

»Weinst du?«

»Nein«, sagte sie. »Lass uns reingehen.«

Jan Krömer und Lisa Berthold hatten bereits alles für das Verhör vorbereitet. Sie berichteten Eva, was sie herausgefunden hatten. Während Eva ihnen in den Verhörraum folgte, machte Jürgen einen Spaziergang durch die Auricher Innenstadt.

Tatjana Fischer war in München verhaftet worden, als sie die letzten Vorbereitungen traf, um sich ins Ausland abzusetzen. Ungeschminkt und in legerer Kleidung war sie immer noch schön, doch kam jetzt ohne diese Maskerade ihre Persönlichkeit viel mehr zur Geltung.

»Tatjana Fischer, Ihnen wird zu Last gelegt, Heinrich Gerlach auf Langeoog ermordet zu haben«, begann Jan Krömer. »Meine Kollegin Eva Sturm hat diesen Fall untersucht.«

Die Angesprochene sah auf die drei Ermittler und zuckte nur mit den Schultern.

»Soll ich das als Zugeständnis werten?«

»Es steht Ihnen frei, das zu tun«, sagte sie schließlich. »Doch Sie irren sich, ich habe niemanden ermordet.«

»Es ist erwiesen, dass Sie sich bei dem Leiter der Touristinfo auf Langeoog nach Heinrich Gerlach erkundigt haben«, mischte sich Eva ein. »Haben Sie ihn persönlich gekannt?«

Tatjana Fischer sah auf den Holztisch, auf dem sich Kaffeeflecken befanden. »Es wäre für uns alle besser, wenn Sie kooperieren«, meinte Jan Krömer. »Die Beweislast gegen Sie ist erdrückend. Wir haben zig Namen von Verstorbenen auf Ihrem Rechner gefunden und auch den Beweis, dass Sie mit der Briefkastenfirma der Sternensucher AG in Verbindung stehen.«

»Es ist mir egal, was sie gefunden haben«, sagte Tatjana Fischer und atmete schwer aus. »Sie werden doch nie verstehen, worum es eigentlich geht.«

»Dann helfen Sie uns doch«, forderte Lisa Berthold auf. »Wir sind wirklich sehr daran interessiert, Ihre niederen Beweggründe nachvollziehen zu können.«

»Kann ich einen Kaffee haben?«, fragte die Beschuldigte. »Und ich würde gerne rauchen. Dann werde ich Ihnen alles erzählen.«

Jan Krömer verschwand kurz und kam mit einem Tablett zurück. Sie sahen Tatjana Fischer dabei zu, wie sie mit lasziven Bewegungen eine Zigarette aus der Schachtel fingerte und die anzündete. Ihr schön geformter Mund blies den Rauch aus und ihre dunklen Augen raubten Jan Krömer den Atem.

»Die Opfer, wie Sie sie nennen, waren arme Seelen«, fing Tatjana Fischer schließlich an zu erzählen. Sie sprach, als seien die anderen gar nicht mehr im Raum. »Sie alle wollten sterben, doch man hat sie nicht gelassen.«

»Sie meinen, Heinrich Gerlach ist zu Ihnen gekommen und hat darum gebeten, dass Sie ihn ermorden?«, fragte Jan Krömer mit sarkastischem Unterton.

Tatjana Fischer nickte. »In Ihrer Sprache würde man sicher von Mord sprechen. Ich mache Ihnen daraus auch keinen Vorwurf. Doch Heinrich Gerlach wollte etwas ganz anderes. Er wollte erlöst werden von unendlichem Kummer, den er nicht mehr ertrug. Er wollte diese Welt verlassen, um wieder mit seiner Frau zusammen zu sein.«

»Sie können sich hier jetzt nicht mit Sterbehilfe herausreden«, entfuhr es Eva. »Heinrich Gerlach war nicht todkrank. Er war nur traurig. Sie können nicht alle Menschen umbringen, nur weil sie traurig sind.« Sie musste wieder an ihre Mutter und die Weihnachtsfeste aus ihrer Kindheit denken. Es war ein schauderhafter Gedanke, sich vorzustellen, ihre Mutter hätte jemals Tatjana Fischer getroffen.

»Ich denke, es sollte jedem Menschen freigestellt werden, wann er diese Erde verlässt. Man kann die Menschen doch nicht zum Leben zwingen«, sagte Tatjana Fischer und zündete sich eine weitere Zigarette an.

»Sie machen es sich aber verdammt leicht«, sagte Eva kalt. »Jeder Mensch kann wieder Lebensmut finden. Dafür gibt es andere Hilfen und Wege. Seien Sie doch einfach so ehrlich und geben zu, dass es Ihnen nur ums Geld ging. Denn alle, die bei der Sternensucher AG registriert waren, haben sicher einen Haufen Geld auf Ihr Konto überwiesen, richtig?«

Tatjana Fischer lachte bitter auf. »Ich habe niemanden gezwungen, zu den Sternensuchern zu kommen. Die Menschen kamen scharenweise zu mir, weil ich die Einzige war, die sie verstanden hat. Nein, lassen Sie es mich so formulieren, ich habe diese Menschen ernst genommen mit ihren Sorgen. Und sie alle wollten einen würdevollen Tod, den ich ihnen geben konnte.«

»Sie finden es also würdevoll, wie Heinrich Gerlach gefesselt in der Kälte tot am Strand gesessen hat?«, entrüstete sich Eva.

»Sie haben es immer noch nicht verstanden ... es geht nicht darum, was ich für würdevoll halte. Er hat es sich selber so ausgesucht. Es war sein Wunsch, die Menschen so zu verlassen. Und die Fesseln waren ein Symbol für die Schmerzen, die ihn hier auf der Erde umklammerten. Als seine Seele in den Himmel aufgestiegen ist, war er endlich frei.«

Jan Krömer hatte sich nach hinten gelehnt und überließ Eva das Verhör. Fasziniert starrte er auf den Todesengel, wie er sie insgeheim getauft hatte. Und war es wirklich alles so falsch, was sie da sagte? Müsste es nicht wirklich für jeden Menschen auch die Möglichkeit geben, die Erde zu verlassen, wenn er keine Lust mehr hatte? Wer hatte das Recht, einen zum Leben zu zwingen?

All diese Apparate, die Körper am Leben hielten, wenn sie vielleicht schon seelenlos waren. Entwürdigend war sicher das richtige Wort dafür. Und Tatjana Fischer war noch einen Schritt weiter gegangen. Sie hatte die Menschen auf ihrem Weg in den Freitod die Arbeit abgenommen. Eine makabre Geschäftsidee.

»Wie haben Sie Heinrich Gerlach getötet?«, fragte Eva. Gerichtsmediziner Ole Meemken hatte ja keine Hinweise gefunden, woran das Opfer gestorben war.

»Ich denke, der Respekt vor der Würde Heinrich Gerlachs verbietet es mir, Ihnen weitere Details zu schildern«, sagte Tatjana Fischer. »Aber bevor Sie jetzt wieder anfangen ... es gibt Substanzen, die Menschen innerhalb kürzester Zeit einschlafen lassen. So können sie leicht und unbeschwert in die andere Welt hinübergleiten. Am liebsten mögen es die Menschen, sie mit Bitterschokolade zu sich zu nehmen. Dieser leicht bittertraurige Geschmack hilft ihnen, loszulassen.«

»Wir haben aber keine Substanzen gefunden ...«

»Das war auch nicht möglich. Denn diese sind nach kurzer Zeit nicht mehr nachweisbar. Einfach nicht mehr da. Genau wie der Mensch Heinrich Gerlach hier auf dieser Erde.«

Eva spürte, dass es keinen Sinn mehr machte, sich weiter mit dieser Frau zu unterhalten, die tatsächlich glaubte, dass sie Menschen einen Gefallen tat. Und dabei war es nichts anderes als Mord. Sie stand auf.

»Ich habe jetzt wirklich genug von diesem Schwachsinn gehört«, sagte sie und verließ den Verhörraum.

Später berichteten ihr Jan Krömer und Lisa Berthold, dass die Sternensucher AG auf dem Weg zu einem weltweiten Imperium gewesen war. Immer mehr Menschen gerieten auf dunklen Umwegen an Tatjana Fischer, die sich ein deutschlandweites Netzwerk mit Helfern aufgebaut hatte. Sie alle waren Mörder. Doch es dürfte unmöglich sein, sie alle zu fassen. Längst hatten sie sicher das Land verlassen, waren in alle Himmelsrichtungen verstreut. Eva fragte sich, ob sie jemals wieder dieses Gefühl loswerden könnte, dass hinter jedem Tod mehr Geheimnisse steckten, als sie mit ihrer Vorstellungskraft erfassen konnte. Und auch wenn sie Tatjana Fischer jetzt einsperrten, wären ihre Helfer noch frei.

Es weihnachtet sehr

Eva lag in ihrem Bett und starrte an die Decke. Morgen war Heiligabend und Jürgen benahm sich wie ein kleines Kind. Immer wieder rief er bei ihr an und fragte nach Dingen, die ihr eigentlich völlig gleichgültig waren. Bestimmte Weihnachtslieder, die sie mochte. Ob sie lieber Vollmilch oder Bitterschokolade aß. Da sie ihn in seinem Eifer nicht enttäuschen wollte, beantwortete sie alle Fragen brav und wahrheitsgemäß. Sie hatte ihm versprechen müssen, heute die Dienststelle nicht mehr zu betreten. Denn er würde dort den Baum schmücken und die letzten Vorbereitungen für ihr erstes gemeinsames Weihnachtsfest treffen.

Hätte sie Jürgen nicht gehabt, Eva hätte sich die Bettdecke einfach über den Kopf gezogen und wäre erst am 27. Dezember wieder aufgestanden. Die Schwere aus ihrer Kinderzeit, die dieses Fest begleitete, legte sich wieder auf ihr nieder. Sie hatte ihren toten Bruder nie kennen gelernt. Und doch fühlte sie, dass er sie beobachtete. Von irgendwo, wo es schöner war als hier. Vielleicht hatte sein Schicksal auch Einfluss darauf gehabt, dass sie sich anfangs so gesträubt hatte, nach Langeoog zu gehen. Wasser war noch nie ein Element gewesen, in dem sie sich wohlfühlte. Nie wieder war sie in eine Badewanne gestiegen, nachdem ihre Mutter ihr alles erzählt hatte.

Das Telefon klingelte schon wieder. Jürgen, also wirklich, dachte sie.

Doch es war nicht Jürgen, als sie abnahm.

»Jan?«

»Hallo Eva«, kam es vom anderen Ende. »Ich wollte nur sagen, dass ich die Zusammenarbeit mit dir sehr angenehm fand.«

Warum machte er das? Wieso rief er sie einen Tag vor Heiligabend an?

»Ja, geht mir auch so«, sagte sie tonlos. »Bist du gar nicht im Weihnachtsstress«, versuchte sie mit einem Lächeln in der Stimme zu fragen.

»Ich mag Familienfeste nicht sonderlich«, erwiderte er. »Und du?«

»Es ist für mich immer die schlimmste Zeit«, sagte sie. Sie musste zu ihm einfach ehrlich sein.

»Hab ich mir gedacht ...« Dann legte er auf.

Was war das denn? Eva starrte ihr Telefon an. Dieser Jan Krömer rüttelte etwas in ihr auf. Ob sie vielleicht sogar auch wegen ihm in der Vergangenheit herumkramte und nicht mehr aus dem Bett fand? Er zog sie magisch an und doch war er ihr unheimlich. Eine gefährliche Kombination.

Währenddessen ging in der Dienststelle alles Drunter und Drüber. Der große Baum, den Jürgen jetzt mit zwei Tauen an der Heizung befestigt hatte, war schon dreimal umgefallen. Doch jetzt hatte er endlich verspielt und konnte geschmückt werden. Rote Kugeln und goldenes Lametta. Genauso hatte es seine Oma immer gemacht. Und doch wäre es besser gewesen, sie hätten

Blau und Silber genommen, dachte er jetzt, als er das Ergebnis sah. Wie in seiner Kindheit. Warum konnte man solche Erinnerungen nicht einfach mal abstreifen? Ganz etwas anderes anfangen. War es denn ein Wunder, wenn ihn die Geister der Vergangenheit über dreißig Jahre verfolgten, wenn er wie in einer Zeitschleife immer wieder das gleiche Weihnachtsfest durchspielte? Würde er das Ganze hier nicht Eva zuliebe machen, dann würde er sich jetzt einfach drei Tage lang in seiner Wohnung betrinken.

Stille Nacht …

»Oh mein Gott«, stieß Eva aus, als sie an Heiligabend pünktlich um achtzehn Uhr die Dienststelle betrat.

»Du kannst mich ruhig weiter Jürgen nennen«, lachte er.

»So einen großen Weihnachtsbaum hatte ich noch nie«, sagte sie. »Hattest du nicht von roten Kugeln und goldenem Lametta gesprochen?«

»Das sollte eine Überraschung sein«, sagte Jürgen. »Ich finde Blau und Silber auch schick, du nicht?« Er hatte gestern noch in Windeseile alles umgeschmückt, weil er das Rot und Gold einfach nicht mehr ertragen konnte.

»Doch unbedingt … sehr schön.« Eva lief um den Baum herum, an dem die Flammen der Kerzen sich in den Kugeln widerspiegelten. Sie wunderte sich, dass es gar nichts zu essen gab. »Ich habe einen Bärenhunger, ich hoffe, du enttäuschst mich jetzt nicht und lädst mich zu einer Pizza ein.«

»Keine Sorge, die Dame.« Jürgen hielt ihr seinen Arm hin. »Bitte folgen Sie mir.«

Eva spielte mit. Und so saß sie kurz darauf an einem festlich gedeckten Tisch in Jürgens Wohnung.

»Danke«, sagte sie immer wieder. »Du hast dir so viel Mühe gegeben, ich weiß gar nicht, ob ich das überhaupt verdient habe.«

»Wahrscheinlich nicht«, sagte er und kam mit zwei Gläsern Champagner aus der Küche wieder ins Wohnzimmer und reichte ihr eines. »Auf ein schönes Weihnachtsfest.«

»Auf den Koch«, sagte Eva und sie stießen an.

»Du solltest den Koch nicht vor dem Verdauungstrakt loben.«

»Du bist eklig.«

»Aber ich bring dich immer wieder zum Lachen damit.«

»Das stimmt«, sagte Eva und spürte das leichte Prickeln auf ihrer Zunge.

Dann holte Jürgen den ersten Gang.

Es gab ein Carpaccio von Steinpilzen als Vorspeise, grünen Spargel an einer hellen Sauce als Zwischengang und Lachs auf einem Gemüsebett mit Petersilienkartoffeln als Hauptgang.

»Du willst mir doch wohl nicht weismachen, dass du das alles selber gekocht hast, oder?«, fragte Eva und sah ihn schelmisch an. Noch nie hatte sie so gut und abwechslungsreich gegessen.

Jürgen spielte den Gekränkten. »Da macht man sich so viel Mühe und wird des Betruges verdächtigt. Man sollte sich wirklich nicht mit einer Polizistin einlassen.«

»Aber wieso isst du dann immer nur Pizza, wenn du so ein perfekter Koch bist?«

»So perfekt bin ich nun auch wieder nicht. Rate mal, warum ich in der letzten Zeit abends oft abgesagt habe …«

»Du hast gekocht?«

»Genau. Alles, was du heute Abend serviert bekommst, habe ich mindestens schon dreimal gegessen.« Er lachte sie herzlich an. »Probekochen nennt man das wohl. Ich hab noch nie so viel gegessen wie in den letzten zwei Wochen.«

Er schenkte ihr einen dunklen Rotwein ein und holte den Nachtisch. Einen Auflauf von Zartbitterschokolade mit Portwein. Für einen Moment verdunkelte sich Evas Gesicht. »Darin könnte jetzt die tödliche Substanz sein«, sagte sie versonnen. »Heinrich Gerlach ... er könnte jetzt noch leben und mit seiner Enkelin feiern, wenn er dieser böswilligen Frau nicht begegnet wäre.«

»Ja, das stimmt. Sie hatte kein Recht, ihn zu ermorden.«

»Dann siehst du es auch so wie ich, dass es Mord war, auch wenn Heinrich Gerlach vielleicht wirklich sterben wollte?«

»Aber natürlich«, sagte Jürgen. »Wer hat denn nicht mal das Gefühl, dass alles sinnlos ist. Aber man kommt immer wieder auf die Beine ...«

Eva sah ihn nachdenklich an. Was war mit Jürgen? Wusste sie eigentlich, wie schlecht es ihm manchmal ging? Was beschäftigte ihn? Worüber war er traurig, wenn er alleine in seiner Wohnung war? Und doch machte er meistens Scherze, wenn sie sich sahen. Aber war das wirklich sein wahres Gesicht? Meistens spielten die Menschen einander doch etwas vor. Jedenfalls war das ihre Erfahrung.

»Eva, darf ich dir etwas sagen?«,

Oh nein, bloß das nicht, brüllte es in ihr. Sie nickte und prostete ihm zu.

»Das ist das schönste Weihnachtsfest, das ich seit langem erlebt habe«, sagte er und machte ein ernstes Gesicht.

»Geht mir auch so«, erwiderte sie. In seinen Augen las sie bittere Erfahrung. Oder war das der Spiegel ihrer selbst? Sie spürte, dass er nicht darüber würde reden wollen. Genauso wenig wie sie.

»Aber wenn du mich jedes Jahr so verwöhnst, dann könnte ich das zu meinem festen Programm erklären«, versuchte sie zu scherzen.

»Mal sehen, was die Küche noch so hergibt«, sagte er und stand auf.

Da ist etwas, was ihn belastet, dachte Eva, als sie alleine war. Aber war das nicht bei jedem so? Die meisten Verletzungen gab es in der Kindheit. Und tiefe Schnitte begleiteten einen ein Leben lang.

»Als ganz besonderen Abschluss habe ich mich mal an einer Crème brulée versucht.« Er stellte ein kleines Porzellangefäß vor ihr auf den Tisch. »Du glaubst gar nicht, wie oft die mir zusammengefallen ist, als ich geübt habe.«

»Sieht richtig gut aus«, lobte Eva. Eigentlich war sie schon längst mehr als satt, doch das hier vor ihr war einfach zu verführerisch. »Hm ... himmlisch«, entfuhr es ihr, als sie den ersten Löffel gekostet hatte. »Du bist wirklich ein Küchenkünstler.«

Jürgen sah ihr zu und fühlte sich wie ein kleiner Junge. Auch seine Mutter hatte die Crème brulée geliebt.

Zum Abschluss gab es noch einen weichen Grappa in angewärmten Gläsern. Sie hatten sich damit aufs Sofa gesetzt und lauschten der CD, die mit Weihnachtsliedern in angenehmer Lautstärke für eine heimelige Stimmung sorgte. Doch beide fühlten sich insgeheim wie in einem falschen Film. Und keiner traute sich, etwas zu sagen, um dem anderen nicht die Laune zu verderben. Eva beschäftigte sich in Gedanken mit dem Mordfall an Heinrich Gerlach. Ihm war dieses scheinheilige Getue in diesem Jahr erspart geblieben. Es war wirklich nicht verwunderlich, dass gerade zu den Feiertagen viele die Lust verspürten, einfach zu verschwinden. Wenn es nur nicht für immer wäre. Und Jürgen fiel wieder der Abend ein, an dem er das Soufflee geübt hatte. Eigentlich hasste er Weihnachten, seitdem sich seine Mutter das Leben genommen hatte. Er hatte Eva noch nie davon erzählt. Also konnte sie ja nicht wissen, wie schwer ihm diese Show hier gerade fiel. Welches Opfer er letztlich für sie brachte.

»Vielleicht sollten wir langsam zur Dienststelle laufen, was meinst du?«, fragte Eva in die bedrückend gewordene Stille hinein.

»Ja, du hast recht. Ich hab da ja auch noch was für dich.« Jürgen lachte schelmisch.

»Doch wohl hoffentlich kein zu teures Geschenk. Der Baum hätte doch wirklich gereicht. Und wenn wir da jetzt nicht hingehen, hast du dir die ganze Arbeit umsonst gemacht.«

»Für dich mache ich das gerne«, sagte er und sah sie seltsam an.

Sie zogen sich ihre Jacken und Schuhe an und Eva hakte sich bei ihm unter. Die Luft war klar und kalt. Schnee war nicht mehr gefallen, aber wenigstens regnete es nicht. Die Temperatur war jetzt leicht unter Null. Es war kein Mensch unterwegs, als sie die Straßen entlangliefen. Aber überall in den Fenstern leuchtete es. Kerzen brannten. Menschen saßen um überfüllte Tische versammelt und strahlten sich an.

»Du Jürgen«, sagte Eva, als sie die Dienststelle fast erreicht hatten.

»Ja?«

»Ich weiß ja, wie viel Arbeit du dir mit dem Baum und allem gemacht hast. Wirklich, ich weiß das echt zu schätzen, aber ...«

»Aber?«

»Eigentlich habe ich ... also, wie soll ich es nur sagen?«

Sie waren stehengeblieben und Jürgen sah Panik in Evas Gesicht, das vom Mond beschienen wurde und in dunkles Blau getaucht war.

»Eva, wir kennen uns jetzt glaube ich lange genug«, meinte Jürgen. »Und außerdem habe ich dein Leben praktisch gerettet. Da habe ich wohl ein ehrliches Wort verdient ... und ich kann so einiges verkraften, das habe ich wohl schon ausreichend bewiesen.« Er lächelte.

»Na gut, du hast es nicht anders gewollt«, setzte Eva an. »Also ... eigentlich möchte ich nicht zu dem Baum gehen.« Jetzt war es raus.

»Du meinst den Weihnachtsbaum?«

Sie nickte.

»Du magst Weihnachten eigentlich gar nicht, stimmt's?«

Sie nickte wieder.

»Ich auch nicht«, sagte er. »Komm, lass uns zum Strand gehen.«

Sie standen lange in der kalten Nacht, sahen aufs Meer und froren nicht mehr. Das Meer rauschte und schien nur für sie zu tanzen.

Später gingen sie in Evas Wohnung und sie kochte einen starken Kaffee. Damit setzten sie sich vor den Fernseher und sahen sich die Serie *True Detektiv* an.

Es war zwei Uhr und Eva war kurz eingenickt. Jürgen räumte ab und wollte Eva gerade eine Decke überlegen, als diese die Augen wieder aufschlug.

»Willst du etwa schon schlappmachen?«, fragte sie mit gespielt vorwurfsvollem Blick.

»Ich? Du bist doch eingeschlafen. Und das kurz vor dem Finale.«

»Das kann ich ja immer noch zu Ende gucken. Aber jetzt möchte ich etwas ganz anderes tun.«

Erstaunt sah Jürgen sie an.

»Nein, nicht das, was du denkst ... ich möchte jetzt mit dir in die Dienststelle gehen.«

»Aber ... wir hatten uns doch darauf geeinigt, dass wir nicht ...«

»Stimmt. Aber ich glaube, wir sollten die Schatten der Vergangenheit langsam mal überwinden. Vielleicht schaffen wir es heute Nacht.«

Es hatte beinahe etwas Rituelles, als Eva und Jürgen sich wortlos Jacken und Schuhe anzogen. Als seien sie einem Verbrechen auf der Spur. Draußen hakte Eva sich bei Jürgen ein und drückte ihren Rücken durch.

»Wir schaffen das«, sagte sie und Jürgen nickte.

Dicke Wolken schoben sich am Himmel entlang. Kein Laut weit und breit. Überall lagen die Menschen jetzt in ihren Betten. Waren erfreut über Geschenke und die Liebe, die sie bekommen hatten. Oder auch nicht.

Beherzt schloss Jürgen die Tür auf und ließ Eva vorgehen.

»Mach bitte kein Licht«, sagte sie. »Einfach nur die Kerzen.«

Jürgen lief mit seinem Feuerzeug, dessen Flamme flackernd tanzte und nach und nach den Raum erhellte, um den Baum herum.

Eva beobachtete ihn dabei. Er war ihr so vertraut geworden in den letzten Wochen. Liebte sie ihn etwa? Da war ein Gefühl in ihrer Bauchgegend. Doch da waren so viele Gefühle.

Weihnachten war sowieso das gefühlsduseligste Ereignis, seit es Bitterschokolade gab. Die mochte ihre Mutter am liebsten.

Als alle Kerzen brannten, zauberte Jürgen eine Flasche Rotwein mit zwei Gläsern aus ihrem Schreibtisch hervor.

»Du denkst aber auch an alles«, sagte Eva. Dann zog sie ein kleines fein geschnürtes Päckchen aus ihrer Jackentasche. »Hier, für dich. Frohe ... na, du weißt schon.«

»Was ist denn da drin?«, fragte er. »Und ja, dir auch.« Er zog die eine Schreibtischschublade auf und hielt ihr ein dunkelrotes Päckchen mit einer goldenen Schleife hin.

Für Eva gab es einen fein gewebten roten Seidenschal mit dezentem Muster und Jürgen fand das Schweizer Messer sehr passend für einen Hobbyermittler.

»Es ist schön hier mit dir zu sitzen und nicht zu reden«, sagte Eva.

»Hm ...«

Silvesterkuss

Gleich am ersten Weihnachtstag hatte Jürgen den Baum wieder abgeschmückt und nach draußen geschleppt.

So konnte Eva wieder ungehindert ihrer Arbeit nachgehen. Die Inselbewohner waren zufrieden, dass der Fall um Heinrich Gerlach gelöst worden war. Die letzten Tage des Jahres waren jetzt alle mit der Silvesterfeier beschäftigt. Und danach würde alles von vorne losgehen.

Jürgen hatte Eva angeboten, ihr zu Silvester wieder ein Menü zu zaubern. Doch sie hatte dankend abgelehnt.

»Lass uns lieber Pizza essen gehen, das passt besser zu uns«, hatte sie gesagt und mit ihrem neuen Schal gespielt.

»Sehr gerne«, hatte er geantwortet.

Um Mitternacht standen sie mit anderen Inselbewohnern und vielen Touristen am Strand, um das neue Jahr zu begrüßen. Es war kalt, die Luft klar und trocken. Erste kleine Schneeflocken tanzten auf dem Wasser.

»Ein frohes neues Jahr wünsche ich dir, Jürgen.« Eva sah zu ihm auf und hielt ihm ihr Champagnerglas entgegen.

»Das wünsche ich dir auch, Eva.« Sie stießen an, tranken, sahen sich tief in die Augen und dann küsste Jürgen sie zum ersten Mal.

Das neue Jahr

In den nächsten Tagen vermieden es beide, diesen Kuss, der bestimmt nur einer Feierlaune, wie sie sich einredeten, geschuldet war, auch nur anzusprechen.

Viele Gäste verließen die Insel. Es kehrte Ruhe ein.

Bereits seit drei Tagen hatte es geschneit und die Chancen standen gut, dass die Insel ein weißes Kleid bekam.

Eva saß in der kleinen Dienstelle und starrte auf den Platz, wo vor kurzem noch ein prachtvoller Weihnachtsbaum gestanden hatte. Jürgen hatte sich so unendlich viel Mühe gegeben und doch standen dann beide davor, als handele es sich um ein Wesen von einem anderen Stern. Erst in der Silvesternacht hatte er ihr erzählt, dass seine Mutter sich an einem Weihnachtstag vor vielen Jahren, als er noch klein gewesen war, die Pulsadern aufgeschnitten hatte. Und er hatte sie gefunden. Direkt unter dem Weihnachtsbaum.

Hätte er doch nur eher etwas gesagt, hatte sie zu ihm gesagt. Sie hätten sich doch den ganzen Quatsch ersparen können. Vielleicht sei es ja auch so etwas wie Therapie, hatte Jürgen gesagt. Manchmal müsse man sich den Dingen einfach stellen.

Tja, und nun saß sie hier mit der Lücke in ihrem Leben. Diesem leeren Gefühl ganz weit drinnen, das seinen Platz vehement verteidigte. Warum konnte sie nicht so unbeschwert sein wie andere Menschen? Oder schauspielerten viele auch einfach nur? Auch Heinrich Gerlach hatte man es schließlich nicht ansehen können, wie unglücklich er wirklich gewesen war. Was wäre, wenn alle traurigen Menschen zur gleichen Zeit ein Lied anstimmten? Gäbe das einen weltweiten Chor?

Eva Sturm, was treibst du hier eigentlich, schalt sie sich im nächsten Moment. Doch ihr fiel auch irgendwie nichts ein, womit sie sich von ihrem Durchhänger ablenken konnte. Dann hatte sie eine Idee und griff zum Telefon.

Klara freute sich über alle Maßen, als Eva und Jürgen am Nachmittag vor ihrer Tür standen. Sie umarmte beide herzlich und wünschte ein frohes neues Jahr.

»Endlich kann ich euch wieder verwöhnen«, sagte sie, während der Duft von Grünkohl schon den Raum erfüllte.

»Das hat mir wirklich gefehlt«, sagte Jürgen.

Sie machten es sich gemütlich und Klara schilderte von ihrem Weihnachtsfest bei ihrer Familie. Am schönsten sei es für sie gewesen, ihre Enkel wieder zu sehen. Das Fest sei eigentlich nur für Kinder gemacht, sagte Klara, während Eva und Jürgen sich ansahen und sich ihren Teil dachten. Doch Eva gönnte Klara die Freude. Und es stimmte ja auch, für Kinder war Weihnachten das schönste Fest auf der Welt. Jedenfalls für die meisten. Und mit Wehmut dachte sie daran, dass sie gerne eines dieser meisten Kinder gewesen wäre. Sicher wäre ihr Leben dann ganz anders verlaufen.

»Du Klara«, sagte Eva und sie wusste gar nicht, wie sie es ihrer Freundin beibringen sollte. »Dein Wagen ... also, ich bin da in etwas hineingeraten.«

»Ach, das weiß ich doch schon«, sagte Klara und winkte ab. »Sie haben mir die alte Karre nach Hause gebracht. Ich habe einen ganz schönen Schrecken bekommen, als da plötzlich zwei Beamte in Uniform vor mir standen.« Sie fasste sich ans Herz. »Die Hauptsache ist doch, dass dir nichts passiert ist.«

Eva sah Klara verblüfft an. »Du weißt also schon über alles Bescheid?«

»Ja, hier war auch so ein junger Ermittler ... Jan ... keine Ahnung.«

»Krömer heißt er«, half Eva.

»Genau. Krömer. Er hat mir erklärt, was mit dir passiert ist.«

Eva wusste nicht, ob ihr das gefiel. Sie hätte Klara die düsteren Ereignisse lieber erspart.

»Das muss ja wirklich eine ganz furchtbare Person gewesen sein diese Frau. Bringt einfach unschuldige alte Menschen um.«

»Da hast du wohl recht«, lachte Eva. »Die meisten Personen, mit denen ich es zu tun habe, sind furchtbar.«

Jürgen schenkte allen einen Sanddornschnaps ein und sie stießen an. Auf das neue Jahr, dass alle noch gesund waren und auf eine mögliche Rückzahlung von Heizkosten, weil der Winter so mild verlief.

Sie blieben noch zwei Tage in Esens.

Bevor sie wieder auf die Insel zurückfuhren, wollte Eva aber noch einmal bei Wiebke vorbeifahren. Sie hatte in der letzten Zeit immer wieder an die junge Frau ganz alleine auf dem Hof denken müssen. Schließlich hatte Jürgen eingewilligt, mitzufahren.

Als sie den verlassenen Hof erreichten, brannte eine Kerze im Fenster und der Wagen von Wiebke stand in der Auffahrt.

Sie stiegen aus, und bevor sie klopfen konnten, kam Wiebke bereits aus dem Haus, weil die Gans mal wieder Theater gemacht hatte.

»Auf meine Lisbeth kann ich mich immer verlassen, ist besser als jeder Wachhund«, sagte Wiebke und ließ sich von Eva in den Arm nehmen. »Kommt rein, ich mache uns einen Tee.«

Es war urgemütlich in dem alten Haus, in dem der Ofen bollerte. Auf dem Küchentisch lag ein Stapel Bücher, in dem Wiebke offensichtlich geblättert hatte, als sie kamen.

»Was liest du denn da?«, fragte Eva neugierig.

»Ach, das sind nur Geschichtsbücher«, sagte Wiebke obenhin.

»Du interessierst dich dafür?«

»Für einiges daraus. Kommt auch immer auf meine Stimmung an. Vielleicht ist es morgen Biologie.« Sie lachte und schenkte jedem Tee ein. Außerdem stellte sie noch eine Schale mit Neujahrskuchen auf den Tisch, die sie gebacken hatte.

Offensichtlich kommt sie hier alleine sehr gut zurecht, dachte Eva verwundert. Und doch fand sie es eigenartig, dass ein so junger Mensch sich so in die Einsamkeit verkroch.

»Hast du denn jetzt schon deine Eltern besucht?«, fragte Eva und knabberte an einer Waffel. Jürgen hatte sich für einen Rundgang in den Stall abgemeldet.

Wiebke schüttelte den Kopf. »Nein, noch nicht ... ich weiß auch gar nicht, ob sie schon wieder da sind.«

Eigenartig, dachte Eva. Familienverhältnisse musste man wohl nicht verstehen.

»Du denkst sicher noch oft an deinen Opa«, sagte Eva. »Er hat dir an Weihnachten sicher sehr gefehlt.«

»Ja schon ... aber ich weiß ja, dass er wieder bei Oma ist«, sagte Wiebke nachdenklich. »Und das ist es ja, was er sich gewünscht hat zu Weihnachten.«

Eva fühlte, dass Wiebke über alles informiert gewesen war. Diese junge Frau ruhte in sich, weil alles so gekommen war, wie sie und ihr Opa es sich gewünscht hatten. Und es würde ja auch keinen Sinn machen, der jungen Frau jetzt im Nachhinein noch Vorwürfe zu machen, weil sie ihr nicht die ganze Wahrheit gesagt hatte.

Wieder Alltag

Der Februar war eigentlich immer die Zeit, in der die Insel sich schlafen legte. Viele Restaurantbetreiber nutzten diese, um selber einmal Urlaub zu machen und verreisten. Oft in den Süden, um mal richtig Sonne zu tanken.

Und diejenigen, die auf der Insel geblieben waren, hatten Zeit. Man blieb stehen, wenn man sich auf der Straße traf. Redete über dies und das. Eva genoss es, einmal ohne Touristentrubel zu leben. Einfach mal am Strand entlanglaufen, ohne auf einen anderen Menschen zu treffen.

Und auf einem dieser Spaziergänge reifte in ihr der Plan, weiter an ihrem Fantasyroman zu schreiben. Wann, wenn nicht jetzt, hatte sie die Muße dazu. Aber erst musste sie noch etwas erledigen.

Auch bei Jürgen in der Touristinfo war praktisch nichts mehr los. Und er nutzte die Zeit, um später zu öffnen und einfach mal zu faulenzen. Dazu lag er meist lang auf seinem Sofa und zappte sich durch die Fernsehprogramme. Da ihn das meiste gar nicht interessierte, schweiften seine Gedanken ab. Er dachte an Eva. Daran, dass sie nur in letzter Sekunde gerettet worden war. Und darüber, was sie ihm eigentlich bedeutete. Sie hatten sich geküsst, aber seitdem war das nie wieder Thema gewesen. Wenn es irgend ging, vermied Eva sogar jeden intensiveren Blickkontakt mit ihm. Was war das nur für ein Verhalten? Eigentlich albern. Sie waren doch erwachsene Menschen. Es wurde nötig Zeit, dass sie sich wieder mit einem neuen Fall beschäftigen konnten, dachte er und machte den Fernseher aus.

Er wollte sich gerade vor lauter Langeweile ins Bett legen, als es an seiner Tür klingelte. Wer konnte das denn sein? Neugierig lief er hin und öffnete.

»Wir müssen reden«, sagte Eva ohne Umschweife und lief schnurstracks weiter ins Wohnzimmer.

»Soll ich uns einen Kaffee machen?«, fragte Jürgen und sah sie misstrauisch an. Wenn Frauen reden wollten, kam meistens was Unangenehmes auf Männer zu. Jedenfalls in seinen Actionfilmen.

»Ja gerne.«

Während Jürgen in der Küche herumhantierte, sah Eva sich in dem Zimmer um. Drei leere Bierflaschen standen unter dem Wohnzimmertisch. Okay, das ging sie ja auch nichts an. So wie sie eigentlich alles, was Jürgen machte, nicht das Geringste anging. Was machte sie hier eigentlich? Lief das schon unter Hausdurchsuchung? Und sie wusste immer noch nicht, was sie eigentlich mit dem Gefühl in ihrer Bauchgegend anfangen sollte, dass Jürgens Anwesenheit immer in ihr auslöste. Eigentlich wollte sie das gar nicht zulassen, dass sie etwas für jemand anderen empfand, und sich damit selber in die Zwickmühle brachte.

Jürgen kam mit einem Tablett zurück und stellte es auf dem Tisch ab. Als er sich setzte, fielen ihm die Bierflaschen ins Auge. Er griff danach.

»Ich habe gestern lange ferngesehen, deshalb ...« Er brachte die Flaschen in die Küche.

»Du musst dich vor mir nicht rechtfertigen«, rief Eva ihm nach.

Er kam zurück und setzte sich in einen Sessel, nahm seine Tasse Kaffee und sah sie neugierig an.

Wer A sagt, muss auch B sagen, Eva Sturm, sagte sie zu sich.

»Also, warum ich hier bin ... es geht um ...«

»Den Kuss?«, half Jürgen ihr auf die Sprünge.

Eva sah aus dem Fenster.

»He, das muss dir nicht peinlich sein, dass dich das so beschäftigt«, fuhr Jürgen fort.

»Ich komme mir so blöd vor«, sagte Eva und sah Jürgen wieder an. »Es war doch nur ein Silvesterkuss.«

»Genau, nur ein Kuss, wie ihn sich viele Menschen geben, wenn das Jahr wechselt. Manchmal tun das sogar wildfremde Menschen. Es gibt also keinen Grund, dass wir uns hier wie Pennäler in der achten Klasse benehmen.«

»Ja ... wie Teenager. Das ist doch albern, ich bin fast fünfzig.«

»Glaubst du denn wirklich, dass es hilfreich ist, wenn wir den schönen Augenblick hier jetzt zerreden?«

Überrascht sah Eva ihn an. »Du stimmst mir also zu, dass es eine einmalige Sache war?«

»Total. Sowas von einmalig.«

»He, du nimmst mich schon wieder auf den Arm.«

»Aber doch nur im übertragenen Sinne. Wirklich Eva, mach dich mal locker. Wir sind erwachsen.«

»Tja, nur benehmen wir uns nicht immer so.«

»Das gehört doch zum Leben dazu«, meinte Jürgen. »Wer ist schon perfekt?«

»Ja, da sagst du was ...« Eva seufzte tief. »Und das Ding mit dem Weihnachtsfest ... mir wäre es schon lieb, wenn wir das nicht wiederholen müssten.«

Jürgen griff in eine Schale mit Erdnüssen. »Ich weiß, was du meinst.«

»Ehrlich, es geht jetzt nicht gegen dich, wenn ich das sage, es ist nur, also, ich mache mir nichts daraus.«

»Das glaube ich dir sogar, mir geht es ja ähnlich. Aber niemand wird als Weihnachtshasser geboren, man wird dazu gemacht.«

Eva spielte an ihrem Weinglas herum. Jürgen hatte recht. Wenn sie an Klara dachte und wie sie begeistert von ihren Enkeln erzählt hatte, dann konnte man Weihnachten sogar ein bisschen mögen.

»Ich hasse Weihnachten ja nicht, ich verbinde damit aber nun einmal nur schlimme Erinnerungen. Am Liebsten wäre es mir, ich müsste gar nicht mehr daran denken.«

»Genau wie ich ...«

»Ja, da haben sich wohl zwei gesucht und gefunden«, sagte Eva und stupste Jürgen am Arm.

»Zwei gestörte Persönlichkeiten auf einer einsamen Insel ... na ja, fast einsam«, lachte er.

»Hehe, ich bin nicht gestört«, spielte Eva Entrüstung. »Ich bin nur durch eine harte Weihnachtsschule gegangen.«

»Mensch Eva, ich bin so froh, dass ich endlich jemanden wie dich gefunden habe, mit dem ich darüber reden kann.« Jürgen nahm sie einfach in den Arm.

Sie saßen noch bis spät in den Abend hinein gemeinsam auf dem Sofa und die Getränkefolge wechselte vom Kaffee über den Tee bis zum Rotwein am Abend. Erst nach Mitternacht machte Eva sich auf den Weg und Jürgen begleitete sie. Sie liefen nicht direkt zu Evas Wohnung, weil der Himmel so schön klar war und die Sterne funkelten. Es war windig und kalt, doch das störte die beiden nicht. Das Meer rauschte, als sie schweigend am Strand entlang gingen.

Dann sagte Eva: »Ich möchte das letzte Stück gerne noch ein wenig alleine gehen. Ich muss nachdenken.«

Jürgen nickte und sah ihr nach, bis sie im Dunkel bei den Dünen verschwunden war.

ENDE

Zur Autorin

Moa Graven: »Ich habe erst mit fünfzig meine Leidenschaft für das subtile Verbrechen entdeckt.«

Als gebürtige Ostfriesin kam Moa Graven durch Umwege über den Journalismus selber zum Krimi-Schreiben. Das war im Jahr 2013, als sie ihren ersten Krimi »Mörderischer Kaufrausch« mit Ermittler Jochen Guntram als Fortsetzung in einem Monatsmagazin veröffentlichte. Seither hat sie viele Leichen in Ostfriesland hinterlassen. Sie arbeitet mittlerweile an drei Krimi-Reihen in Ostfriesland mit Kommissar Guntram in Leer, Jan Krömer in Aurich und Eva Sturm auf Langeoog! Und seit August 2016 kam eine Friesland Krimi-Reihe mit Joachim Stein hinzu, den man nur »Der Adler« nennt.

Besuchen Sie die Autorin gerne auch hier: www.moa-graven.de
NEU Die Ostfrieslandkrimis APP von Moa Graven

Die Eva Sturm Krimi-Reihe im Überblick

Verliebt ... Verlobt ... Verdächtig - *Band 01*

Justitias Schwäche - *Band 02*

Bitterer Todesengel - *Band 03*

Blaues Blut - *Band 04*

Stille Angst - *Band 05 (Overcross-Special mit den drei ostfriesischen Ermittlerteams von Moa Graven, die einen Fall auf Borkum lösen)*

Schiffbruch - *Band 06*

Auf dich wartet der Tod - *Band 07*

7 Tage Regen – *Band 08*

Wenn es Abend wird, mein Schatz ... – *Band 09*

Stirb leise ... – *Band 10*

Der letzte Tanz – *Band 11*

Und alle haben geschwiegen – *Band 12*

Der erste Band wurde 2016 verfilmt!

Alle Bücher sind als eBook und Taschenbuch erhältlich!

Die weiteren Krimi-Reihen von Moa Graven

Kommissar Guntram Krimi-Reihe
Mörderischer Kaufrausch - Band 01
Mord im Gebüsch - Band 02
Mordsgeschäfte - Band 03
Das Meer schweigt ... - Band 04
Märchenhafte Morde - Band 05
Hinter verschlossenen Türen - Band 06
Teezeit - Band 07
Wer erschoss den Weihnachtsmann? - Band 08
Hannah – Vergessene Gräber - Band 09
297 Tage - Band 10
Tod einer Prinzessin - Band 11

Profiler Jan Krömer Krimi-Reihe
KillerFEE – Band 01
Todesspiel am Großen Meer – Band 02
Kneipenkinder – Band 03
Fallensteller - Band 04
Flächenbrand – Band 05
Blindgänger – Band 06
Fremder - Band 07
Die Puppenstube - Band 08
H.E.A.T.H.E.R – Band 09

Der Adler – Joachim Stein Krimi-Reihe
Der Adler – LaLeLu ... und tot bist du - Band 01
Der Adler - KALT - Band 02
Der Adler - NEBEL - Band 03
Der Adler - Lebenslänglich - Band 04
Der Adler – Der Nachbar – *Band05*

Alle Bücher sind als Taschenbuch oder eBook erhältlich!

www.ingramcontent.com/pod-product-compliance
Lightning Source LLC
Chambersburg PA
CBHW021350090426
42742CB00009B/804